U0088679

臺灣歷史與文化研究輯刊

五　編

第4冊

1945-1952年臺灣戰後初期惡性通貨膨脹之探討

游維真　著

花木蘭文化出版社

國家圖書館出版品預行編目資料

1945-1952 年臺灣戰後初期惡性通貨膨脹之探討／游維真 著
— 初版 — 新北市：花木蘭文化出版社，2014〔民 103〕
目 4+206 面；19×26 公分
（臺灣歷史與文化研究輯刊 五編；第 4 冊）
ISBN：978-986-322-636-9（精裝）
1. 通貨膨脹 2. 經濟政策 3. 臺灣史
733.08 103001760

臺灣歷史與文化研究輯刊
五 編 第 四 冊 ISBN：978-986-322-636-9

1945-1952 年臺灣戰後初期惡性通貨膨脹之探討

作 者 游維真
總 編 輯 杜潔祥
副總編輯 楊嘉樂
編 輯 許郁翎
出 版 花木蘭文化出版社
社 長 高小娟
聯絡地址 235 新北市中和區中安街七二號十三樓
電話：02-2923-1455／傳真：02-2923-1452
網 址 http://www.huamulan.tw 信箱 hml 810518@gmail.com
印 刷 普羅文化出版廣告事業
初 版 2014 年 3 月
定 價 五編 24 冊（精裝）新台幣 48,000 元

1945-1952年臺灣戰後初期惡性通貨膨脹之探討

游維真　著

作者簡介

游維真，臺北人，東海大學歷史系畢業，中國文化大學史學研究所博士。曾任黨史會、中研院經濟所助理、清華大學博士後研究。專長中國近現代史、經濟 史。協助編撰《和美鎮志》、《車城鄉志》、《蘆洲市志》、《永和市志》、《增修新店市志》、《大安區志》與《百年人文是怎樣煉成的》等書。

提　要

「通貨膨脹」常成為一國經濟體系不安、社會與政治情勢動盪的起源。臺灣在二次大戰結束後也曾遭遇「惡性通貨膨脹」，但其通貨膨脹成因帶有臺灣本身政治與經濟的獨特性。本文將結合歷史分析法與實證方法，探討形成原因所產生的影響，以及政策措施的效果。

1945 年之後，中國大陸以外匯波及的形式引發臺灣惡性通貨膨脹，其因素除了貨幣供給的持續增加，時代的特殊性也是主因。臺灣在日治末期受日本本土的財政赤字牽連，使得臺灣貨幣供給已呈大幅成長。戰後日本投降，臺灣又因為國民政府在大陸政治軍事惡化的結果，也連帶受到波及，1949 年起臺灣開始加重負擔大陸中央軍政經費，此時臺灣的貨幣供給及通貨膨脹的問題達到頂峰。

面對逐漸惡化的通膨問題，1949 年六月臺灣省政府開始進行各項經濟改革措施，各種辦法對於抑制通貨膨脹只有短期的效果，並無法根本解決臺灣財赤的嚴重問題，直到 1950 年六月美國恢復對臺灣提供軍事及經濟援助之後，臺灣財政赤字才逐漸消除，惡性通貨膨脹才真正解決。

目次

表 次

第一章　緒　論

「通貨膨脹」常成爲一國經濟體系不安、社會與政治情勢動盪的起源。尤其近代兩次世界大戰之後，許多國家例如：奧地利、匈牙利、德國、波蘭……等等，都曾因爲戰爭，生產遭到嚴重破壞以及龐大的軍費支出，種種造成財政鉅額赤字，迫使政府大量印發鈔票，而陷入「惡性通貨膨脹」，經濟體制幾乎瓦解〔註 1〕。雖然發生過惡性通貨膨脹的國家不計其數，但有兩個國家的通貨膨脹常常被作爲典型惡性通貨膨脹的例子，一個是第一次世界大戰後的德國，1923 年德國的紙幣馬克流通量達到 496×10^{18} 天文數字，價格指數由 1922 年一月的 100 上升到 1923 年十一月的 100,000,000,000,000〔註 2〕，短短一年內物價狂飆 1,000 億倍。另一個則是發生於 1945 至 1949 年國民黨在大陸統治的最後幾年，1949 年五月，國民政府金圓券的發行量折合法幣高達 2,038,374,000,000 億元，上海的物價總指數由 1937 年六月的 100，上升爲 $36{,}366 \times 10^{11}$〔註 3〕。

臺灣在二次大戰結束後也曾遭遇惡性通貨膨脹，但其通貨膨脹成因帶有臺灣本身政治與經濟的獨特性。本文結合歷史分析法與實證方法，探討其形

〔註 1〕 Leland B. Yeager,（1976）*International Monetary Relation: theory, history, and policy*, New York: Harper & Row, p. 269；A. J. Brown,（1955）*The Great Inflation, 1939-1951*, London, Oxford University Press, p. 304-305.

〔註 2〕 Samuelson, Paul Anthony,（1970）, *Economics*, New York, McGraw-Hill, 8thed., p. 374.

〔註 3〕 Chang, Kia-Ngau,（1958）, *The Inflationary Spiral: The Experience in China, 1939-1950*, Cambridge, Mass.: Technology Press of Massachusetts Institute of Technology, p. 71.

成之原因、所產生的影響，以及政策措施的效果。

第一節　研究背景與目的

通貨膨脹發生的原因很多、很複雜，經濟學家提出了不少學說來討論〔註 4〕。綜合論述，「通貨膨脹」一詞之定義乃是指在一定時期物價水準全面持續上漲的現象及其過程。構成經濟通貨膨脹的現象，其要件不是指個別物品或勞務價格的上漲，而是指全部物品及勞務的加權平均價格的上漲。通常由消費者物價指數〔註 5〕、生產者物價指數〔註 6〕及國民生產毛額的平減指數〔註 7〕來觀察其變化〔註 8〕。而且不是指漲一次即停的物價上漲，而是指在某一期間連續上漲的現象，如果物價在這個月上漲，下個月卻下跌，不能稱爲通貨膨脹。「惡性通貨膨脹」〔註 9〕即指物價水準以極高速度上漲的現象，即一般通貨膨脹在程度上的惡性發展。

〔註 4〕 Alchain, A. A. & Kessel, R. A.,（1959）"Redistribution of Wealth Through Inflation", *Science*, pp.539-39; Bach, G.L. & Ando, A.,（1957）"The Redistributional Effects of Inflation," *RE Stats*, Vol. 39, pp.1-13; Bronfenbrenner, M., & Holzman, F.D.,（Sept. 1963）"Survey of Inflation Theory," *AER*, pp.593-661; Dornbusch, R., & Frenkel, J. A., "Inflation and Growth Alternative Approaches,", *JMCB*, Vol. 5, pp.141-56; Stanley Fischer, Raita Sahar, and Carlos A. Végh,（2002）, "Modern Hyper-and High Inflations", *Journal of Economic Literature*, vol. XL, pp. 837-880.

〔註 5〕 衡量一般物價水準變化的指標叫「物價指數」（price index）。消費者物價指數（CPI）係以與居民生活有關的產品及勞務價格統計出來的物價變動指標。消費者物價指數上升太多，有通貨膨脹的壓力，此時中央銀行可能藉由調高利率來加以控制。

〔註 6〕 生產者物價指數（PPI）主要在衡量各種商品在不同生產階段的價格變化情形。

〔註 7〕 國民生產毛額（GNP）是一個國家國民賺取的所得總和。

〔註 8〕 「物價指數」與「通貨膨脹」之間的關係，簡單說，就是社會上一般的商品以及勞務的「平均價格水準」（是一個以消費量爲權數的加權平均），爲了方便跨期比較，必須訂一個「基準」，然後，某一期（月、季、年）的物價指數，是指該期平均物價相對於「基期」平均物價的百分比。「基期」這個作爲比較基準的物價水準，就定爲 100。臺灣物價指數的基期目前每 5 年一換，現在是以民國 90（2001）年爲基期，所以那一年的物價指數就是 100。假設某年的消費者物價指數是 105，表示該年的平均消費者物價水準，和基期 2001 的平均物價水準一比，是 2001 年的 1.05 倍，也就是上漲了 5%。

〔註 9〕 hyperinflation 此爲 P. Cangan 在 1950 年所提出名詞，指通貨膨脹有持續、加速、擴大等現象。Cagan, P.,（1956）, "The Monetary Cynamics of Hyperinflation," in Friedman, M.（ed.）, *Studies in the Quantity Theory of Money*, Univ. of Chicago Press.

有關通膨發生的理論，一般人比較常聽到的是，「需求拉動」〔註10〕以及「成本推動」〔註11〕，即是分別從需求面及供給面來討論通貨膨脹的成因。戰後初期的臺灣財政支出浩繁，政府只有藉由發行貨幣來維持，因此國民政府遷臺初期所遭遇的通貨膨脹，是典型的貨幣供應量增加太快，相對的物資太過短缺所造成的需求拉動的通貨膨脹。

除了「需求拉動」以及「成本推動」的通貨膨脹外，經濟學家認爲產業發展不平衡、基礎設施不足等結構性因素，也是通貨膨脹的一個重要成因。還有，在國際貿易盛行下，來自國外的進口品價格上漲也會造成所謂的「輸入性通貨膨脹」。再者，在通貨膨脹嚴重時，人們通常不願持有貨幣以儲藏價值，寧可囤積物資，或者是將錢投入購買房地產、黃金及外幣等投機性或不具生產性的用途。結果，正常的生產事業缺乏資金來源；企業也因爲成本及收益難以掌握，造成投資停頓；於是整個社會的人力資源都消耗在對抗或適應通貨膨脹上，嚴重影響經濟成長。更甚者，如果社會大眾普遍存有通貨膨脹預期心理，惜售、囤積、搶購、投機風潮四處蔓延，通貨膨脹會愈益嚴重，而引發所謂的惡性通貨膨脹。因此，「通貨膨脹預期心理」也是通貨膨脹的重要成因之一。

根據很多國家的經驗，可將通貨膨脹做以下之分類：

（1）低度通貨膨脹，即一般物價的年上漲率約 1%-5%。

（2）中度通貨膨脹，即一般物價的年上漲率介於 6%-20%之間。

（3）高度通貨膨脹，即一般物價水準之年上漲率超過 20%，而低於 50%。

（4）超高通貨膨脹率，即一般物價水準之年上漲率超過 50%。即是所謂的惡性通貨膨脹。

以政府在 1946 年編纂的「臺北市躉售物指數」爲依據觀察臺灣戰後初期的物價變動，除了 1946 年一月因資料限制，因此情況不明外，我們可以發現，從二月起，就連續出現兩位數的月上漲率。1946 年六月新的貨幣政策「新臺幣改革」實施後，物價指數，逐月下滑，例好景僅維持三個月，自

〔註10〕需求拉動的通貨膨脹，是指商品及勞務的總需求大過總供給，會造成物價上揚。對於價格的變動，古典學派和凱因斯學派各有不同闡釋。

〔註11〕成本推動的通貨膨脹，則是從供給面生產不足，或成本上揚來解釋通貨膨脹的成因。韓戰後，西方國家面對另一種通貨膨脹，其禍首來自於成本或供給面，包括工資上揚，石油等原料價格上漲，以及企業壟斷等等，都會從供給面推動物價的上揚。

1946 年十月至 1948 年十一月止，連續物價上漲達 26 個月之久，而且在 1948 年十月及十一月都呈現出加倍上升的情況；而物價飆漲之勢在 1949 年五月達到一個頂峰。

表 1　1946-1952 年臺北市躉售物價指數

月 年	1 月	2 月	3 月	4 月	5 月	6 月	7 月	8 月	9 月	10 月	11 月	12 月	年平均指　數	年指數上漲率
1946	--	132.62	119.45	113.48	120.71	107.60	104.02	104.08	94.82	130.89	105.71	112.45	9,510.2	297.32%
1947	129.02	150.82	111.66	106.77	111.78	107.70	109.04	114.12	118.61	137.49	119.59	114.58	45,788.9	381.47%
1948	109.75	113.41	114.75	103.67	102.01	104.98	123.40	120.21	123.95	207.56	207.10	90.99	381,044.3	732.18%
1949	136.24	148.68	133.85	151.37	202.01	143.43	107.95	104.26	108.83	121.46	111.67	109.44	218.91	3,405.74%
1950	119.58	110.72	101.13	101.72	102.75	96.69	99.75	107.73	110.85	112.15	101.89	102.41	887.76	305.54%
1951	113.05	104.27	97.61	103.40	106.98	101.91	101.61	101.82	101.61	104.70	103.31	103.84	1,473.54	65.98%
1952	102.41	102.76	102.61	101.25	97.59	98.22	99.19	99.86	99.58	99.17	99.04	101.85	1,814.31	23.12%

註：各月指數爲環比指數，以其上月爲基期 100；年平均指數爲定基指數，以 1937 年爲基期 100。

資料來源：《臺灣物價統計月報》，第 13 共至第 99 期，1947 年一月至 1954 年三月

第二節　相關文獻分析

許多國內外學者對於臺灣的惡性通貨膨膨的情況，分別從各種面向進行探討，並提出許多見解和分析。綜觀這些論著，有的是篇幅相當可觀的巨著，有的則是較短篇的學術性期刊論文。有的研究所涵蓋層面很廣，有的則是只針對單一主題作深入評析。而其所引用研究方法，有的是單純歷史事實之鋪陳，有的是從經濟學理論與模型加以解析，但綜合歸納學者研究臺灣戰後初期引發惡性通貨膨脹所列舉的原因，除了最重要的戰爭因素之外，其他不外乎日治末期即延續下來的物價上漲、國民政府對臺的失策，諸如：臺灣銀行對政府機關及國營企業之放款、銀行的信用擴張、不當的匯率政策、及中央政府機關撤臺時匯入巨款等等……。而政府爲了抑制惡性通貨膨脹的方法，有貨幣政策、財政政策、外匯政策的推行，當然 1950 年代美援及時的到來，也是惡性通貨膨脹得以疏緩的重要因素。以下略將文獻資料區分爲幾類型討論：

一、整體性論述臺灣惡性通膨脹

戰後臺灣惡性通貨膨脹是一個政治、經濟、社會、文化、外在、內在各

種因素產生交錯影響的歷史過程。有關於臺灣戰後初期通貨膨脹的文獻資料中，早期有來自於潘志奇（1949）〔註12〕綜合討論1948年臺灣的經濟情勢時，即對通貨膨脹的問題有所分析。之後潘志奇（1980）〔註13〕又對於戰後通貨膨脹的起因及結束，作成一本完整描述分析的著作。柳復起（1970）〔註14〕則對臺灣由通貨膨脹到穩定的金融發展進行分析，文中對貨幣改革、利率政策、銀行存放款與投資有詳細論述。Myers（1986）〔註15〕，則提及當時臺灣面對惡性通膨時所施行的重要經濟政策包括：土地改革、高利率政策、外匯改革、拓展出口，以及將資源引導至附加價值高的產業等等。其中高利率政策使得資源流向勞力密集產業及高附加價值的產業，有效遏止了通貨膨脹的出現；但銀行對於公營與民營之企業仍有很大的差別待遇，也因此遭到民間非議；1950 年代後期的外匯改革則消除了新臺幣高估的情況，進而提供了廠商出口的誘因，誘使臺灣廠商蜂擁進入外銷市場，進而使得臺灣的出口產業得以迅速發展；同時他也肯定美援，穩定了當時臺灣的物價，是抑制通貨膨脹的重要因素之一。劉進慶（1993）〔註16〕以專章說明1945-1965年期間的經濟，當中提及臺灣惡性通貨膨脹的發展過程。王作榮（1994）〔註17〕則提到戰後臺灣政府的重大經濟政策流程：利用貨幣政策、外匯管制……等政策穩定經濟後，即加緊基本建設，這個流程成功使戰後初期惡性通貨膨脹得以消除。于宗先、王金利（1999）〔註18〕則以臺灣一般物價變動為主幹，運用基本經濟理論和計量的實證分析，探討臺灣經濟發展各階段中一般物價劇烈翻動和溫和波動的成因，以及政府的因應對策及其效果。

〔註12〕潘志奇（1949），〈民國三十七年之臺灣經濟〉《臺灣銀行季刊》，2：3，頁1-34。

〔註13〕潘志奇（1980），《光復初期臺灣通貨膨脹的分析》，臺北聯經。

〔註14〕柳復起（1970），〈臺灣由通貨膨脹至經濟穩定的金融發展〉《經濟論文》專著選刊之七，頁1-30。

〔註15〕Myers, R.,（1986）, "The Economic Development of the Republic of China on Taiwan, 1965-1981", in Lau, L.（ed）*Models of Development-A Comparative Study of Economic Growth in South Korea and Taiwan*, San Francisco: ICS Press, p. 17-63.

〔註16〕劉進慶（1992），《臺灣戰後經濟分析》，臺北人間出版社。作者留學日本，本書事實上是作者向東京大學提出的學位論文，內容帶有深厚的馬克思主義政治濟學的學風，對臺灣經濟分析特重其「歷史性」的因素。

〔註17〕王作榮（1994），〈影響臺灣經濟發展的因素〉收錄於《臺灣經濟發展論文集》，梁國樹編，時報書系No.661，頁16-17。

〔註18〕于宗先、王金利（1999），《臺灣通貨膨脹》，臺北，聯經出版社。

二、匯率政策對惡性通貨膨脹影響

吳耀輝（1949）〔註 19〕則詳細分析 1948 年下半年中央政府錯誤的匯率政策，及其對於貨幣發行及物價的影響。尹仲容（1962b，1959b）〔註 20〕對當時的經濟政策有詳細的描述與解釋，其中提及外匯改革方面，臺灣自 1949 年進行的外匯管制，其目的在於維持國際收支平衡，鼓勵經濟發展，維持物價穩定，雖然管制達到了控制進口，穩定經濟的結果，但卻因爲完全以人爲方式控制而否定了價格機能，而造成眾多不公平的現象。邢慕寰（1985）〔註 21〕在探討 1950 年代左右臺灣所施行之政策中，指出外匯改革可能是將臺灣由穩定成長推向高速成長中最重要之因素。吳中書（1999）〔註 22〕則對於臺灣戰後匯率制度之演進有詳細介紹與分析，尤其研究中對葉萬安、王昭明、李仲英等相關經濟人物進行之訪談記錄，亦是瞭解當時政策制定重要的參考資料。

三、幣制改革政策對惡性通貨膨脹的影響

林霖（1952）〔註 23〕對於 1949 年六月的幣制改革及黃金儲蓄存款辦法有深入分析。王繡雯（1990）〔註 24〕認爲新臺幣改革的確爲國民政府解決部份臺灣脫離大陸後所產生的問題，新臺幣改革的目的有三：維持國民政府在臺灣的統治正統性及公營企業的醫累積，並且做爲吸引美援來臺的條件，其實施成效雖然無法立刻消除臺灣戰後以來的惡性通貨膨脹，但大體而言，減輕國民政府原先的政治經濟負擔。李怡庭（1988）〔註 25〕描述臺灣在幣制改革後物價膨脹趨於緩和而非立即穩定，其後有一個物價上漲轉趨惡化的過渡期，至 1951 年底之後才完全脫離惡性物價膨脹的威脅。究其原因乃是臺灣銀行仍繼續大量對軍政機關和財政墊款，以及對公營企業放款，並未扮

〔註 19〕吳耀輝（1949），〈民國三十七年之臺灣金融〉，《臺灣銀行季刊》，2：3，頁 35-53。

〔註 20〕尹仲容（1962b），〈僑資與外匯問題〉收錄於《我對臺灣經濟的看法四編》，頁 11-12；尹仲容（1959b），〈對當前外匯貿易管理政策及辦法的檢討〉，收錄於《我對臺灣經濟的看法續編》，頁 130-49。

〔註 21〕邢慕寰（1985），〈政治與社會的創新對現代經濟成長的重要——顧志耐教授的研究留給我們的啓示〉《經濟論文》，13：2，頁 3-12。

〔註 22〕吳中書（1999），《臺灣戰後初期匯率制度之演進與決策研究》，發表於臺灣經濟發展決策研究研討會，中研院經濟所，頁 1-107。

〔註 23〕林霖（1952），《臺灣經濟之出路》，臺北，稅務月刊出版社。

〔註 24〕王繡雯（1990），《新臺幣改革之分析》，國立臺灣大學政治研究所碩士論文。

〔註 25〕李怡庭（1988），《臺灣惡性物價膨脹結束之分析》，國立臺灣大學經濟研究所碩士論文。

演超然獨立的央行的角色。庫存黃金又因金儲辦法而大量減少，傷及黃金準備和幣信。1949 年後，遷臺軍民激增，造成需求面沉重的壓力，促使物價更為高漲。另外，有關 1945 年前後之貨幣與金融情勢，可以參見臺灣銀行史編纂委員會所編《臺灣銀行史》〔註 26〕與吳永福（1947）的《臺灣之幣制與銀行》〔註 27〕。

四、利率政策對惡性通貨膨脹的影響

尹仲容（1959a）〔註 28〕解釋當時臺灣之利率水準較其他國家高的原因，除了資金缺乏外，另有政治風險與通貨膨脹的壓力，而其對利率政策提出之建議為盡量縮小銀行利率與市場利率間的差距，以反映市場供需，且在高利率的環境下，臺灣更可利用低廉之勞力補昂貴之資本。美國聯邦理事會官員 Read J. Irvine 與 Robert F. Emery（1966）〔註 29〕認為 1950 年三月開辦的優利存款辦法，具有抑制臺灣戰後初期惡性通貨膨脹的效果。Ho（1978）〔註 30〕則強調政府除了使用高利率政策，吸引民間資金，同時也使用管制物價及實物配給的方法，防止物價的上漲。蔣碩傑（1985）〔註 31〕則提到正當二次大戰後初期快速通貨膨脹時，國際間的經濟政策正深受保護主義及低利率政策的影響，所幸臺灣很早就拋棄了此種策略，首先放棄低利率政策以對抗通膨。Scitovsky（1986）〔註 32〕則認為 1950 年代臺灣政府所採取的高利率政策使得大企業的發展較為不易，而資金供給者（一般儲蓄人民）則有較多資本利得，因而降低了貧富不均的程度，是穩定戰後初期惡性通貨膨脹的重要因素。

〔註 26〕臺灣銀行史編纂委員會編（1964），《臺灣銀行史》，東京。

〔註 27〕吳永福原任職臺灣銀行，其著作乃依據日本人之移交清冊編著，其中對於戰爭末期至 1946 年五月之金融情勢有所描述。吳永福（1947），《臺灣之幣制與銀行》，南京：財政部財政研究委員會。

〔註 28〕尹仲容（1959a），〈論本省之利率〉收錄於《我對臺灣經濟的看法續編》，頁 121-4。

〔註 29〕Irvine, Reed J. and Emery, Robert F.（1966）, "Interest Rates as an Anti-Inflationary Instrument in Taiwan," *National Banking Review*, 4:1.

〔註 30〕Ho, Samuel, P. S.,（1978）*Economic Development of Taiwan 1860-1970*, Yale University Press, New Haven, p. 112-113.

〔註 31〕蔣碩傑（1985），〈我國經濟發展的啟示〉民國 72 年 7 月 6 日中央日報收錄於《臺灣經濟發展的啟示》，天下叢書 No.36，頁 153-66。

〔註 32〕Scitovsky, T.,（1986）"Economic Development in Taiwan and South Korea, 1965-1681" in Lau, L.（ed）*Models of Development-A Comparative Study of Economic Growth in South Korea and Taiwan*, San Francisco: ICS Press, p. 139-41.

Scitovsky〔註 33〕同時還提及當時蔣碩傑先生鑑於國共內戰後期嚴重的通膨現象，向政府提出提高利率的建議，是正確的選擇。而 Hsing（1995）〔註34〕亦提到在 1940 年代後期國民政府在大陸採取的低利率政策，導致嚴重的通貨膨脹，使得實質利率接近於零，資本紛紛撤出銀行而流向黑市或囤積，而尤有甚者竟向銀行貸款投入黑市套利，是導致惡性通貨膨脹的不當政策。

五、非經濟因素對惡性通貨膨脹的影響

關於政府採取非經濟因素抑制通貨膨脹的手段，大抵是以臺灣農業結構——土地改革的分析爲主。其中尹仲容（1963）、廖正宏等（1986）〔註35〕、劉進慶（1993）〔註 36〕、陳玉璽（1995）〔註 37〕肯定臺灣農業政策，尤其是土地改革對資本形成的貢獻，國家資本的累積有助抑制通膨問題。農業對臺灣早期通貨膨脹的重要在於：「在一定的耕地面積上盡量增加農業生產，並在國外換取外匯。〔註 38〕」尹仲容以國家發展主義路線，側重分析國家政策如何以農業扶植工業，如何將勞動力作有效的部門轉移。

劉進慶與陳玉璽則以依賴理論的角度，側重於觀察日本殖民政府與國民政府對臺灣所推行的農業、經濟政策，如何利用農業剩餘，完成初期資本的積累。劉進慶歸結出戰後臺灣初期（1945-1966）經濟結構的三個特色：(1) 將殖民時代日本母國的獨占資本（電力、糖業、肥料、煙酒……等等）順利轉移爲國家資本；(2) 土地改革使傳統的地主租佃制解體，提高農業單位生產力，而國民政府解嚴前的專制統治，以穀換肥、順利的將農業利潤移轉至工業資本積累；(3) 運用美援與美、日資本，推進臺灣本地資本。

六、美援對惡性通貨膨脹的影響

有關美國對臺灣經濟援助的研究中，主要仍首推美國經濟學者 Neil H.

〔註 33〕Scitovsky（1986）, p. 138.

〔註 34〕Hsing, M.H.（1995）, "Professor S.C. Tsiang's Views on Economic Policies", in Yu, T. & Lee, J.（ed）*S. C. Tsiang-His Contribution to Economic Theory*, Taipei: CIER Press, p. 63-64.

〔註 35〕廖正宏、黃俊傑、蕭新煌等著（1986），《光復後臺灣農業政策的演變》，臺北中央研究院民族所。

〔註 36〕劉進慶（1992），《臺灣戰後經濟分析》，臺北人間出版社。

〔註 37〕陳玉璽（1995），《臺灣的依附型發展》，臺北人間出版社。

〔註 38〕尹仲容（1963），《我對臺灣經濟的看法三編》，臺北，美援運用委員會，頁 394。

Jacoby（1966）所著的"*U. S. Aid to Taiwan*"一書，其對美援各項計畫的執行過及初期的成果有全面性的討論但是對美援的影響未做深入分析〔註 39〕。林鐘雄（1970）〔註 40〕除了闡述美國經援政策之演變，也詳述說明歷年美援之運用，肯定美援對臺灣的幫助。另外，趙既昌（1985）〔註 41〕本身親自參與經辦美援事務，因此在論著中對於美援運用的一些細節有詳細述敘，不過僅及於描述說明，分析較少。美國經濟學者高棣民（Thomas B. Gold）（1987）〔註 42〕、段承璞（1994）〔註 43〕等則認為臺灣經濟由混亂到穩定，美援是主要因素，美援彌補了外匯的不足，平衡了臺灣貿易收支，使臺灣擺脫物資奇缺和通貨膨脹的惡性發展，因此，儘管國民政府初期實行土地改革，農業生產有所發展，農產出口有所增加，如果沒有美援，臺灣經濟難以擺脫惡性通貨膨脹的混亂。Li and Wu（1997）〔註 44〕的討論重點是在惡性通貨膨脹得以結束主要是因為美援之助。Rowen（1998）〔註 45〕則認為美國在戰後對東亞新興國家提供軍事、經濟與技術援助，並且開放廣大的國內市場，是促成東亞地區能迅速發展的重要因素之一。在整理評估美援影響的資料過程中，發現有兩種極端的看法，有些認為美援對臺灣戰後發展具有正面貢獻，因為美援有助於臺灣控制惡性通貨膨脹和資本累積〔註 46〕；另外有些則認為美援是

〔註 39〕因著作出版距離美援終止不過一年。Jacoby, Neil H.,（1966）, *U. S. Aid to Taiwan,* New York: Fredrick A. Praeger.

〔註 40〕林鐘雄（1970），〈臺灣經濟建設計畫與美援〉《臺灣銀行季刊》，21：1，頁 111-137。

〔註 41〕趙既昌（1985），《美援的運用》，臺北聯經。

〔註 42〕高棣民著，胡煜嘉譯（1987），《臺灣奇蹟》，洞察出版社。

〔註 43〕段承璞等著（1994），《戰後臺灣經濟》，臺北聯經，頁 134-143，認為 1945-1950 年臺灣完全處於混亂狀態。戰爭的破壞加上大陸惡劣經濟的波及，臺灣已面臨崩潰之境，1951 年臺灣經濟同大陸完全隔絕，臺灣逐漸由混亂走向穩定，影響最重要的因素是美國對臺經援和土地改革。

〔註 44〕Li, Yi-ting and Wu, Tsong-Min（1997）, "Taiwan's Big inflation, Stabilization, and U.S. Aid", National Taiwan University.

〔註 45〕Rowen, H.,（1998）, "The Political and Social Foundation of an Economic Miracle", in Rowen, H.（ed）*Behind East Asian Growth-The Political and Social Foundations of Prosperity*, London and New York: Routledge Press, p. 3.

〔註 46〕Li, K. T.,（1988）, *The Evolution of Policy Behind Taiwan's Development Success*, Yale University Press, p. 55-57; Amsden, Alice H.（1979）, "Taiwan's Economic History: A Case of Etatisme and a Challenge to Dependency Theory", *Modern Chian*, Vol.5, No.3, pp. 341-379; Amsden, Alice H.（1985）, "The State and Taiwan's Economic Development", In Peter B. Evans, et al.（eds.）, *Bring the State Back In*,

帝國主義的作爲，美國透過對臺的援助在臺灣培植反共親美勢力，並塑造對美依賴的軍經結構〔註 47〕。

七、戰後初期政策制定對惡性通貨膨脹的影響

在影響政策制訂的各種因素，Myers（1986）〔註 48〕提及在公營與民營的劃分原則中，三民主義與國父遺教乃是當時政府制訂政策時的精神指標；而當時在臺灣的國民政府拒絕用赤字來融通預算乃鑑於大陸時期通貨膨脹之痛苦經驗。Whitley（1992）〔註 49〕提到國民政府對金融體系採取高度管制，極力穩定價格水準的原因，乃鑑於國共內戰後期劇烈之通貨膨脹，以及爲了維持公教人員之收入。Root（1996）〔註 50〕也有類似的看法。Hong〔註 51〕也認爲大陸敗北之經驗使國民政府在撤退來臺後，重新將民生主義視爲制訂經濟政策時的準繩。此外，翁嘉禧（1998）〔註 52〕則相當強調政府政策對經濟發展所起的支配作用，在一般狀況下，經濟政策的作用必須處於特定情境中才具主導性，由於臺灣經濟發展不論經濟成長速度或經濟結構變化，始終受到政府經濟政策等外在因素的支配與制約。

八、貨幣供給與通膨間的因果關係

劉錦添、蔡偉德（1989）〔註 53〕除了描述物價膨脹過程之外，尚對通貨

New York: Cambridge University Press, p.78-106; Gold, Thomas B.,（1981）, *Dependent Development in Taiwan*, Doctoral dissertation, Harvard University; Gold, Thomas B.,（1986）*State and Society in the Taiwan Miracle*, New York: M. E. Sharp, Inc.; Haggard, Stephan Mark.,（1983）, *Paths from the Periphery: The Newly Industrializing Countries in the International System*, Doctoral dissertation, University of California, Berkeley.

〔註 47〕Chen, Yu-His,（1981）, *Dependent Development and Its Sociopolitical Consequences: A Case Study of Taiwan*, Doctoral dissetation, University of Hawaii; 文馨瑩（1990），《經濟奇蹟的背後——臺灣美援經驗的政經分析（1951-1965），臺北自立晚報。

〔註 48〕Myers（1986）, p. 19、45.

〔註 49〕Whitley, R.,（1992）, *Business Systems in East Asia - Firms, Markets and Societies*. London: SAGE Publications, p. 153-4.

〔註 50〕Root, H. L.（1996）, *Small Countries: Big Lessons – Government and the Rise of East Asia*, New York, Oxford University Press, p. 33.

〔註 51〕Hong（1997）, p. 136.

〔註 52〕翁嘉禧（1998），《臺灣光復初期的經濟轉型與政策》，高雄復文圖書出版社，本書係由作者博士論文所改寫而成。

〔註 53〕劉錦添、蔡偉德（1989），〈光復初期臺灣地區的惡性通貨膨脹〉，《經濟論文

膨脹率及貨幣成長率做因果關係檢定。Quddus, Liu and Butler（1989）〔註 54〕分析貨幣與物價成長率的因果關係。Makinen and Woodward（1989）〔註 55〕就臺灣惡性通貨膨脹之成因及穩定政策進行解釋與分析。Lin and Wu（1989）〔註 56〕的討論重點是在通貨膨脹與通貨發行的關係上面。吳聰敏、高櫻芬（1991）〔註 57〕主要是探討日治初期迄今貨幣與物價的長期關係，但他們也分析 1947 年至 1950 年之間的通貨膨脹率與貨幣成長率的因果關係。

以上的研究雖然各有重點，但都肯定臺灣戰後的通貨膨脹和歷史上其他惡性通貨膨脹一樣，皆是因為政府無法抑制貨幣發行所引起。另一方面，目前有關臺灣戰後初期的惡性通貨膨脹的發展，雖然因側重的依據不同、立論的方法有別，而呈現多樣性，但是這些論述所突顯出的影響臺灣通貨膨脹發展的共同要素為：政府的政策、美援及世界經濟市場的變動。同時對此一議題的研究上，經濟學者與歷史學者所注重層面或方法上有著許多差異性。經濟學者研究經濟史，傾向將經濟現象的關係當作一個單元看待，注意農業生產力、人力資本投資、工業供給、需求反應，政府為促進經濟繁榮所作的公共投資等，看到的政治因素是政府政策或措施，如賦稅政策、貨幣政策，政府的補貼效果等；看到的社會因素是人口結構的變動、人力流動性等。而一般歷史研究方法，或許分析問題的著眼點及處理資料的方法與經濟學者不同，但卻深信任何一種經濟現象的發生、變動、消失都會牽涉到非經濟因素的政治因素、社會因素等。

本論文試圖結合歷史學與經濟學研究，在研究重點上，以惡性通貨膨脹

叢刊》，17：2，頁 233-262。

〔註 54〕Quddus, Liu and Butler（1989）, "Money, Prices, and Causality: The Chinese Hyperinflation 1945-1949, Reexamined," *Journal of Macroeconomic*, 11:3, pp. 447-453。分析發現通貨膨脹率和 M_1 成長率之間有雙向因果關係，使用的資料是通貨發行增加率及通貨膨脹率的成長率。

〔註 55〕Makinen, Gail E. and Woodward, G. Thomas（1989）, "The Taiwanese Hyperinflation and Stabilization of 1945-1952," *Journal of Money, Credit, and Banking*, 21:1, pp. 90-105。

〔註 56〕Lin, Kenneth S. and Wu, Tsong-Min（1989）, "Taiwan's Big Inflation," *in the Second Conference on Modern* Chinese *Economic History*, The Institute of Economics, Academic Sinica, Taipei。則發現通貨成長率與通貨膨脹率之間並無顯著因果關係存在。

〔註 57〕吳聰敏、高櫻芬（1991），〈臺灣貨幣與物價長期關係之研究：1907 年至 1986 年〉，《經濟論文叢刊》，19：1，頁 23-71。則認為因果關係檢定假設各項時間數列的結構在樣本期間未發生改變時，此一假設是否適用，頗值得懷疑。

如何發展與抑制爲脈絡；在研究方法上，不只著重於綜合資料，作文字上的分析，也應用經濟理論，統計方法，確切說明過去惡性通貨膨脹的現象與關係。期待本文能以建立一個更周全的論述，充分反映臺灣惡性通貨膨脹發展的特色及過程中的各種「質變」與「量變」。

第三節　研究段限與檔案資料

歷史的分期是困難的，因爲歷史有連續性，事件往往犬牙交錯無法分割，但是爲了瞭解歷史「變」的特性，必須透過分期來掌握「變點」，及其「量變」與「質變」。

本論文以 1952 爲研究段限，主要是因爲這個年限爲大部分的學者所認定〔註 58〕，其依據理由有以下幾點：（1）國民政府於 1952 年基本上完成幣制改革和土地改革，惡性通貨膨脹受到遏制；（2）同大陸完全隔絕的臺灣經濟，到 1952 年大體具備獨立發展的條件；（3）美國恢復經濟援助，臺灣開始第一個四年經濟設計劃；（4）1952 年臺灣無論農、工生產都大致恢復到戰前最高水準〔註 59〕。由以下二表的數字可以顯示出臺灣在 1952 年之後，已漸漸脫離惡性通貨膨脹的威脅。

表 2　日治時期與戰後臺灣重要農工產品產量之比較

項　目	單　位	日治時代最高產量	1946 年	1949 年	1952 年
米	千公噸	1,402	894	1,215	1,570
糖	千公噸	1,374	86	647	528
漁	千公噸	120	51	80	122
豬	千頭	1,873	768	1,362	2,079
電	百萬度	1,195	472	854	1,420
媒	千噸	2,854	1,049	1,614	2,286
棉紗	噸	539	410	1,805	13,567
棉布	千公尺	2,682	2,558	29,805	87,639

〔註 58〕劉進慶（1983），〈臺灣的經濟結構及其問題〉《南北經濟關係的現行結構》，日本評論社，第五章；另參見段承璞主編（1989），《戰後臺灣經濟》，中國社會科學出版社，頁 120-121。

〔註 59〕中研院近史所編（1993），《經濟檔案函目彙編（二）》，中研院近史所出版，頁 2-3。

紙	千噸	26	3	10	28
肥料	千噸	34	5	46	130
水泥	千噸	303	97	291	446
鋼筋	千噸	18	3	11	18
一般機械	噸	8,200	980	3,666	6,155

資料來源：稻米生產量見《臺灣農業年報》各期；其他資料參見夏霽成（1951），〈論發行、物價與生產〉《財政經濟月刊》，1：8，頁3-4。

表3　1937-1950年臺灣各產業生產指數

年份	農業指數	工業指數	水產業指數	林業指數	礦業指數	畜牧業指數	總指數
1937	100.00	100.00	100.00	100.00	100.00	100.00	100.00
1938	104.8.	102.99	92.89	120.22	115.26	102.50	104.22
1939	107.96	116.79	105.81	108.01	129.29	92.44	110.57
1940	93.27	121.25	193.70	139.71	129.86	74.27	105.12
1941	92.00	100.20	98.89	172.06	129.28	63.75	95.49
1942	94.62	124.51	68.42	216.18	108.41	72.64	105.98
1943	86.77	120.57	47.03	394.12	97.82	69.93	100.80
1944	81.44	102.52	21.96	206.62	80.28	53.10	87.36
1945	47.75	36.97	14.88	35.15	33.79	41.27	45.38
1946	55.42	18.32	53.15	41.54	43.55	49.60	40.72
1947	64.68	17.57	61.01	54.04	58.72	64.05	46.94
1948	74.80	44.60	74.54	110.66	74.27	68.86	63.69
1949	91.40	75.63	77.85	81.99	71.29	82.79	93.90
1950	99.86	79.55	83.05	122.43	76.59	84.10	90.51

資料來源：夏霽成，〈論發行、物價與生產〉《財政經濟月刊》，1：8，頁59。

表4　1945-1950年重要農產品生產量

年份	稻米（噸）	茶（噸）	香蕉（千公擔）	發電量（KWH）	煤（千噸）
1945	638,828	1,430	322	354,926	795
1946	894,021	2,919	534	468,350	1,053
1947	999,012	7,444	1,244	571,392	1,325
1948	1,068,421	8,452	1,104	840,473	1,662
1949	1,214,523	10,184	1,984	850,297	1,557
1950	1,424,485	10,674	1,189	1,035,270	1,405

資料來源：夏霽成（1951），〈論發行、物價與生產〉《財政經濟月刊》，1：8，頁3-4。

表 5　1935-1952 年臺灣農業生產指數

年　份	生產總量	米	甘蔗	其他作物
1935-1937	100.00	100.00	100.00	100.00
1939	107.91	98.41	156.60	96.19
1945	49.75	48.59	50.80	52.19
1946	58.05	68.00	12.29	66.17
1947	70.21	75.98	9.72	101.83
1948	80.43	81.26	38.02	111.68
1949	95.98	102.37	75.65	122.29
1950	106.37	108.11	71.58	129.00
1951	106.15	112.42	58.63	136.38
1952	114.13	119.42	56.63	143.17

資料來源：段承璞主編（1994），《臺灣戰後經濟》，臺北聯經，表 2，頁 116。

回溯歷史時序的演進，深入觀察相關歷史背景，當有助於歷史事實的澄清。本研究在資料的掌握上，大致上，可將資料來源分爲：

一、初級資料：主要包括：（1）財經檔案；（2）私人收藏歷史文件；（3）相關經濟人物的訪談記錄。

二、次級資料：主要包括：（1）政府主管機關之出版品；（2）政府或財團法人機構委託之研究成果；（3）外國學術團體對當時期經濟研究之相關文獻；（4）當時重要報章雜誌的財經評論文章。

鑑於歷史資料五花八門，因此，本研究除採用一般歷史研究法與經濟研究法，針對相關的圖書文獻加以蒐集、彙整分析。並針對當時國民政府所刊行的政府公報，和重要的財經報導及定期公布的歷史檔案資料，力求依據內容分析法的步驟來加以解析。以下略述與本研究相關的財經檔案：

一、國史館典藏之財經檔案〔註 60〕

與臺灣戰後惡性通貨膨脹相關之檔案計有：

〔註 60〕1940 年國史館籌備委員會成立，至 1947 年國史館正式在南京成立，大陸撤退，國史館典藏之所有史料也淪陷。1958 年開始在臺北籌備復館，1959 年元月正式辦公。復館後即致力搜集有關民國史之各種資料，其中最爲珍貴的即爲各政府機關移交之檔案。

（一）財政部檔案

起自 1912-1949 年，財政部檔案是國史館檔案數量最龐大的一批，其中錢幣類還含政府遷臺後檔案。

1. 國庫類：爲國庫署卷牘，包括國與各省省庫之施政計畫、法規、施行細則、現金收入、專賣收入、公營事業盈餘、各院部會暨所屬機關之經費、各省庫收支報告、預算通知書、國庫及各區局歲入歲出預算案、戰後接收敵僞財產案等。

2. 錢幣金融類：爲錢幣司案牘，包括錢幣司各年度行政計畫、工作報告、貨幣與金融法規、金融會議記錄、改定貨幣案、通貨膨脹、法幣政策、發行準備管理委員會、匯兌與外匯、穩定外匯案、取締僞鈔劣幣、查緝金銀走私、整頓金融措施、整理各地省鈔、運鈔禁運、中日貨幣戰、安定金融案、幣制研究委員會、金融顧問委員會、實施管理貨幣辦法、各地金融情形報告、四聯總處、銀行兌換券發行稅法等。其後又有財政部遷臺後金融司之檔案，如中央銀行臺灣流通券發行辦法、臺灣省匯兌管理辦法、中央銀行派員發行新臺幣辦法，及調查國內外物資卷等。

3. 統計類：爲統計處檔案，計有各年度中央政府預算統計、國庫收支統計、財政部各單位年度統計、戰時財政金融統計、各種稅收統計與報表、統計年報、國稅專賣利益收入統計表、各國家銀行旬、月報表、各單位年度工作檢討報告表、統計手冊、各地躉售物價指數統計表、貿易統計、地方財政統計、抗戰損失統計表、統計年報、登記冊、統計資料等。

（二）資源委員會檔案〔註 61〕

資委會檔案歷經戰亂與流離播遷，輾轉運輸，每有殘缺破損，斷簡殘編，無法檢視。後經國史館重加整理，仍按原檔案分類，分爲中文檔案與英文檔案。與本研究相關之檔案計有：美援申請、外匯調查、會計財務包含歲計、會計報表、預算、決算、會計報告、現金結存表、財產總目、資產調查表等案。

〔註 61〕資源委員會爲國民政府發展工礦業的專責機構，早在 1932 年十一月爲因應日本在東北、上海尋釁，乃設立國防設計委員會以策劃抗日禦侮大業，推動興建以國防爲中心的建設事業及工業。1935 年四月又將原隸屬軍事委員會之兵工署資源司併入，易名爲資源委員會，直屬軍事委員會。1938 年二月改組，直屬經濟部。1936 年五月改隸行政院，1952 年八月行政院簡化組織將該會撤銷。自創立至結束前後廿年，組織屢有調整，任務不斷擴大；對戰時、戰後及國民政府遷臺後的經濟發展，貢獻頗大。1965 年該會檔案大部分由經濟部移交國史館。

（三）糧食部檔案〔註 62〕

此批檔案超自 1940 年籌設全國糧食管理局，經 1941 年 5 月糧食部正式成立，至 1949 年該部裁撤止。含蓋地區有臺灣等 27 省及上海、重慶等 7 市，範圍相當廣泛。與本研究相關之部分爲糧食部檔案之管制類：計有供糧、平準糧價、限制糧價資料、管制司工作週報、全國各地糧情物價調查報告、各省糧食生產報告，各省調查經費報告、各省糧政年度報告等案。

（四）美援會檔案

1948 年大陸經濟形勢頗爲混亂，中美兩國爲穩定中國戰後經濟，奠定經濟復興基礎，在南京簽定中美經濟援助雙邊協定，美國給予中國經濟援助。爲有效運用美援，行政院在上海設立美援運用委員會（Council for U. S .Aid，簡稱美援會）。與本研究相關者爲美援種種物資採購、會議記錄與現況報告等案。

（五）國民政府檔案〔註 63〕

就與本研究相關之財經檔案，略作說明如下：

1. 總類：改革幣制、挽救經濟全國實業統計及調查等案。

2. 主計類：其中的預算、概算、決算、經費收支、會計、統計、審計報告等項。

3. 財政類：相關者包含國庫、金融、錢幣等項，其相關要目如下：財政報告、金融措施、各機關各年度概算、中央會計總報告、維持金融以安人心、實行錢幣革命鞏固貨幣政策、非常時期安定金融辦法、中央收支、匯率匯兌、黃金買賣等案。

4. 經濟類：計有物價、外匯、和外幣管制、外貿等案。

〔註 62〕國民政府於 1940 年在行政院下設置全國糧食管理局，負責統籌全國糧食之管理，1941 年又將各省市田賦改歸中央管轄，並改徵實物，隨後改組成立糧食部，掌理全國糧食行政。同年將原有田賦管理籌備委員會改組爲田賦管理委員會，直屬財政部。1945 年爲簡化組織機構，又將委員會改隸糧食部田賦署。1949 年四月糧食部裁撤，業務歸財政部田糧署接管。1981 年財政部應國史館之請，將保管之糧食部檔案四十二竹籮移送該館。

〔註 63〕國民政府成立於 1925 年七月，至 1948 年五月行憲首任總統就職時爲止。但習慣上，我們將大陸撤退前的中央政府均視之如同國民政府，因而國民政府檔案實際含蓋期間自 1925 年七月至 1949 年六月。此批檔案於 1961 年至 1996 年分五次移送國史館庋藏。

（六）臺灣省政府檔案〔註64〕

與本研究較密切之單位爲物資局〔註65〕，包含貿易公司、貿易局與物資調節委員會檔案。其中貿易公司與貿易局檔案，計有平抑物價、公署訓令與各項會議錄等案卷。另外，物資調節委員會時期檔案，則有基隆辦事處報告與敵僞產業處理辦法、省府訓令與國民政府政令等案卷。

二、臺灣文獻館典藏之檔案〔註66〕

以下列舉與本研究相關之單位檔案略作介紹：

（一）臺灣總督府檔案〔註67〕

1. 臺灣總督府公文類纂〔註68〕：與本研究財經相關之文件主要是以民政方面的統治記錄，包括財經方面有財政、經濟、產業等記錄。

2. 臺灣省行政長官公署檔案〔註69〕：與本研究相關者主要有：

〔註64〕1945 年十月日本戰敗投降，國民政府於行政院下設置「臺灣省行政長官公署」，做爲臺灣省最高行政機關。1947 年五月改組爲臺灣政府。1988 年十二月精省加以虛級化。

〔註65〕物資局的前身爲貿易局與物資調節委員會。前者是戰後亳灣省行政長官公署接收日本原商辦的貿易公司，稱爲貿易委員會。1946 年二月改名爲貿易局，1947 年，改組爲物資調節委員會。1952 年二月底又撤廢該會，三月初，另成立物資局。

〔註66〕國史館臺灣文獻館的前身爲 1948 年爲纂修《臺灣省志》而設立的臺灣省通志館，是省政府二級機構，翌年改組爲臺灣省文獻委員會，2002 年改隸於國史館。顧名思義，其典藏之史料以臺灣地區之資料爲主，收藏相關檔案數量龐大，內容豐富，亦爲中外治臺灣史學者所重視。

〔註67〕臺灣總督府檔案與臺灣總督府專賣局公文類纂、臺灣拓殖株式會社文書等三種檔案，被稱爲臺灣文獻館「鎮館三寶」，其重要性與受矚目程度可知也。這三寶其實是日本殖民統治臺灣時期（1895-1945）的施政檔案，因係目前唯一近乎完全保存之臺灣日治時期的第一手史料，對日治時期臺灣歷史形貌，提供最直接的依據；也是戰前日本各殖民地中保存至今最爲完整的史料，極其珍貴。

〔註68〕日治時期臺灣行政長官最高機關爲臺灣總督府，此批檔案即爲臺灣總督府與日本政府及所屬各級機關往來的公文書及各項施政文件彙編。內容包括財政、經濟、租稅、交通、土地、殖產、與土木工事等項所留下之文牘，忠實呈現日本統治臺灣的施政舉措，提供廣泛而深入的第一手史料。財政經濟雖只是全部檔案的一環，唯若干經濟情況仍夾於往來文牘間，如臺灣施行法規類等，都或多或少留下珍貴的財政經濟史料。

〔註69〕日本投降，國民政府於 1945 年十月廿五日成立臺灣省行政長官公署，綜理臺灣全省政務。1947 年四月廿四日國民政府將行政長官公署改制爲臺灣省政府，五月十六日長官公署結束。臺灣省行政長官公署前後歷時僅一年半，期間所建

（1）總類：相關的有臺灣省施政計畫、復員計畫報告、民國 35 年臺灣年鑑等案。

（2）農、林、財、經及交通項：其中相關的有臺灣省五年經濟計畫、經濟緊急措施、臺灣省漁業工作計畫、臺幣與法幣匯率等案。

3. 臺灣區生產事業管理委員會檔案〔註 70〕：與本研究相關者，其中民政類有對臺灣省經濟動態報導等；經建類則有美援問題；產銷類中則有各公司配募救國儲蓄獎券問題案、以及貿易小組等會議記錄案等。

三、中國第二歷史檔案館－南京二檔〔註 71〕

有本研究相關財政、金融檔案者有：國民政府財政部（全宗號三）、中央銀行（全宗號 396）、各銀行檔案匯集（全宗號 289）等，羅列有相關法規規定、法幣、金圓券、外匯及臺灣接收等事宜。

四、其他相關之統計資料

另外，本研究引用大量經濟統計資料，一方面可以歸納並呈現重要的經濟現象，另一方面則用以驗證經濟理論是否能解釋實際現象。但是必需注意的是，太早期的原始料不完整，臺灣在第二次世界大戰期間，特別是 1945 年前後，相關的經濟統計資料殘缺不全。日治時期及戰後初期，臺灣地區先後有幾種躉售物價指數統計。但是，每一種指數涵蓋的期間不一。1945 年前後，

立檔案歸於臺灣省政府秘長處。1999 年由臺灣省秘書處移轉長官公署檔案至臺灣文獻館。臺灣省政府所屬各單位檔案移轉至國史館整理典藏後，國史館又將臺灣省政府、省物資局、省菸酒公賣局移轉有關二二八事件相關資料，整理釐出爲「二二八事變案」，併入臺灣省行政長官公署檔案，一併於 2002 年移轉歸臺灣文獻館典藏，成爲現今最完整，數量最多的行政長官公署第一手史料。

〔註 70〕1949 年中臺灣財經瀕於崩潰邊緣，臺灣省主席陳誠即於臺灣省政府下設立臺灣區生產事業管理委員會（以下簡稱生管會），以取代中央資源委員會推動臺灣經濟事務的管理機構，統籌調度生產事業、進出口貿易與外匯管理。自 1949 年成立迄 1953 年併入行政經安會爲止前後五年，1991 年其檔案由臺灣省政府移送臺灣文獻委員會。分總務類、民政類、經建類、產銷類等四大類。

〔註 71〕中國第二歷史檔案館原名爲中國科學院歷史研究所第三所（即近史究所）南京史料整理處，成立於 1951 年二月，至 1965 年四月始改今名該館的主要收藏是民國時期各個中央政府機構及其所屬機構。時間包括南京臨時政府成立迄國民政府撤退來臺。該檔案館搜集了各機關資料後，詳加考證，並將同一機構的檔案編爲「全宗」。

因爲受戰事劇烈的影響，物價指數資料則更殘缺不齊。而省政府主計處之物價指數係由 1946 年一月開始編製，因此 1946-1952 年之統計資料參考省政府主計處所編製之數據〔註 72〕。

從現存的資料可以看出，日治時期臺灣總督府對於經濟統計的調查和整理相當重視。日本在臺的總督府留下相當豐富的統計資料，但 1937 年日本對中國發動侵略戰爭之後，臺灣總督府的一般行政工作逐漸受到影響，經濟統計工作也不例外。有部分的調查資料甚而列入機密等級，而不再刊載於一般統計書中。到了 1943 年左右，許多統計資料之出版工作都完全停頓下來。1945 年八月日本戰敗投降，國民政府於同年十月廿五日起開始接收日本政府在臺的機關及產業，接收工作一直到 1946 年五月才全部完成。官方資料中，1946 年臺灣省行政長官公署開始出版《臺灣省統計要覽》〔註 73〕這是戰後初期主要的官方綜合性統計書。但是，1944 年與 1945 兩年的經濟統計則幾乎是一片空白。臺灣總督府在日本戰敗投降之後，曾經於 1945 年九月出版數本經濟統計書，概括描述各產業之生產狀況及在戰爭中受損情形〔註 74〕。臺灣銀行業務部整理了日治時期及戰後初期的金融資料〔註 75〕，1945-1947 年間臺灣銀行不定期出版數期《臺灣金融經濟月報》，其中載有臺銀調查的原始資料。

有關臺灣戰亂期間不僅統計資料少，品質亦多不佳，在較早期的經濟分析文獻上，張澤南（1948）〔註 76〕對於 1945 年前後的經濟情況提供第一手觀察。《臺灣銀行季刊》於 1947 年六月創刊，初期刊載不少探討經濟時勢的文章，對研究戰後初期臺灣惡性通貨膨脹有所助益。臺灣銀行經濟研究室（1953）編印的《臺灣之金融史料》，陳述臺幣的變遷。陳榮富（1953、1956）〔註 77〕所蒐集的金融史料，對於臺灣戰初期通貨膨脹情勢研究者而言，相當便利。

〔註 72〕臺灣省政府統計處（1947），《中華民國三十五年度行政紀要》；臺灣省政府主計處（1950），《臺灣貿易五十三年表》；臺灣省政府主計處（1971），《中華民國臺灣省統計提要》。

〔註 73〕第一期於 1946 年十月出版，但初期之格式與內容並不統一；1954 年開始，《臺灣省統計要覽》改名爲《臺灣省統計提要》成爲每年出版一期的統計書。

〔註 74〕如《臺灣農業年報》（臺灣省政府農林廳編）等。

〔註 75〕臺灣銀行業務部（1946），《臺灣金融經濟資料蒐錄統計表》，臺北：臺灣銀行業務部。

〔註 76〕根據張澤南在書中自序中提及《善後救濟總署臺灣分署》（1946）等書也是他所編輯的。

〔註 77〕陳榮富編（1953），《臺灣之金融史料》，臺北，臺灣銀行金融研究室；陳榮富（1956），《六十年來臺灣之金融與貿易》，臺北，三省書店。

另外，有關中國大陸時期的惡性通貨膨脹之統計資料，則可參考張公權〔註 78〕及吳岡〔註 79〕兩人的著作。

在整理抑制通貨膨脹政策與相關法令之形成的資料來源，主要由立法院公報爲主〔註 80〕，來檢視政策形成中民意代表與行政部門間對政策之意見。其中較感缺憾之處，爲早期立法院公報只做院會記錄，而各委員會組成，對法案進行初步審查之聯席會議則並未留下記錄。或有些重要法案及施政報告以秘密會議形式爲之，以致無法由公報記錄中一窺堂奧。同時在整理資料的過程中，發現幾點特徵：一、雖政策與法案乃由行政體系提出交付立法院審查，然立法委員對政策之意見仍具有影響力。此點可由行政院草案與審查會修正案有所出入時，審查案仍有相當大之比例得以通過得見。二、工商團體及一般民眾仍有管道向民意機構反映意見，而民意代表亦將民間意見納入法案制訂及政策考量中。

本文研究所關注的年限是在 1945 年十月至 1952 年。1945-1949 年屬於行政長官公署時期，國民政府不只從日本政府接收許多公營事業，更沒收許多日資私人企業；故行政長官公署所控制的是一個極大的經濟王國。而行政長官公署在組織上所形成的權力集中架構，導致經濟資源益形高度集中，觀察當時的行政系統及重要命令的發布，當可更明瞭控制權的核心所在〔註 81〕。

本研究運用歷史資料，來描述和分析戰後臺灣惡性通貨膨脹的發展史實，並解析相關部分的前因後果關係。鑑於任何史實皆有其產生的背景，因此本研究將由歷史研究的途徑，一方面回溯歷史事實，觀察變化因素，掌握惡性通貨膨脹發展軌跡；一方面就政府的政策，探討內、外環境的影響程度。

鑑於戰後初期臺灣所處環境，不論經濟體制、構成因素、發展背景及對外經濟關係網路上，別具特殊性。因此，若單單引用以國民所得、投資、成

〔註 78〕張公權曾任中國銀行總經理、中央銀行總裁，其舊作 The Inflationary Spiral-The Experience in China, 1939-1950 是戰亂期間統計資料不易獲得中難得之參考依據；這本書在 1986 年時由楊志信摘譯成《中國通貨膨脹史：1937-1949 年》，由北京文史資料出版社出版。

〔註 79〕吳岡（1958）《舊中國通貨膨脹史料》，上海人民出版社。

〔註 80〕第七會期第一期（1951.7.30）、第十二會期第七期（1954.1.1）、第十三會期第一期（1954.4.1）、第十四會期第一到七期（1954.8-43.10）、第十五會期第三到五期（1955.5）

〔註 81〕臺灣行政長官公署（1946），《臺灣省五十一年來統計提要》，臺北：行政長官公署。

長等為基礎概念，恐怕未必能正確把握當時所特有的惡性通膨問題。在日治時期，臺灣相對於日本本國而言，是日本的次級系統（subsystem）。而日本戰敗投降後，臺灣回歸中國經濟圈，又成為中國的次級經濟系統。因為主系統與次級系統間常會發生衝突。曾有學者提及臺灣戰後存在著四大經濟矛盾〔註 82〕：（1）臺灣與大陸兩種不同經濟體制的矛盾；（2）行政長官公署高度經濟統制政策和臺灣民間資本要求復甦發展的矛盾；（3）省內日益膨脹的財政支出和生產銳減、物質匱乏的矛盾；（4）國府轉移法幣危機和臺灣人民要求維持臺幣幣值的矛盾。此種矛盾或衝突，都是造成戰後臺灣惡性通貨膨脹的因素。藉由此種脈絡的探索，將可更深入瞭解戰後臺灣通貨膨脹的深層結構與發展歷程。

本文將以 1945-1952 年所發生的惡性通貨膨脹為主軸，分述發生惡性通貨膨脹之原因與過程，並說明政府遭遇問題時所採取對抗通貨膨脹壓力之措施與政策，同時以經濟學的方法檢驗貨幣供給與通貨膨脹之間的因果關係。因此擬由以下幾個面向切入：

（一）造成通貨膨脹的背景，如特殊的政治、經濟因素；政府財政收支狀況的變化；貨幣供給情況……等。

（二）政府為抑制通貨膨脹採取多項政策與措施，如物價管制、優惠利率存款、嚴格外匯審查制度……；政策實施效果的目標值與實績之差異；經濟規劃者對整體狀況的掌握與金融機構的業務執行。

（三）1950 年起韓戰爆發時，美國對臺灣進行軍事、經濟援助，臺灣如何運用美援進口物資，吸收因貨幣過度發行所產生的過量購置力；並同時分析產業結構的轉變。

（四）各階段臺灣貨幣供給的狀況，檢驗貨幣供給與通膨的因果關係。

（五）最後，針對有關臺灣抑制通貨膨脹的經驗略作分類加以詮譯，以做為發展中國家之借鏡。

另外整理當時的經濟大事記要，如文後附錄所示。此表依時間順序，彙整影響當時期之經濟事件或經濟措施；此大事記要除作為歷史進程對照外，並作為解析事件之依據。

本書研究之架構如圖 1-1 所示。在整個研究架構中，主要分成五大單元，

〔註 82〕陳正卿（1989），〈試析臺灣「二二八」起義前的四大經濟矛盾〉收錄於李敖編《二二八研究續集》，頁 159。

即包括：研究背景、引發臺灣惡性通貨膨脹之原因、貨幣發行狀況、實施抑制通貨膨經驗之措施的政策內涵、所達成之成效與研究結果。

圖1　研究架構

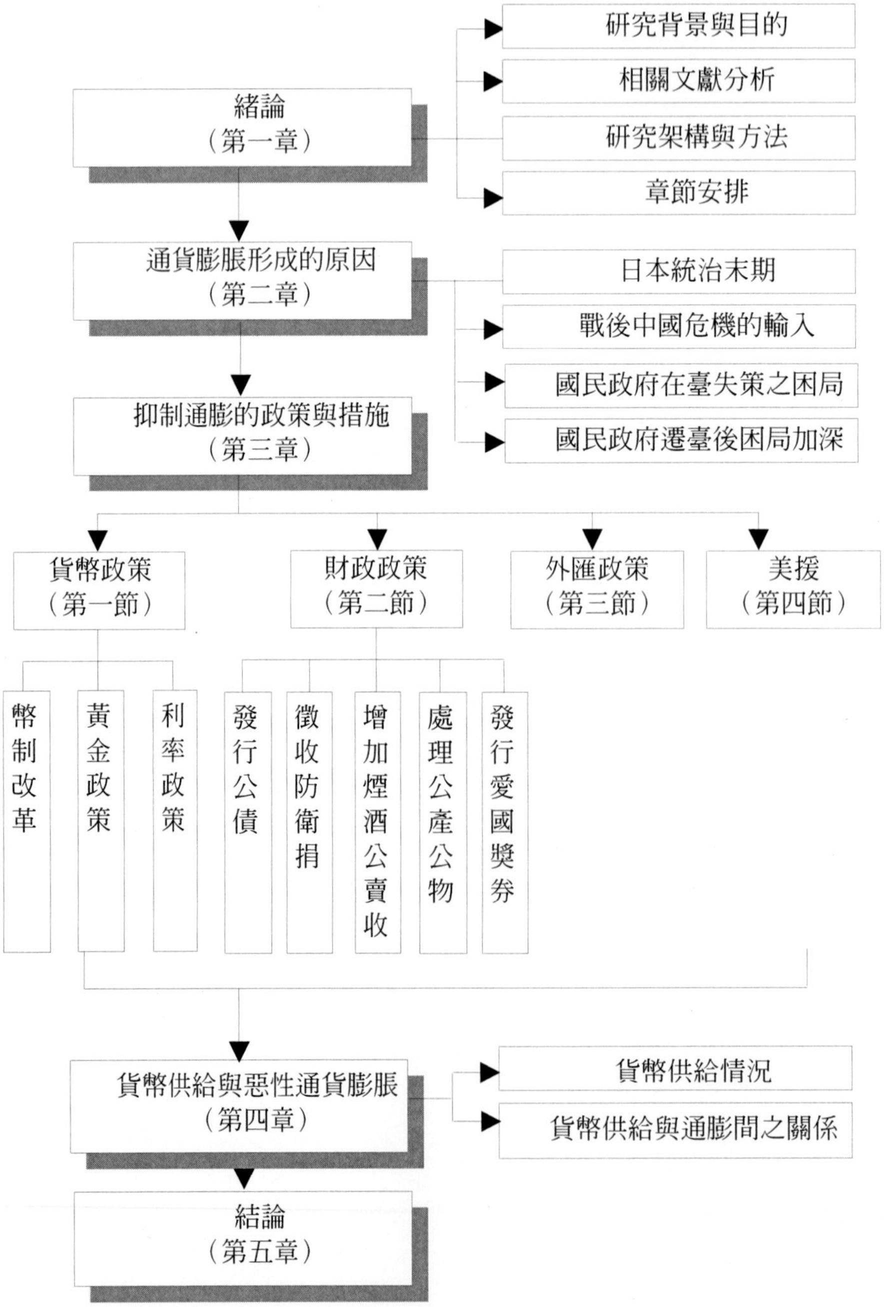

第四節　章節安排

本論文之組織結構，共分爲五章，除了第一章「緒論」與最後一章的「結論」外，主體部分分爲三章，論文最後則另編列相關大事記要、附錄及參考文獻。

首先在第一章中，針對本研究的背景、目的與研究範圍略加敘述，並就相關文獻的特色與內涵，加以評析與比較。其次就論文之研究架構、資料來源與所使用研究方法加以說明，最後則就章節之安排略作鋪陳。

第二章專門探討臺灣形成惡性通貨膨脹的背景。由於臺灣長期受日本統治，殖民經濟的特徵與經濟體制必然影響臺灣，日治末期，臺灣的貨幣發行成長率已顯著上升，但在總督府的物價管制政策下，通膨現象尚屬溫和。而當臺灣納入中國版圖後，臺灣與大陸之間的經濟關係重新調整。1949 至 1952 年爲惡性通貨膨脹時期，造成的原因主要是內發性的因素，戰後國民政府運用臺灣的物資進行國共內戰，使已遭受戰爭破壞的臺灣經濟進一步惡化，物資供應嚴重不足；加以國民政府撤退來臺時，人口數量劇增百萬，形成巨大的超額需求與供給的過度短缺，面對燃眉之急的財政窘境，又通過發行貨幣彌補財政赤字，對臺的不當政策，使已有之通貨膨脹更加惡化。

第三章詳述國民政府面對惡性通貨膨脹的經濟情勢所採取的抑制手段。國民政府撤退到臺灣以後爲使其政權穩定下來，開始大力整頓臺灣秩序，採取了一列措施。在惡性通貨膨脹期間，國民政府曾努力穩定物價，其中包括在 1949 年六月十五日實施幣制改革，發行新臺幣以替換原來的舊臺幣、推行優惠利率政策，鼓勵儲蓄、進行新的外匯政策……等等。臺灣的惡性物價膨脹在 1950 年下半期逐漸穩定下來，有人認爲幣制改革解決了惡性物價膨脹問題，不過單靠發行新的貨幣不太可能讓物價完全穩定下來。1949 年通貨膨脹率高達 4,960%，同年六月實行幣制改革，在某一程度上抑制了通貨膨脹，但通貨膨脹率在 1951 年仍高達 383.7%，由於生產逐漸恢復，及國民政府採取高度的管制措施，才使通貨膨脹率降下來。另外，1950 年六月廿五日韓戰爆發，美國恢復對臺灣的經濟援助，對抑制臺灣的惡性物價膨脹問題功不可沒；美援首先發揮的功能是彌補外匯不足，美援期間物資進口值平均每年大約一億美元，與臺灣歷年經常帳目逆差大體相等，也就是說臺灣靠美援平衡貿易收支。基本上美援根本地解決了國民政府的財政赤字問題，臺灣銀行貨幣融通的壓力解除，物價膨脹問題因而得以解決。

第四章說明戰後臺灣形成惡性通貨膨脹是一種貨幣現象。從法幣到金圓券，大陸時期的貨幣一直以匯兌的形式左右臺灣貨幣，本章研究目的主要包括：敘述戰後臺灣貨幣發行的變動情形，並利用統計計量來分析影響效果，其中包括貨幣供給對通貨膨脹的影響，檢定貨幣供給與通貨膨脹之間有無正相關的假設。

最後，在「結論」一章中，對本研究之發現作扼要歸納，主要解析當時政策所顯現的重要意涵，以及臺灣惡性通貨膨脹的經驗對其他國家的啓示，同時期望在本研究的基礎上，提供建議及方向給後續研究者作爲參考。

第二章　1945-1952 年臺灣形成惡性通貨膨脹的原因

歷史發展的過程是連續的，因此不得不注意到歷史根源，從日治時期到國民政府時期經濟結構的改變，戰爭結束前的臺灣經濟狀況，種種無疑和戰後初期的惡性通貨膨脹有直接的聯繫。因此本章討論日治時代所遺留的影響，也談國民政府在大陸上的經濟崩潰。本章主要提供引發臺灣惡性通貨膨脹的重要概念和歷史脈絡，以求明瞭臺灣惡性通貨膨脹發展背景及過程，並在客觀事物長期發展中，按照過程的發展變化，劃分發展階段。

臺灣在日治末期已有通貨膨脹的徵兆，一方面由於鉅額的財政赤字及金融系統信用擴充所造成的過多購買力，另一方面則由於戰時物資的消耗及戰爭對農工生產設備的破壞，以及戰時勞工的短缺，造成民生物資奇缺，但在總督府的物價管制政策下，通膨現象尚屬溫和。但這些現象在國民政府遷臺以前都未獲得改善〔註 1〕，甚至愈演愈惡劣，形成強烈的通貨膨脹壓力，以致於國民政府來臺接收後，物價逐步達到失去控制的程度〔註 2〕。所以當 1949 年國民政府遷臺以後，大量軍民隨國民政府來臺，財政赤字及民間支出規模更形擴大，而相對的物資供應改善卻相當有限，戰後大陸的惡化經濟以外匯

〔註 1〕 1945 年日本戰敗，國民政府爲欲充裕物資供應，乃積極恢復生產，對於爲戰事所破壞或失修的基本設施如鐵路、電力、灌溉、水壩等，都不得不斥巨資修復，而公民營工廠之被破壞者亦須協助其修復開工。但整個社會儲蓄有限，此種修復及甚至擴充工作很大一部分仰賴銀行信用擴充，此亦爲當時造成惡性通貨膨脹重要原因之一。經濟部編（1971），《中華民國第一期臺灣經濟建設四年計畫》，序言。

〔註 2〕 Chang,（1958）, p. 67-85.

形式波及影響臺灣，面對這種局面，通膨壓力更大，最後造成臺灣的惡性通貨膨脹。

以下細分幾個重要分期，探討臺灣惡性通貨膨脹形成的原因。

第一節　日本統治後期（1937-1945）

探究臺灣戰後初期的惡性通貨膨脹，必須回溯歷史。日治末期的臺灣經濟，因戰爭之故，爲支付浩繁的財政支出，採取發行通貨的方式來維持，早已造成物價上漲，但在日本物價管制之下，通膨現象尚屬溫和。在第二次世界大戰期間，尤其是太平洋戰爭爆發以後，臺灣遭受嚴重破壞，通膨的溫和態勢已迅速向天平另一端急劇傾斜。1945 年日本戰敗，政治上臺灣成爲中國的版圖之一，連帶的也使臺灣在經濟上也面臨了極大的變化。因爲與中國大陸的經濟關係加深，大陸混亂的經濟也就急速地影響臺灣，臺灣因爲奇特的政經情況，形勢一片混亂，物資奇缺，物價飛漲，出現了嚴重的通貨膨脹。

究明臺灣惡性通貨膨脹之要因乃是本論文的課題之一，因此，擬就其歷史背景作一敘述。臺灣通貨膨脹現象，並非始於戰後，而是在戰前已有通貨膨脹的壓力發生。以下略述日治末期，二次大戰結束前臺灣產生通膨之狀況。

一、政治、經濟狀況

日本統治時期（1895-1945），對臺實施「工業日本，農業臺灣」的經濟策略，在日本有計劃的開發下，臺灣成爲日本的米倉，而臺灣的電力設施灌溉和交通運輸系統，也在日本政策規劃之下，得以建立一些基礎建設。

1937 年中日戰爭爆發，日本開始實施「高度國防國家建設」，並以臺灣爲重要環節，使得臺灣在日本軍事地位上急速提高。臺灣由 1920 年代的糖、米爲中心的農業本位經濟逐漸開始轉向以軍需工業爲重點〔註 3〕。臺灣從 1937 年起，爲應付戰爭壓迫糖價與工資，使得資源大量轉移爲軍需工業，實行「戰時經濟體制」的結果，使得臺灣經濟畸形發展更爲嚴重〔註 4〕。初期以農業人口爲大多數，農業產值亦超過半數，而在統治後期，臺灣之工商業人口及工

〔註 3〕 涂照彥著，李明俊譯（1994），《日本帝國主義下的臺灣》，臺北人間出版社，頁 33-153。

〔註 4〕 劉進慶、涂照彥、隅谷三喜男合著，雷慧英、吳偉健、耿景華漢譯（1993），《臺灣之經濟——典型 NIES 之成就與問題》，臺北人間出版社，頁 1-26。

業值則明顯上升〔註 5〕。爲了完成戰爭所賦予任務，臺灣在農業、貿易、財政等方面，皆有相關的配合政策。

（一）農 業

日本對臺推行「工業日本，農業臺灣」的政策非常徹底，由 1930 年代末期，臺灣的國民生產毛額中，農業產值恆佔 36%以上，可以看出臺灣是一個典型農業經濟；而出口佔國民淨生產曾達 50%左右，則是一個典型的出口經濟，出口金額中的 80%以上係對日本出口，此乃依賴型的出口經濟。同時觀察對日出口金額中以糖、米爲主高達有 70%，這是以糖水出口爲基礎的殖民經濟〔註 6〕。臺灣的農工生產在 1930 年代末期，可說達到最高峰，在農產品中，米於 1938 年達到 140 萬噸，糖則於 1938 年亦達到 141 萬噸，兩者皆達最高產量，而耕作面積在 1938 年爲 85 萬 8 千公頃，亦達飽和狀態。

（二）貿 易

臺灣是一海島型經濟體制，對外貿易在經濟中一直佔相當比重。日本佔領臺灣之後，爲使臺灣成爲其原料供給區、產品銷售市場及資金的輸出區，因此運用各種手段，切斷臺灣與日本以外各國的經濟關係，尤其是中國。從下表中可看出，臺灣對外貿易佔生產總額之比率很高，而日本對臺灣的貿易經營，一直呈現出超趨向，這說明臺灣的貿易已完全是在日本關稅自主權區管轄之下。

表 6 1897-1935 日治時代臺灣對外貿易的地位及收支狀況

單位：千日圓、%

年份	臺灣全島生產總值	出口		進口		佔生產總值的比例		進出口對日本的依賴比例		出超額（-為入超額）
		金額	指數	金額	指數	出口貿易額所佔的比例	進口貿易額所佔的比例	出口貿易	進口貿易	
1897	--	14,857	100	16,382	100	--	--	14.2	22.7	-1,525
1900	--	14,934	101	22,010	134	--	--	29.5	38.3	-7,076
1905	69,358	24,291	163	24,448	149	35.0	35.3	16.2	55.2	-157
1910	130,740	59,962	404	48,923	299	45.9	37.4	80.0	59.4	11,039

〔註 5〕 張宗漢（1980），《光復前臺灣之工業化》，臺北聯經，頁 15-16。
〔註 6〕 林鍾雄（1987），《臺灣經濟發展四十年》，臺北自立晚報，頁 27。

1915	140,245	75,623	509	53,410	326	53.9	38.1	79.6	76.1	22,213
1920	422,294	216,265	1,456	172,437	1,053	51.2	40.8	83.7	65.0	43,828
1925	558,902	263,215	1,772	186,395	1,138	47.1	33.4	81.8	69.7	76,820
1930	549,991	241,441	1,625	168,258	1,027	43.9	30.6	90.6	73.2	73,183
1935	709,535	350,745	2,361	263,120	1,606	49.4	37.1	89.6	82.9	87,625

資料來源：根據臺灣總督府殖產局《臺灣農業會報》，1943 年，第 10-11 頁；臺灣銀行經濟研究室《日據時代臺灣經濟史》第一集，1958 年，第 136-137 頁、149-150 頁之資料編製。

表 7　1935-1944 年日治時代臺灣對外貿易的地位及收支狀況

單位：舊臺幣百萬元、%

年	全島生產總額	出口		進　口		佔生產總額比率		貿易差額
		金額	指數	金額	指數	出口	進口	
1935	709.5	350.7	2,361	263.1	1,601	49.43	37.08	87.6
1936	784.4	387.9	2,611	292.7	1,787	49.49	37.33	95.3
1937	857.7	440.2	2,963	322.1	1,966	51.34	37.53	118.1
1938	961.3	456.5	3,072	366.7	2,238	47.55	38.19	89.8
1939	256.9	592.9	3,991	408.7	2,494	47.18	32.54	184.3
1940	1,351.7	566.1	3,810	481.8	2,941	41.86	35.65	84.2
1941	1,463.3	493.9	3,324	424.5	2,591	34.40	29.53	69.4
1942	1,545.9	523.1	3,521	384.5	2,336	33.83	24.84	138.6
1943		400.9	2,698	338.7	2,068			-
1944		311.2	2,095	164.7	1,005			-

資料來源：周憲文（1980），《臺灣經濟史》，臺北臺灣開明書店，頁 626、627；《臺灣省五十一年統計提要》。

再從下表中可看出，日本在臺灣對外貿易中的地位，臺灣的對外貿易全爲日本所獨佔，而對照進出口，1930 年代，對日出口已達百分之八、九十，相對的，從日本進口比重在 1930 年代，亦達 80%以上，依賴日本之深可見一斑；此或許可說明臺灣殖民經濟，在整個日本資本主義中的地位。臺灣與日本資本主義發展的經濟隸屬性，從統計資料，更得到充分證明，在 1940 年代，臺灣經濟的對日隸屬關係，已達到生存共同體的地步。

表 8　1935-1944 年日治時期臺灣歷年地區別進出口情形

單位：舊臺幣百萬元、%

年度	進口部分							
	總計		自大陸進口		自日本進口		自其他各地進口	
	價值	指數	價值	比率	價值	比率	價值	比率
1935	763.1	1601	30.5	11.60	218.1	82.91	14.5	5.49
1936	292.7	1787	35.1	12.0	243.8	83.31	13.7	4.69
1937	322.1	1966	30.5	9.46	277.9	86.27	13.8	4.27
1938	366.7	223.8	27.7	7.54	328.0	89.44	11.0	3.02
1939	408.7	2494	36.7	8.96	357.6	89.51	14.4	3.53
1940	481.8	2941	39.3	8.29	425.8	88.36	16.1	3.35
1941	424.5	2591	36.5	8.60	371.8	87.59	16.2	3.81
1942	385.5	2336	42.9	1.16	337.6	87.80	4.0	1.04
1943	338.7	2068	40.9	12.07	391.9	86.18	5.9	1.75
1944	164.7	1005	40.3	24.45	121.3	73.6	3.2	1.92
年度	出口部分							
	總計		輸往大陸		輸往日本		輸往其他地區	
	價值	指數	價值	比率	價值	比率	價值	比率
1935	350.7	2361	17.5	5.00	314.2	89.58	19.0	5.42
1936	387.9	2611	12.7	3.28	358.9	92.51	16.3	4.41
1937	440.2	2963	11.8	2.69	410.1	93.20	18.1	4.11
1938	456.5	3072	27.3	5.98	420.1	92.04	9.1	1.98
1939	592.9	3991	69.9	11.80	509.7	85.97	13.2	2.23
1940	566.1	3810	94.2	16.63	459.3	81.14	16.6	2.22
1941	493.9	3324	109.9	22.26	379.8	76.90	4.1	0.84
1942	523.1	3521	97.3	18.60	419.6	80.21	6.2	1.19
1943	400.9	2398	92.6	23.10	292.7	73.01	15.6	3.89
1944	311.2	2095	83.8	26.94	215.7	69.31	11.7	3.75

資料來源：周憲文（1980），第 634-35、651-52 頁。

（三）財　政

自 1937 年後，臺灣成為日本軍需工業之後援補給站，財政膨脹加速，此時亦對臺加強稅制改革，直接稅比重增加，專賣收入相對減少，從下表中可以看出，收支盈餘呈快速增加，雖因戰爭之故，軍事費用支出必然大幅擴張，但整體看來，收支盈餘仍是有增無減，可見臺灣此時能完全自給，且有餘力支援日本本國之財政。

表 9　1935-1944 年日治時期臺灣歷年歲入與歲出

	歲　入	歲入指數	歲　出	歲出指數	收支盈餘
1935	156,549	4,706	123,943	1,159	32,606
1936	175,771	5,270	133,938	1,252	41,833
1937	202,836	5,848	156,144	1,463	46,692
1938	233,817	115	183,406	117	50,411
1939	288,498	142	217,435	139	71,063
1940	352,908	173	262,907	168	124,517
1941	414,225	204	289,708	185	124,517
1942	499,618	246	372,723	238	126,905
1943	666,618	328	503,264	321	163,354
1944	844,036	416	606,798	388	237,238

資料來源：黃通、張宗漢、李昌槿（1987），《日據時代臺灣之財政》，臺北聯經，表 1，第 2 頁，表 31，頁 66。

另外，觀察日治末期臺灣的租稅負擔，從租稅、專賣純益及儲蓄三項，應可掌握該當時主要財政負擔。下表充分顯現 1937 年起的戰爭時期，負擔比重增加很快，而租稅增加較之人口增加為快，而租稅負擔還不斷加重，因此可以想見當時百姓的不勝負荷。

表 10　1935-1944 年歷年臺灣負擔租稅統計表

年度	國稅	專賣純益	儲蓄額	地方稅	人口數	每人負擔					
						國稅	專賣純益	地方稅	租稅	租稅與專賣純益	租稅、專賣純益、儲蓄
	單位：舊臺幣千元					單位：舊臺幣 1 元					
1937	42,603	30,455	-	33,302	560,5042	7.59	5.44	5.94	13.53	19.97	-
1938	48,984	34,911	108,263	37,451	574,6959	8.52	6.07	6.53	15.05	21.12	39.92
1939	60,963	38,846	131,360	40,163	589,5764	10.33	6.58	6.84	17.17	23.75	46.25
1940	82,908	42,916	200,220	46,112	607,7478	13.64	7.06	7.52	21.16	28.22	61.12
1941	106,053	46,412	250,756	58,762	624,9468	16.96	7.44	9.36	26.32	33.76	73.26
1942	137,033	47,952	351,182	70,073	642,7932	21.25	7.47	10.95	32.20	39.67	94.27
1943	210,325	84,798	465,141	71,148	658,5841	31.90	12.85	10.88	42.78	55.63	126.13
1944	259,891	139,868	550,000	85,196	658,5841	39.46	21.24	12.86	51.32	72.56	156.16

註：（1）國稅包括租稅收入和印花稅收入；（2）專賣純益爲專賣收入減專賣支出。
資料來源：黃通、張宗漢、李昌槿（1987），表 51。

整體觀之，日治末期的臺灣，在戰爭因素推動下，積極從事工業建設，實施統制經濟，使臺灣成爲一個自給自足的軍事動員體系。因此，國民政府從臺灣接收的日產事業，自然是這一批統制化、集中化的，帶有高度戰備的工業體系。而此一戰備工業正與中國大陸所推展的戰備產業具有相同特性。因此，國民政府透過對戰備工業體系之接收而控制臺灣經濟，並能在日後的臺灣政治形勢變遷中，發揮重要作用〔註 7〕。

由於 1937 年中日戰爭後，臺灣經濟由備戰經濟轉變成統制經濟，各項生產均以配合戰爭所需物資爲主，因此重要產業都獲致顯著成長，而且自 1937 至 1944 年爲止，對日本出超更達 8 億 8 千餘萬圓〔註 8〕。

然而，在第二次世界大戰時間，對臺灣的轟炸所造成破壞，能夠倖免的設施也由於過度使用和缺乏維修而破損不堪。森林遭亂砍濫伐，農產品也由於肥料進口受阻而遭受損失〔註 9〕。1942 年左右，當臺灣還在日本統治之下的通貨膨脹已經開始出現，由下表顯示，貨幣發行額和躉售物價指數都在逐年增加中：

表 11　1940 年一月-1943 年十二月貨幣發行與躉售物價指數

單位：舊臺幣百萬元

年／月	貨幣發行	躉售物價指數	年／月	貨幣發行	躉售物價指數
1940.1	178.3	127.8	1942.1	260.7	145.4
2	173.1	131.0	2	257.3	145.2
3	179.9	132.7	3	255.3	147.8
4	190.0	136.0	4	263.6	147.2
5	187.6	136.5	5	259.5	148.4
6	192.7	135.2	6	270.3	150.2
7	202.1	135.2	7	273.3	149.8
8	203.1	134.5	8	273.0	149.7
9	197.9	134.6	9	269.5	149.1
10	195.7	136.1	10	268.5	147.0
11	196.9	139.8	11	272.8	148.1
12	217.6	140.3	12	309.3	150.1

〔註 7〕吳若予（1992），《戰後臺灣公營事業之政經分析》，臺北業強出版社，頁 33。
〔註 8〕李國鼎、陳木在（1987），《我國經濟發展策略總論》，臺北聯經，頁 7。
〔註 9〕關於 1860-1970 年間更完全的論述，見 Ho, Samuel P. S.,（1978）, *Economic Development of Taiwan, 1860-1970*, New Haven: Yale University Press.

年／月	貨幣發行	躉售物價指數	年／月	貨幣發行	躉售物價指數
1941.1	203.2	139.2	1943.1	302.3	150.3
2	207.5	139.3	2	306.8	150.1
3	209.3	139.6	3	310.3	151.3
4	213.2	139.6	4	323.2	158.1
5	209.9	140.9	5	328.3	158.0
6	216.7	141.9	6	340.9	159.2
7	224.6	140.8	7	345.7	158.8
8	222.1	140.9	8	347.9	159.1
9	220.0	141.1	9	348.1	159.4
10	226.2	140.9	10	354.3	158.8
11	236.0	143.6	11	372.5	162.7
12	272.5	145.1	12	433.2	168.2

說明：蔓售物價基期爲 1937 年六月，指數爲 100。

資料來源：(1) 物價指數取自吳聰敏、高櫻芬(1991)。

(2) 貨幣發行額 1943 年十二月以前資料取自吳聰敏、高櫻芬(1991)。

二、通貨膨脹日益嚴重

日治末期，因受戰火之侵襲，通貨膨脹日益嚴重，可由物價變動來觀察。在分析物價變化之前，須先瞭解臺變物價之從屬性。由於臺灣是日本之殖民地，因此臺灣受日本輸入品價格影響，亦即與日本國內物價保持同樣變動趨勢，但在 1944 年後，臺灣物價則直接受戰爭影響。

從 1930 年代末期中日戰爭擴大，日本爲了加強戰時經濟統制，於 1937 年公布「九一八統制令」，全面凍結物價，一方面實行公定價格，對某些重要物資，如棉、毛、人纖等限制最高價格，同時對地租、房租、工資亦加以限制。對於重要農產如米糖的統制，原先於 1939 年發布「臺灣米穀出口管理令」，其主要內容爲強制收購出口米，即由總督府收購，根據與日本農林省達成的協定，直接賣給日本的米穀公司。同時又制定「米穀配給統制令」，規定米穀的流通統制和實行米穀公定價格制。對於糖業方面，則公佈了「臺灣糖業令」，制定收購甘蔗原料價格的認可制。此外，在農業方面，又制定「地租統制令」(1939 年)「臨時田地價格統制令」(1941 年)，此可稱對農業經濟進行全面支配。而在相關金融統制方面，則公布「臨時資金調整令」(1937 年)「銀行等資金運用令」(1940 年)，以加強監督銀行機構在資金運用上是否符合國策。而在貿易統制方面，則頒佈「外國貿易管理法」（1937 年）及「貿易統制令」（1939 年），所有重要的通商貿易公司都被統一到特定的統制機關。而為了戰事動員和確保勞動力供給，當局又發布一連串勞動關係法令。例如：「國民職業能力申報令」（1939 年）「防止從業者移動令」（1939 年）「工資統制令」（1941 年）及「勞動調整令」（1942 年）等〔註 10〕。

上述之管制經濟措施，對於物價之穩定有相當作用。從下表中可看出，從 1937 年至 1943 年間，物價之漲幅只有 2.7 倍左右。但從 1940 年以後，整個情勢產生劇變，物價受多方面因素衝擊，如野馬脫韁。探究主因，來自於戰爭擴大，軍需浩繁，大部份民生物資被移為軍用，導致民生必需品缺乏，同時戰爭的破壞使大部份生產設施遭受摧毀，人力物力損失慘重，生產銳減，外來經濟資源的輸入斷絕，另一方面亦使行政效率與社會治安變壞，人心浮亂，物價亦明顯浮動〔註 11〕。

表 12　1937-1949 年臺北市躉售物價指數

基期：1937=100

日　　期	物　　價　　物　　數
1937 年	100
1938 年	116.6
1939 年	133.9
1940 年	151.3
1941 年	164.6
1942 年	162.7
1943 年	274.2
1944 年	460.1
1945 年	2,360.3
1946 年　1 月	4,223.0
1946 年　5 月	9,164.3
1946 年　12 月	12555.0
1947 年　1 月	16,195.0

〔註 10〕劉進慶、涂照彥、隅谷三書男（1993），頁 22-3。相關原始檔案文件可參考度藏於臺灣文獻館中的臺灣省行政長官公署檔案，臺灣省經濟統制等案。

〔註 11〕潘志奇（1980），頁 18。

日　　期	物　　價　　物　　數
1947 年　6 月	35,064.0
1947 年 12 月	97,462.0
1948 年　1 月	106,959.0
1948 年　6 月	154,542.0
1948 年 12 月	1,111,364.0
1949 年　1 月	1,514,073.0
1949 年　6 月	13,214,952.0

資料來源：（1）行政長官公署統計室編（1946），《臺灣省五十一年來統計提要》，第 897 頁。（2）省政府主計處編（1959），《臺灣省物價統計月報》，第 36、41 頁。（3）潘志奇（1980），第 18、27 頁。

日治末期，由於戰火蹂躪，就國民所得與經濟成就指數來看，整個臺灣陷入空前低潮。從下表中顯示，在 1945 年左右，臺灣經濟陷於窘境，人民生活苦不堪言。1946 年的每人眞實國民所得降至 1936 年的一半以下，經濟成就指數降至 23.51%，國民所得指數更是降至 10.64%。

表 13　1937-1946 日治末期臺灣經濟指標

	國民所得	國內生產	國民所得	國內生產	經濟成就指數
			指數 1936=100		
1936	141.00	129.95	100.00	100.00	100.00
1937	128.40	138.17	97.07	85.52	88.29
1938	117.31	155.33	83.20	90.21	86.71
1939	125.14	157.41	88.75	80.66	84.71
1940	120.97	134.62	85.80	96.52	91.16
1941	129.42	142.01	91.79	98.19	94.99
1942	135.10	126.97	95.82	99.85	97.83
1943	89.89	-	63.75	60.49	62.12
1944	60.09	-	42.62	52.45	47.54
1945	-	-	28.60	44.42	36.51
1946	-	-	10.64	36.38	23.51

資料來源：翁嘉禧（1998），《臺灣光復初期的經濟轉型與政策》，高雄復文圖書出版社，頁 92。

第二節　戰後中國經濟危機的輸入

臺灣戰後初期的惡性通貨膨脹與其他國家的發展背景迥然不同，因爲臺灣經濟有著特殊的政治背景因素，因此臺灣在 1945 年以後所造成的惡性通貨膨脹，其起因除了與 1937 年中國對日戰爭就產生的通貨膨脹有所關連，更與國民政府 1945-1949 年在大陸上的惡性通貨膨脹關係密切。證諸戰後中國的惡性通貨膨脹，或可獲得臺灣惡性通貨膨脹更爲具體的認識。

一、通貨制度的崩潰——從法幣到金圓券

法幣〔註 12〕在發行之初（1935 年十一月至 1937 年七月），流量不大，對比之下較爲穩定。後來因在抗戰期間，財政支出增加，法幣發行量急劇上漲，發行總額達到 5,569 億元〔註 13〕，雖然在抗戰前夕增長了約 396 倍，但這一膨脹速度，與日本投降後相比，仍有小巫見大巫之嘆。國民黨對日戰爭結束後，因爲在國內與共產黨重燃戰火，導致政府軍費開支浩繁，財政赤字劇增，法幣發行急速垂直上升。到 1948 年八月金圓券發行以前，法幣發行額增至 604 萬億元〔註 14〕，比日本投降時增加了 1,085 倍，比抗戰前夕增加了 30 餘萬倍。法幣膨脹連帶物價飛漲，物價狂漲反過來又加速了法幣的流通速度和貶值速度，乃至印刷的鈔票還未出廠，已不及自身紙張和印刷成本的價格，法幣完全喪失了價值符號作爲流通手段和支付手段的職能。國民政府擬推行金圓券以挽救隨時會崩潰的法幣，另一波幣制改革勢在必行。

金圓券是國民政府繼法幣之後發行的一種紙幣〔註 15〕，始於 1948 年八月廿日，停於 1949 年七月三日，歷時僅十月餘，是史上貶值速度空前的貨幣。國民政府之所以取消法幣，是因爲法幣的極度膨脹給其財政經濟、政治軍事帶來了致命威脅，迫使其不得不改弦更張，改發金圓券，以解燃眉之急。

〔註 12〕中國原本實行銀本位制，每年進口大量的銀。後因美國哄抬銀價，中國不但不能繼續進口白銀，反而使白銀大量外流。致使中國存銀嚴重下降，銀根奇緊，金融紊亂，物價下跌，工商各業資金週轉困難。因此，政府放棄銀本位，切斷銀價同外國的聯繫，實行管理通貨和有控制的紙幣制度。1935 年十一月三日，國民政府財政部發布《施行法幣布告》，此即法幣政策。中國第二歷史檔案館，中央銀行檔案（三九六）/20。

〔註 13〕Chang（1958）, p. 71.

〔註 14〕Chang（1958）, p. 71.

〔註 15〕中國第二歷史檔案館，中央銀行檔案（三九六）/2671。

（一）發行金圓券之政策決定

法幣的極度膨脹引起了國民政府的極大恐慌。行政院宋子文內閣、張群內閣相繼採取措施，企圖狂挽法幣膨脹之勢，但皆以失敗告終，幣制改革最後成爲沒有辦法的辦法。

一剛開始宋子文的策略是拋售黃金。在日本投降前夕的一次國民參政會上，宋曾言：「我們的政策，不一定將所有的黃金都脫售，但是無論如何，政府有力量在手，就是黃金一項，也就可以控制金融〔註 16〕」。1946 年三月八日，宋令中央銀行將庫存黃金按市價在上海市場大量配售。至 1947 年二月，共拋售黃金 353 萬兩，占庫存黃金的 60%，回籠法幣 9,989 億元〔註 17〕。但在同一時間，法幣增發了 32,483 億元〔註 18〕，黃金拋售所回籠的法幣僅占其中的三分之一，由此可見，黃金拋售未達到控制法幣膨脹的預期目的。「黃金風潮案」〔註 19〕的爆發，更宣告政策徹底失敗。宋子文承認「政策運用」不當，辭去行政院長之職，中央銀行總裁貝祖貽則被撤掉職務。

宋內閣倒臺後，由政學系張群繼任行政院長，王雲五爲副院長，俞鴻鈞仍任財政部長，張嘉璈爲中央銀行總裁。爲壓住黃金風潮和通貨膨脹，張內閣立即以嚴禁拋售黃金、取締黃金投機和管制外匯等辦法，取代宋子文的黃金自由拋售政策。同時，加強敵僞物資拋售，發行了 4 億美元的短期公債和庫券，以圖回籠法幣。但所有這些做法都是徒勞的，通貨膨脹速度繼續加快，物價漲潮接踵而來，張群內閣也被迫下臺。其間，張群曾提議由王雲五特別研究財政，王認爲「只有改革幣制，才能挽救財政經濟日趨惡化的局勢。」〔註 20〕張內閣也曾擬制幣改方案，並要求得到美國資助，但隨著張群的倒臺，終究沒有實施。

〔註 16〕楊培新（1985），《舊中國的通貨膨脹》，人民出版社，頁 86。

〔註 17〕文史資料出版社編（1985）《法幣、金圓券與黃金風潮》，文史資料出版社，頁 156。

〔註 18〕吳崗（1958），《舊中國通貨膨脹史料》，上海人民出版社，頁 96。

〔註 19〕握有大量遊資的達官貴人看到購買黃金比囤積貨物更有利可圖，於是大做黃金投機生意，黃金搶購浪潮日甚一日。中央銀行黃金儲備無法滿足市場需要，宋子文被迫下令停止出售。就在黃金停售的前幾天，一些投機商意識到中央銀行存金已盡，更加緊搶購，以致黃金價格暴漲，商品市場大亂，此即聞名上海的「黃金風潮案」。

〔註 20〕王壽南（1995），《王雲五先生年譜初稿》第二冊，轉引自《中華民國史事紀要》（1948 年 1-7 月），臺北國史館，頁 206。

1948 年五月，蔣介石改任翁文灝爲行政院長。翁任命王雲五爲財政部長，俞鴻鈞爲中央銀行總裁。通膨的壓力、國共戰事的軍需，在在催促著幣制改革的勢在必行。蔣介石決定進行幣制改革，並將此期望在翁文灝內閣上。自此，金圓券進入緊鑼密鼓的籌劃之中。

翁文灝上臺後，由王雲五任財政部長〔註 21〕王本是商務印書館的大出版商，於中國文教事業多有貢獻。1946 年一月，以無黨派人士參加政協會議，被蔣介石任命爲經濟部長。王雲五自稱起始無意此職，「在固辭不獲之後，惟一的誘惑使我勉允擔任此席，就是對於改革幣制之憧憬〔註 22〕」。各界人士對此任命頗感驚奇，認爲王雲五與財政金融素少淵源，僅憑其商務的管理經驗，難堪當財政重責，因此上海的一些報紙對他大加嘲諷，國民政府立法院也對其持不信任態度。

蔣介石對王雲五和俞鴻鈞都作了幣制改革的指示，要他們分別組織專家研究，拿出具體方案。最後結果，蔣否決了俞鴻鈞計劃，而採納了王雲五方案。

俞鴻鈞在上海指定作立一個四人研究小組〔註 23〕，四人小組一致認爲，在內戰繼續進行的情況下，幣制不宜作根本性改革，如果驟然一改，就會垮得更快。鑒於財政收支差額太大，可在不改變法幣本位的基礎上，另由中央銀行一種稱爲金圓的貨幣，作爲買賣外匯及繳納稅收之用，不在市面上流通。用此辦法，大致使收入提高到相當於支出的 40%到 50%。俞鴻鈞予以首肯，並令四人小組擬定了具體方案。之後，俞攜此方案赴南京請示蔣介石，卻不料遭到否決。

王雲五就職財長，迅即秘密投入到幣改計劃的研究中。首先分別問議財政部的主管人員，令其檢呈有關幣改的舊案和意見。認爲「改革幣制，一方面固然必須盡力搜求獲得可能控制的發行準備金，他方面還須配合其他種種措施。所謂配合的措施，便是關於平衡國內收支，平衡國際收支以及管制經

〔註 21〕蔣介石原擬仍由俞鴻鈞任財政部長，但俞此前剛就任中央銀行總裁，與原總裁張嘉璈正辦理交接手續，蔣介石遂囑翁文灝自己物色財長。翁與王雲五平素私交不錯，又鑒於王在行政院副院長任內研究過財政，於是選其掌財。

〔註 22〕王壽南（1995），第 206 頁。

〔註 23〕成員有中央銀行稽核處長兼上海金融管理局長李立俠、南開大學經濟系教授兼中央銀行顧問吳大業、中央銀行經濟研究處副處長方善佳、漢口金融管理局長林崇鏞（後接替李立俠上海金融管理局長之職）。

濟金融等事項。」〔註 24〕爲此，他親自草擬了一道《改革幣制平抑物價平衡國內及國際收支的聯合方案》。

1948 年七月七日，王雲五將此案送交翁文灝，二人沒有分歧，隨即於次日謁見蔣介石。蔣原則上表示同意，但爲慎重起見，又指定俞鴻鈞及專家嚴家淦、劉攻芸、徐柏園〔註 25〕，與翁文灝、王雲五一起再加研究，草擬具體辦法。二十四日，翁文顥在廣播電臺發表講話，稱當局正在籌劃削減通貨膨脹的辦法〔註 26〕，但未公開具體內容。

七月九日至二十八日間，翁文灝、王雲五、俞鴻鈞及三位專家對王雲五案進行了數次討論，僅作了少許修改。蔣認爲「王雲五所擬金圓券方案，設法挽救財政，收集金銀、外幣，管制物價，都是必要的措施。」〔註 27〕

蔣介石三十一日，就幣改方案徵詢前中央銀行總裁張嘉璈。張直言，發行一種新幣，必須有充分現金或外匯準備；或則每月發行額能有把握較前減少，否則等於發行大鈔，人們將失去對鈔票的信用。即使沒有充分準備金，至少也要把握物資，有力量控制物價，防止新幣貶值，故應慎之又慎。八月十七日，蔣又召見張嘉璈，張仍堅持已見，斷言如不減少預算支出，降低發行額，新幣必然貶值，無法抑制。翌日，蔣再次召見張嘉璈，將《幣制改革計劃書》交其閱讀。張仍認爲，物價絕對無法限制，所定 20 億元發行額無法保持，恐不出三、四個月就將衝破限關。如果人們對新幣不予信任，棄紙幣而藏貨品，後果將不堪設想〔註 28〕。蔣一而再、再而三地召見張嘉璈，表明他對發行新幣的重視，然其意一決，認定幣制不是改不改的問題，而是非改不可。

八月十九日下午三時，蔣介石主持召開國民黨中央政治會議，討論幣改方案。王雲五不是國民黨員，按例不能與會，但會議需要他對改革幣制作一說明，故破例出席。會上，幣改方案略加修正通過。下午六時，行政院會議繼續討論已在國民黨中政會上通過的幣改方案，經過四個小時的討論予以通過。當晚，蔣介石以總統名義發佈《財政經濟緊急處分令》〔註 29〕，行政院

〔註 24〕王壽南（1995），頁 207。
〔註 25〕嚴家淦時任臺灣財政廳長，劉攻芸爲中央銀行副總裁，徐柏圜爲財政部次長。
〔註 26〕參見《大公報》（滬）1948 年七月二十五日。
〔註 27〕文史資料出版社編（1985），頁 54。
〔註 28〕參見姚崧齡（1982），《張公權年譜初稿》，臺北傳記文學出版社，頁 1014-1016。
〔註 29〕中國第二歷史檔案館，國民政府財政部檔案（三）/856。

以全文交廣播播放。二十日，國民黨中央機關報《中央日報》及其他有影響的大報，都刊發了這一命令。同時，又公佈了《金圓券發行辦法》〔註30〕等四項辦法。將「緊急處分令」和各種辦法綜合起來，其主要內容有四項：

第一，金圓券每元法定合純金0.22217公分，由中央銀行發行，面額分爲1元、5元、10元、50元、100百元五種。發行總額以20億元爲限。

第二，金圓券1元折合法幣300萬元，折合東北流通券30萬元〔註31〕。

第三，私人不得持有黃金、白銀和外匯，限期於九月三十日以前收兌黃金、白銀、銀幣和外國幣券，違反規定不於限期內兌換者，一律沒收。

第四，全國各地各種物品及勞務價格應照1948年八月十九日以前的水平凍結。

國民政府將限價作爲重點提出，足見貨幣發行與商品價格之間的密切關係。其目的就是想將發行新幣與限制物價雙管齊下，以挽救日益嚴重的經濟危機。

八月二十日當天，金圓券發行準備監理會宣告成立〔註32〕，負責監督檢查金圓券的發行及準備情形。蔣介石與王雲五召見上海工商界、金融界人士二十餘人，希望他們支援財經命令。翁文灝在行政院也邀請京滬工商界、金融界人士座談，希望協力執行各項辦法。二十一日，蔣介石命令各大都市派遣經濟督導員，監督各地執行政策〔註33〕。

（二）金圓券實施過程

八月二十三日金圓券發行的第一天，上海、南京、杭州等地銀行，前往兌換者頗多。二十五日，據上海《大公報》報道，各行收兌工作更爲緊張，在外灘中央銀行門前「有許多人早晨六、七時排隊，到下午一、二時還沒有兌到。交通和中國農民銀行擠兌的人也不少，交通銀行只兌一百號就截止，

〔註30〕中國第二歷史檔案館，中央銀行檔案（三九六）/2671。

〔註31〕東北流通券是抗戰勝利後國民政府中央銀行在東北發行的紙幣。金圓券發行後，限期收回。

〔註32〕中國第二歷史檔案館，國民政府財政部檔案（三）/589。

〔註33〕派俞鴻鈞爲上海區經濟管制督導員、蔣經國協助督導；張厲生爲天津區經濟管制督導員，王撫洲協助督導；宋子文（時任廣東省政府主席）爲廣州區經濟管制督導員，霍寶樹協助督導文史資料出版社編（1985），頁56。

中國銀行則因二十四日所發號碼未及全部兌清，今日起暫不再發新號碼。央行今日起雖委託大陸、鹽業等行代兌黃金，但因準備手續關係，大陸等銀行並未開始收兌。因此中央銀行兌金者更爲擁擠，門警用盡力氣還不容易維持秩序。〔註 34〕」到二十八日金圓券發行一周時，已有金銀外幣折合 2,720 餘萬美元兌換成金圓券〔註 35〕。

造成兌換熱潮，主因是百姓害怕「違者沒收」或被關入監牢，只好將金銀外幣向銀行兌換金圓券。在此過程中，也發生了一些麻煩，如常因黃金成色發生糾紛，收兌工作受到影響；又因金圓券未注明「金圓」字樣，有些市民認爲這可能是以前沒有發行的法幣，於是對金圓將來的發行數額表示懷疑；原來作爲法幣輔幣的舊鎳幣，現改作金圓券輔幣行使，百姓眞僞難辨，爭端屢起。

普通百姓，多迫於壓力，尙能按規定辦事，至於工商、金融資本家，瞭解國民政府經濟危機的內幕，對金圓券的前途憂心重重，於是千方百計想保住手中的金銀外匯，不願兌換金圓券。上海商業儲蓄銀行總經理陳光甫，曾爲國民政府赴美奔波借款，頗受蔣介石賞識，此時也不得不向中央銀行移存現金外匯 114 萬美元。金城銀行總經理周作民不敢住在家裏，幾乎每晚換個地方，後裝病住在虹橋療養院，「警察局曾派人來行要周具結，非經批准，不准擅離上海，當將具結書送到醫院，由周鑒字，此外別無舉動。」〔註 36〕政府對私逃外匯的資本家懲處，以警效尤〔註 37〕。

國民政府在強制收兌金銀外匯〔註 38〕的同時，又強迫凍結物價，禁止囤積居奇。九月九日，行政院特別公佈了《實施取締日用重要物品囤積居奇辦法補充要點》，規定「各地工廠商號所存儲之成品及貨品，如不儘量供應市銷或超過八一九限價，以居奇論。」〔註 39〕

〔註 34〕《大公報》（滬）1948 年八月二十六日。

〔註 35〕《外交部周報》第 89 期，1948 年九月。

〔註 36〕中國人民銀行上海市分行金融研究室編（1983），《金城銀行史料》，上海人民出版社，頁 84。

〔註 37〕如以私逃外匯罪，將與孫科有關係的林王公司經理王春哲處以死刑；以私逃外匯、窩藏黃金罪，將申新紡織總經理榮鴻元、美豐證券公司總經理韋伯祥、中國水泥公司常務董事胡國梁等逮捕入獄。文史資料出版社編（1985），頁 83。

〔註 38〕中國第二歷史檔案館，國民政府財政部檔案（三）/1101。

〔註 39〕《大公報》（滬）1948 年九月十日。

由於國民政府的鐵腕措施，普通百姓和工商金融資本家的被迫就範，竟使資金市場與商品市場在幣制改革後的四十天裏，收兌金銀外匯取得了一定進展，利率有所下降，商品價格也多控制在金圓券發行前的水平。

然而這是都是政治威赫下產生出來的，其實隱伏巨大危機。一是金圓券發行額超出預期計劃，在前半個月內就多發行了 8,000 餘萬元，以致立法委員皮德中在立法會議上感歎：「這不是通貨膨脹是什麼？」〔註 40〕二是商品市場上，物價雖穩，卻是有市無貨，商人們尋找一切機會躲藏商品，減少虧損。一些商人爲逃貨物登記，甚至寧肯多付數倍的運費，讓貨物留在車皮內，讓火車象一個活動倉庫似的在上海附近的無錫、鎮江等處漫遊。同時，他們還唆使一些流氓和無業遊民，在市面上搶購日用必需品，以期造成心理上的恐慌，迫使政府放棄限價政策。在北平，有「數種物資，因限價關係，來源不易，而黑市於是活躍〔註 41〕」。三是生產企業也陷入困境；上海工廠因物價凍結，企圖停工，但政府對停工企業處以沒收處分，「彼等不得不以其生產品虧本出售〔註 42〕」由上可見，金圓券發行的樂觀實際是虛幻的。

九月，金圓券發行速度明顯加快，到九月底已達 12 億餘元。「已經顯露的通貨膨脹仍然在惡性膨脹。」〔註 43〕商品市場愈見枯竭，北平「所有糧食店油鹽店均空空如洗，不特按照官價購不到一切，即按黑價亦無覓處。」〔註 44〕上海「商店紛紛藉詞休息，甚至民眾賴以生活之食糧肉類亦均無法購置，以致造成人心空前之恐慌。」〔註 45〕

（三）金圓券的失敗

面臨物價狂漲的局勢，行政院變通策略，於十月二十六日調整，規定「如系國產貨品，按產地收購價格或原料價格予以調整，進口貨按進口成本調整〔註 46〕」二十八日，又決定糧食可自由買賣，貨物可計本定價，承認幣改失敗。十一月一日，頒佈了《改善經濟管制補充辦法》，正式宣告放棄限價政策。三日，翁文灝內閣總辭職。行政院長由孫科繼任，財政部長由徐

〔註 40〕中國科學院歷史所第三所南京史料整理處選（1985），頁 2322-2。
〔註 41〕中國科學院歷史所第三所南京史料整理處選（1985），頁 2322-2。
〔註 42〕中國科學院歷史所第三所南京史料整理處選（1985），頁 10161-1。
〔註 43〕中國科學院歷史所第三所南京史料整理處選（1985），頁 11345。
〔註 44〕中國科學院歷史所第三所南京史料整理處選（1985），頁 10161-1。
〔註 45〕《大公報》（滬）1948 年 10 月 27 日。
〔註 46〕《大公報》（滬）1948 年十月二十七日。

堪接任。

截至十一月九日，金圓券已發行 19 億餘元，與法定 20 億元限額非常接近。俞鴻鈞密電蔣介石：軍政費增加極巨，請儘快放寬發行限額。十一日，行政院公佈《修正金圓券發行辦法》、《修正人民所存金銀外幣處理辦法》〔註 47〕決定取消金圓券發行最高限額；准許人民持有外幣，銀行開始可以流通；金圓券存入中央銀行一年後，可折提黃金或銀幣；對外匯率由原來 1 美金折合 4 金圓券增至 20 金圓券。

十一月二十日，中央銀行開始辦理存款兌換金銀業務，並委託中交農三行同時辦理。自此，各存兌處人潮如湧。十二月二十三日，約十萬人擠兌黃金，因擁擠不堪，導致七人死亡，百餘人受傷。俞鴻鈞因此被免去中央銀行總裁職務〔註 48〕，由劉芸接替。

金圓券發行限額放開後，到十一月底，已發行 32 億元，十二月底達到 83.2 億元。許多地方發生嚴重鈔荒，向中央銀行告急，中央銀行又向財政部訴苦「近來國庫支出激增，券源短絀，供應時虞不及。各地方需要券料，雖經竭力設法運濟，仍患綆短汲深，無以解決困難。〔註 49〕」到 1949 年四月，金圓券發行總額升至 5 萬億元，五月更增至 67 萬億元，六月竟達到 130 萬億元，是爲 1948 年八月底的 24 萬多倍〔註 50〕。票額也越來越大，從 100 元、500 元、1000 元、5000 元到 1 萬元、5 萬元、10 萬元，乃至 50 萬元、100 萬元的大鈔，相繼印行。

金圓券貶值之速，已經不是早晚市價不同，而是按鐘點計算。所有人拿到金圓券馬上就兌換金銀或搶購東西。搶購風潮、搶米風潮一浪高過一浪，據統計，全國有四十多個城市出現搶米風潮，參加群眾 17 萬人；上海搶米風潮一天曾涉及 27 處〔註 51〕。到 1949 年五月，金圓券已買不到東西，500 萬元只能和 1948 年九月的 1 元買等量的商品〔註 52〕。金圓券發行十個月的貶值速度，比法幣發行十四年的貶值速度快得多。

〔註 47〕中國第二歷史檔案館，中央銀行檔案（三九六）/2299。
〔註 48〕顧維均（1988），《顧維鈞回憶錄》第 7 冊，中華書局，頁 5。
〔註 49〕中國人民銀行總參事室編（1991），《中華民國貨幣史資料》二，上海人民出版社，頁 621-264。
〔註 50〕楊培新（1985），《舊中國的通貨膨脹》，人民出版社，頁 100。
〔註 51〕張公權著，楊志信譯（1986），《中國通貨膨脹史》，文史資料出版社，頁 91-92。
〔註 52〕楊蔭溥（1985），頁 216；中國金融出版社編（1985），《中國近代金融史》，中國金融版社，頁 300。

許多地區開始拒用金圓券，最後連部隊也拒收金圓券〔註 53〕。鑑於多數地方已不通用金圓券，即在少數尚能通用之城市，其價值亦逐日慘跌，幾同廢紙；甚至廣州「所有交易非港幣莫屬，金圓券則完全拒用〔註 54〕」。於是蔣介石於七月三日停發金圓券，改行銀元券〔註 55〕，發行僅十個月的金圓券就此收場。學者沈雲龍甚至認為「金圓券是大陸沈淪主因〔註 56〕」。

（四）金圓券對臺灣通貨膨脹的影響

自 1948 年八月十九日大陸廢法幣發行金圓券時，當時臺灣省政府奉命依金圓券發行準備移交保管辦法〔註 57〕，將臺糖公司總資產美金 1 億 2 千萬元，劃撥 4,300 萬元，將臺灣造紙總資產美金 2,500 萬元，劃撥 800 萬元，作為發行準備。並自同月二十三日起，由臺灣銀行依此規定開始掛牌，即透過金圓券與臺幣之匯率 1 比 1,385 規定美匯賣出 7,432 圓，買進 7,248 圓〔註 58〕。

但金圓券的採行，並未扭轉大陸經濟的頹勢，尤其自限價政策失敗後，1948 年十月各地發生搶購風潮，物價乃急遽上升，中央有鑒於此，乃沿用法幣時期辦法，准許臺灣省參照物價及其它經濟情形，自同年十一月十二日起，復行機動調整臺幣與金圓券之匯率〔註 59〕。如下表所示：

表 14　1948 年八月-1949 年五月臺幣對金圓券匯率調整

單位：舊臺幣元/金圓券元

調 整 期	舊臺幣：金圓券	調 整 期	舊臺幣：金圓券	調 整 期	舊臺幣：金圓券
1948.08.23	1835：1	1949.02.03	53：1	1949.03.31	3：1
11.01	1000	4	48	04.07	220：100
11	600	5	40	8	200
26	370	7	35	9	150

〔註 53〕西北軍政長官張治中電陳「5 月份發出薪餉金券，各部隊以市場拒收，均原封退還」；他請求財政部改發銀元，以免運送金圓券徒增機費負擔中國人民銀行總參事室編（1991），《中華民國貨幣史資料》二，上海人民出版社，頁 641-645。

〔註 54〕中國人民銀行總參事室編（1991），頁 9852-2。

〔註 55〕發行的銀元券紙幣，於 1949 年十一月三十日停發，僅維持五個月，比金圓券更短暫。

〔註 56〕吳相湘（1980），頁 45。

〔註 57〕中國第二歷史檔案館，中央銀行檔案（三九六）/2671。

〔註 58〕1:1,385 之匯率價格係依照 1948 年八月十九日臺幣 1 圓兑法幣 1,635 圓的匯率，再按法幣 300 萬圓兑金圓券 1 圓的折合率，換算而得。吳中書（1999），頁 20。

〔註 59〕Chang,（1958）, p. 67-85.

調 整 期	舊臺幣：金圓券	調 整 期	舊臺幣：金圓券	調 整 期	舊臺幣：金圓券
12.22	350	10	32	11	100
24	332	11	30	13	90
25	305	12	25	16	60
28	275	14	22	18	50
29	247	16	20	19	30
30	222	17	18	21	25
1949.01.06	190	18	17	22	20
8	180	22	16	26	10
10	150	24	15	29	7
11	135	25	14	30	5
12	130	03.01	13	05.02	3
13	115	3	11	3	1
15	110	4	10	20	1：250
18	100	8	9	21	300
28	90	10	7	23	400
31	80	14	6	26	1,000
02.01	65	19	5	27	2,000
2	58	20	4		

資料來源：陳榮富（1956），頁 172。

這一措施使臺灣更進一步被捲入中國大陸惡化通貨膨脹之中，雖然臺灣與大陸之間的匯率曾時常調整，然以上海與臺北兩地間物價水準作比較，大多數時期大陸貨幣被高估；尤其金圓券 1 元兌換臺幣 1,835 元更是明顯高估，結果有大量資金從大陸流向臺灣，進行套匯的活動，據統計「光是在 1948 年從大陸匯往臺灣的款項，減去反方向匯款額後的淨超出額竟兩倍於該年臺幣的發行額」〔註 60〕加以 1947 年以後，大陸經濟混亂，社會極不安定，很多人遷居臺灣，他們攜帶流動性甚高的資產，亦擴大了臺灣市場上對貨品與勞務的需求，使臺灣面臨嚴重惡性通貨膨脹的情況更趨惡化。

二、財政赤字不斷擴大

戰後中國大陸財經情勢惡化，國民黨六屆二中全會之「對於財政金融經濟報告之決議案」，認為導致此種狀況之原因主要是：「（一）中國以貧窮之

〔註 60〕 Shun-Hsin Chou,（1963）, *The Chinese Inflation, 1937-1949*, Columbia University Press. New York, p. 37。

國家，苦戰八年，本具先天之缺憾；（二）重要生產區域，大半淪陷，沿海全受封鎖，國民政府統一前後所建立之各種現代工業，無一不受到極大之破壞；（三）抗戰以來，缺乏通盤之籌劃，徒爲支節之應付，實有人謀之未臧〔註 61〕」。

戰後之財政赤字，一直是個困擾問題。而巨大的財政赤字，完全由發行彌補，因此發行屢創天量。惡性通貨膨脹最主要的特徵同時也是最主要的原因是貨幣發行超量。印刷大量紙幣，應付政府用款，這是惡性通貨膨脹的源泉。問題在於政府明知飲鴆止渴，仍然一意孤行，其關鍵在於赤字巨大，財政收支無法平衡。下表爲 1936-1947 年國民政府財政支出：

表 15　1936-1947 年國民政府財政支出

單位：法幣千元

年	總 支 出	軍費支出	占總支出%	特別支出*	占總支出%
1936	1,893,997	555,226	29.32	-	-
1937	2,091,324	1,387,559	66.35	-	-
1938	1,168,653	698,001	59.73	-	-
1939	2,797,018	1,536,598	54.94	64,164	2.29
1940	5,287,756	3,773,367	71.36	138,562	2.62
1941	10,003,320	4,880,835	48.79	260,464	2.60
1942	24,459,178	11,347,007	46.39	738,306	3.02
1943	54,710,905	22,961,267	41.97	7,228,675	13.21
1944	151,766,892	55,318,967	36.45	28,751,009	18.94
1945	1,276,617,557	421,297,013	33.00	489,387,718	38.33
1946	7,215,902,549	2,712,461,664	37.59	1,213,170,618	16.81
1947	40,910,279,069	18,374,940,354	44.92	6,087,701,695	14.88

註：*係「特別支出」：是指根據蔣介石「手諭」從中央銀行支出的款項。

資料來源：吳岡（1958），頁 153。

抗戰以前物價穩定，稅收在總支出中占相當的比重，財政不足部分可以通過向上海金融界發行公債籌集，雖然不寬裕，但還能應付。1936 年發行統一公債，等於宣佈政府債信破產，自此開始，政府已無法通過發行公債籌措軍政費用，彌補財政赤字。於是政府便傾向於向國家銀行墊款。爲應付政府墊款，中央銀行便不得不大量增發紙幣。

〔註 61〕經濟部編（1951），《經濟問題資料彙編》，臺北華文書局，頁 96。

1945年八月抗日戰爭結束時,法幣的發行額是5,569億元〔註62〕,比1937年六月的14.1億元增加了392倍,增加幅度已不小,但與以後的發行量相比簡直是霄壤之別。1945年底,法幣發行量已突破1萬億元大關,達10,319億元,與八月相比,幾乎多了一倍;1946年底更增至37,261億元,比上年底增加了2.6倍;1947年十二月高達331,885億元,在1946年的基礎上又增加近8倍;1948年八月二十一日,竟高達6,636,946億元之巨,短短的八個月裏增加了19倍,幣值已貶到不及它本身紙價及印刷費的價值。下表爲法幣發行統計表:

表16 1937-1942年法幣發行統計

單位:10億元法幣

年 月	發行額	環比	指數 1937.6=1	年 月	發行額	環比	指數 1937.6=1
1937.1	1.31	-	-	1943.1	35.7	1.03	25.32
2	1.36	1.03	-	2	37.9	1.06	26.87
3	1.37	1.00	-	3	40.4	1.08	28.64
4	1.39	1.01	-	4	43.7	1.08	30.98
5	1.41	1.01	-	5	46.5	1.06	32.97
6	1.41	1.00	-	6	49.9	1.07	35.38
7	1.45	1.02	1.03	7	52.5	1.05	37.22
8	1.51	1.04	1.07	8	56.3	1.07	39.92
9	1.51	1.02	1.10	9	60.5	1.07	42.89
10	1.56	1.03	1.10	10	64.4	1.06	45.66
11	1.60	1.02	1.13	11	68.9	1.06	48.85
12	1.64	1.02	1.16	12	75.4	1.09	53.46
1938.1	1.68	1.02	1.19	1944.1	81.6	1.08	57.85
2	1.70	1.01	1.20	2	86.6	1.06	61.40
3	1.68	0.98	1.19	3	95.9	1.10	67.99
4	1.70	1.01	1.20	4	104.4	1.08	74.02
5	1.71	1.00	1.21	5	113.8	1.09	80.68
6	1.73	1.01	1.23	6	122.8	1.07	87.07
7	1.75	1.01	1.24	7	129.1	1.05	91.53
8	1.82	1.04	1.29	8	137.6	1.06	97.56
9	1.93	1.06	1.37	9	150.2	1.09	106.49
10	2.04	1.05	1.45	10	161.2	1.07	114.29

〔註62〕吳岡(1958),頁92-96;楊培新(1963),頁60。

年 月	發行額	環比	指數 1937.6=1	年 月	發行額	環比	指數 1937.6=1
11	2.16	1.05	1.53	11	170.3	1.05	120.74
12	2.31	1.06	1.64	12	189.5	1.11	134.36
1939.1	2.31	1.00	1.64	1945.1	202.9	1.07	143.86
2	2.36	1.02	1.67	2	226.2	1.11	160.38
3	2.41	1.02	1.71	3	246.9	1.09	175.05
4	2.49	1.03	1.77	4	280.8	1.13	199.09
5	2.59	1.04	1.84	5	336.5	1.19	235.58
6	2.70	1.04	1.91	6	397.8	1.18	282.04
7	3.19	1.18	2.26	7	462.3	1.16	327.77
8	3.34	1.04	2.37	8	556.9	1.20	394.84
9	3.59	1.07	2.35	9	674.2	1.21	478.01
10	3.72	1.03	2.64	10	805.9	1.19	500.48
11	3.92	1.05	2.78	11	901.0	1.11	638.81
12	4.29	1.09	3.04	12	1,034.9	1.14	731.62
1940.1	4.45	1.03	3.16	1946.1	1,149.9	1.11	815.28
2	4.67	1.04	3.31	2	1,261.2	1.09	864.19
3	4.69	1.00	3.33	3	1,345.6	1.06	954.03
4	5.22	1.11	3.70	4	1,528.1	1.13	1,083.42
5	5.60	1.07	3.97	5	1,796.0	1.17	1,273.36
6	6.06	1.08	4.30	6	2,112.5	1.17	1,497.76
7	6.25	1.03	3.43	7	2,158.1	1.02	1,530.45
8	6.65	1.08	4.72	8	2,376.1	1.10	1,684.65
9	6.84	1.02	4.85	9	2,700.6	1.13	1,914.73
10	7.07	1.03	5.01	10	2,983.9	1.10	2,115.59
11	7.49	1.05	5.31	11	3,296.2	1.10	2,337.01
12	7.87	1.05	5.58	12	3,726.1	1.13	2,641.80
1941.1	8.2	1.04	5.82	1947.1	4,509.5	1.21	3,197.24
2	8.7	1.06	6.17	2	4,837.8	1.07	3,430.00
3	9.2	1.05	6.52	3	5,744.1	1.18	4,072.57
4	9.6	1.04	6.81	4	6,901.1	1.20	4,892.88
1941.5	10.1	1.05	7.16	5	8,381.3	1.21	5,942.34
6	10.7	1.05	7.59	6	9,935.1	1.16	7,096.53
7	11.3	1.05	8.01	7	11,664.1	1.15	8,455.80
8	11.9	1.05	8.44	8	13,697.3	1.17	9,714.39
9	12.7	1.06	9.01	9	16,948.1	1.24	12,019.92
10	13.4	1.05	9.50	10	20,791.2	1.23	14,745.53
11	14.4	1.07	12.21	11	26,878.9	1.29	19,063.04

年 月	發行額	環比	指數 1937.6=1	年 月	發行額	環比	指數 1937.6=1
12	15.1	1.05	12.71	12	33,188.5	1.23	23,537.04
1942.1	16.0	1.05	11.35	1948.1	40,940.9	1.23	29,036.09
2	16.8	1.05	11.91	2	53,928.7	1.32	38,247.30
3	17.5	1.04	12.41	3	69,682.1	1.29	49,419.92
4	15.5	1.05	13.12	4	97,798.9	1.40	69,360.92
5	20.0	1.08	14.18	5	13,7418.8	1.40	97,460.14
6	24.9	1.24	17.65	6	19,6520.3	1.43	139,376.09
7	27.5	1.10	19.50	7	37,4762.2	1.91	265,788.79
8	26.4	0.96	18.72	8.21	66,3694.6	-	-
9	27.9	1.05	19.78				
10	29.9	1.07	21.21				
11	31.8	1.06	22.55				
12	34.4	1.08	24.40				

資料來源：發行額數字是根據國民政府中央銀行發行局統計資料。以上數字從 1937 年開始，因 1935 與 1936 年詳細數字付之闕如，但有年底發行額約數，1935 年十二月中央、中國、交通、農民及八家商業銀行的發行額總額爲 858,402,000 元，而 1936 年十二月已增加到十三億三千萬元。吳岡（1958），頁 92-96。

抗戰後，隨著內戰的爆發和惡性通貨膨脹的加劇，摧毀了國民政府平衡財政的可能，赤字呈幾何級數上漲。1947 年以後，政府財政赤字幾乎完全由發行鈔票來彌補。如下表所示：

表 17　1946-1948 年政府赤字、銀行墊款和鈔票增發

單位：百萬元法幣

時　間	赤　字	銀行對政府墊款	鈔票增發額
1946 年	4,697,802	4,697,802	2,694,200
1947 年	29,329,512	29,329,512	29,462,400
1948 年　1-7 月	434,565,612	434,565,612	341, 573,700

資料來源：Chang, （1958）, pp.110.

氾濫的通貨發行，連帶影響物價的上漲，由下表可以看出法幣的發行數額是與物價波動呈正比關係。

表 18　1945 年九月-1946 年八月法幣發行額與上海躉售物價指數

單位：法幣 10 億元，基期 1945.9=100

日期	法　幣發行額	上海躉售物價指數	日期	法　幣發行額	上海躉售物價指數	日期	法　幣發行額	上海躉售物價指數
1945. 9	674.2	100	9	2700.6	1,475	9	16948.1	12,534
10	805.9	110	10	2983.9	1,554	10	20791.2	17,352
11	901.0	288	11	3296.2	1,541	11	26878.9	19,296
12	1034.9	257	12	3726.1	1,656	12	33188.5	24,282
1946. 1	1149.9	269	1947. 1	4509.5	1,990	1948. 1	40940.9	36,939
2	1261.2	509	2	4837.8	3,090	2	53928.7	52,900
3	1345.6	742	3	5744.1	3,248	3	69682.1	85,502
4	1528.1	748	4	6901.1	4,130	4	97798.9	99,117
5	1796.0	1,103	5	8381.3	7,045	5	137418.8	142,468
6	2112.5	1,070	6	9935.1	8,673	6	196520.3	256,397
7	2158.1	1,180	7	11664.1	9,032	7	374762.2	755,165
8	2376.1	1,242	8	13697.3	9,557	8	663694.6	1,368,049

資料來源：法幣發行數額來自國民政府中央銀行發行局，上海躉售物價指數爲中央銀行經濟研究室資料。

三、決策失誤

抗戰勝利之初，南京政府擁有黃金 600 萬盎司，美元 9 億元，接收的敵僞產業折合法幣 10 萬億元，相當於當時法幣發行額 5569 億元的 20 倍。此外，還有美國給予的救濟物資和美軍剩餘物資約 20 億美元〔註 63〕，這些都爲政府整頓稅收，平衡財政收支，抑制通貨膨脹提供了極好的機會。但是，國民政府的決策失誤卻喪失了這種機會。

首先，對中儲券〔註 64〕處置失當。1945 年九月廿八日，政府宣佈法幣與中

〔註 63〕楊培新（1963），頁 71。

〔註 64〕1940 年三月，日本推行「以華制華」的政策，讓國民黨副總裁汪精衛在南京成立傀儡政權。1941 年一月，汪僞政府設立「中央儲備銀行」，發行「中儲券」。此一銀行由汪僞政府的財政部長周佛海爲總裁。日、汪策劃不斷擴大「中儲券」的發行。接著，使法幣與「中儲券」脫離等價流通。改爲「中儲券」的發行用機動比率收兌法幣並故意緊縮「中儲券」的發行，而把它掌握的法幣盡理投放出去造成市場法幣充斥，中儲券缺乏的假像，從而把收兌比率壓低到 100 比 50，

儲券的兌換比例爲 1：200，這一兌換率的確定是極不合理的。當時的實際物價水平，上海僅比重慶高約 50 倍，與整個法幣流通區域的物價相比，上海物價只高約 35 倍，可見，中儲券的購買力被嚴重低估了，法幣的購買力無形中增加了好幾倍。於是後方頭寸紛紛流往上海，其時重慶、昆明對申匯率每 1,000 元高達 1,300 元。後方遊資湧向上海低價競購物資，刺激一度下跌的物價又飛速上漲。政府還規定中儲券限於四個月內兌換完成，每人最多兌換 5 萬元法幣，在兌換期截止以前，中儲券仍准許在市上流通，因此持有低價僞幣者在兌換期前也儘量套購貨物，並把兌換限額外多餘的僞幣都用來搶購物資。不合理的兌換率、兌換期限過長及無根據的限額兌換等措施的出臺，助長了搶購風的興起，對戰後上海乃至全國的物價很快由跌轉升起了相當大的作用。

其次，戰後對戰時壓抑的購買力掉以輕心。戰爭期間由於物資嚴重匱乏，人們的消費需求受到很大的壓抑，隨著戰爭結束，旺盛的消費需求拉動了通貨膨脹。對此政府因高估抗戰勝利後的經濟形勢和社會總供給能力，從而在決策上作出完全相反的決定，對戰時所採取的各項管制措施一律予以廢除，從而使通貨膨脹更加漫無限制。在國家政治、經濟秩序尚未恢復常態以前，過早地放棄對物價、分配、資金等管制，事實證明是極爲有害的，將使社會出現無序狀態。

最後是不合理的匯率、進出口政策。1946 年三月四日正式開放外匯市場，把法幣的對外匯率定爲 1：2,020 美元，中央銀行奉命無限制買賣外匯。以當時國內的物價上漲程度來說，法幣的對外價值是被嚴重高估，加上鉅額的延期購買構成的有效需求水平提高，外國貨排山倒海般地湧入中國市場，出口因匯率高估，不敷成本，而處於完全停止狀態，外匯有出無進，外匯儲備逐漸枯竭。而在社會動蕩背景下滋生的人們對外匯的偏好、資金外逃和外匯投機等，更加劇了國家外匯儲備的消耗。國民政府不得不放棄維持固定匯率的政策，改爲採用機動匯率。八月十九日將官價匯率提高到 3,350 元，上漲約 60%，市場匯率也立即從 2,500 元升至 3,700 元，引起整個物價波動。

即 100 元法幣只能換 50 元「中儲券」，到 1942 年五月卅一日，汪僞財政部出面正式公告，禁止法幣行使。根據日本侵華經濟最高指揮機關興亞院的策劃，按照《華中通貨暫行處理綱要》的規定，華中一帶貨幣本位統一爲「中儲券」。1942 年五月十二月擬定了在華中通貨整理的具體措施，對法幣進行全面收兌。1945 年抗戰勝利後，國民政府又規定以 200 元中儲券換回 1 元法幣。1948 年八月十九日，按蔣介石政府發行金圓券辦法，規定以 300 萬法幣換金圓券 1 元，在其從發行起到汪僞政府結束爲止的四年八個月裏，共發行了 46,000 餘億元。

爲了防止官價匯率低於市場匯率，利於吸收僑彙和出口結售彙，1947 年八月設立平準基金。但由於通貨膨脹不斷惡化，基金匯率頻頻提高，一方面直接刺激進出口物品價格提高，在比價效應的驅使下，一般物價水平也隨之高漲，另一方面由於進口物資越來越少，國內物資供應更稀缺，更多的紙幣追逐更少的商品，物價上漲更甚。因此匯率及進出口政策的每一次調整，都成爲促進物價飛漲的直接誘導因素。

國民政府在大陸所實施不合理的匯率、進出口政策，使得大陸惡性通貨膨脹直接影響臺灣，因爲在 1948 年一月十五日以前舊臺幣不僅與法幣保持固定匯率，而舊臺幣也必須透過法幣，與美元保持匯兌比例。雖然 1948 年一月十五日以後，國民政府授權臺灣省政府視上海、臺北兩地物價機動調整匯率，但每次調整幅度均不充足，由下表可知公定匯率較購買力平價偏低甚多〔註 65〕。

表 19　1948 年一月-十二月臺幣對法幣、金圓券購買力平價

年月	舊臺幣：法幣	上海躉售物價指數	臺北躉售物價指數	購買力平價比例
1948. 1	1：102	140,742	951	1：148
2	1：142	210,552	1,071	1：188
3	1：205	325,169	1,311	1：248
4	1：248	377,642	1,423	1：265
5	1：346	542,813	1,314	1：413
6	1：685	976,900	1,440	1：678
7	1：1,345	2,899,000	1,853	1：1,552
8	1：1,635	5,053,000	2,130	1：2,372
年月	舊臺幣：金圓券	上海躉售物價指數	臺北躉售物價指數	購買力平價比例
1948. 9	1,835：1	1.97	2,532	1,285：1
10	1,835：1	2.20	5,429	2,467：1
11	370：1	25.43	9,703	380：1
12	222：1	35.87	9,084	281：1

資料來源：上海躉售物價指數採中央銀行經濟研室，臺北躉售物價指數採臺灣銀行經濟研室。《臺灣經濟月刊》，2：4，頁 32。

四、爆發惡性通貨膨脹

抗戰勝利後，物價呈現短暫的平穩。此乃因勝利帶給國人強烈的樂觀心

〔註 65〕潘志奇（1980），頁 73-74。

理，國民政府重回較富庶的沿海區，而東北、臺灣的收復將使物資供應大三增加，另外和平亦使得交通恢復，物資通暢。此種樂觀心理，造成囤積貨物大量流入市場，加上日本待遣軍僑拋售物資，使得各地物價紛紛下跌〔註 66〕。觀下表，當可看出當時物價之梗概。唯從 1946 年起，物價呈現快速上漲，1946 年起全國物價已較勝利時上漲兩倍多，而上海市更達 13 倍多，到了 1947 年物價則出現飆漲狀況。

表 20　1945 年八月-1947 年六月全中國、重慶、上海之躉售物價指數

基期：1937 年 1-6 月=100

	全中國		重慶		上海	
	物價指數	較上月上漲率	物價指數	較上月上漲率	物價指效	較上月上漲率
1945. 8	245,503		179,506		43,200	
9	176,929	-27.93	122,600	-31.70	34,5 的	-20.12
10	178,880	1.12	118,417	-3.41	37,863	9.75
11	203,425	13.71	135,085	14.09	99,252	161.88
12	212,690	4.57	140,448	3.96	88,544	-10.83
1946. 1	182,667	-14.12	133,712	-4.76	92,843	4.91
2	235,973	29.16	141,750	6.02	175,604	89.23
3	291,596	23.56	147,800	4.33	255,994	45.78
4	309,260	6.06	177,530	20.12	258,232	0.87
5	348,193	12.57	187,896	5.86	380,725	47.45
6	375,275	7.78	171,645	-8.65	372,375	-2.19
7	412,908	10.02	155,561	-9.35	407,182	9.34
8	426,861	3.36	158,318	1.75	428,550	5.24
9	473,966	11.03	186,891	18.06	509,156	18.80
10	547,852	15.58	209,440	12.06	536,300	5.32
11	593,705	8.36	236,406	12.90	531,738	-0.85
12	627,210	5.64	268.763	13.69	571,313	7.45
1947. 1	755,000	20.38	553,708	105.99	686,833	20.23
2	1,102,885	46.08	492,367	-11.08	1,066,450	55.58
3	1,219,439	10.57	439,050	-10.83	1,120,840	5.11
4	1,390,200	14.01	502,178	14.37	1,425,258	27.16
5	1,968,567	41.60	640,057	27.45	2,431,333	70.58
6	2,488,000	26.38	925,340	44.56	2,993,071	23.11

資料來源：秦孝儀主編（1983），《中華民國經濟發展史》第二冊，表 4-3、4-4。

〔註 66〕秦孝儀主編（1983），頁 909。

當時物價之暴升原因是複雜的，就需求面而言，包括政府赤字的惡化，貨幣數量及貨幣流通速度增加所致；而供給面，主要包括：(1) 法幣對僞幣收兌率與法幣對美金匯率偏高；(2) 戰後經濟復員速度緩慢；(3) 工資及中間原料價格不斷隨物價調高；(4) 戰局逆轉，國民政府控制區縮小；(5) 交通受破壞，運輸成本提高等因素〔註 67〕。

國民政府針對劇烈的通貨膨脹曾陸續推出一些財政及金融上的反通貨膨脹政策，但效果有限。1947 年二月十七日頒的「經濟緊急措施方案」，可算是一較完整而全面性的穩定物價政策〔註 68〕。此一方案包括平衡預算，禁止黃金買賣，信用管制，貿易與外匯政策，工資及民生日用品價格管制等，作法堪稱嚴厲，不過仍然無法扼制飆升的通貨膨脹。

物價飛漲、幣值日跌，貨幣逐漸喪失了價值儲藏和交換媒介的職能。當時的紙幣就如同燙手蕃薯。人們在核算成本、利潤時紛紛改用米、金、銀、外匯等爲單位，支付工資採用米、生活指數或者外匯。上海市場大宗交易，如買賣房屋、地產、機器，甚至頂房子，都以黃金計價，商品交易甚至退化到以物易物的原始交易方式。通貨貶値速度之快，可以從 1937 年到 1947 年，100 元法幣購買力的變化清楚看出：

1937 年可買大牛二頭；1938 年可買大牛一頭和小牛一頭；1939 年可買大牛一頭；1940 年可買小牛一頭；1941 年可買豬一頭；1942 年可買火腿一隻；1943 年可買雞一隻；1944 年可買小鴨一隻；1945 年可買魚一條；1946 年可買雞蛋一個；1947 年可買五分之一根油條。1948 年法幣臨終前，100 元的購買力只合抗戰前的 0.00002 元。到 1949 年 5 月，金圓券所謂的價値就還得在小數點後再加上幾個 0〔註 69〕。

當時的惡性通貨膨脹還可以從貨幣流通速率加快的現象中觀察出。從 1945 年底開始，上海的物價上漲指數大大高於通貨發行量及其指數，以 1937 年六月的發行指數和物價指數都爲 100，1945 年十二月發行指數爲 73,200，上海的物價指數爲 88,500，物價指數是發行指數的 1.21 倍；1946 年十二月物價指數已是發行指數的 2.16 倍，1947 年十二月爲 3.56 倍，1948 年八月已增至 10.47 倍，1949 年五月，更是達到 25.16 倍〔註 70〕。同時，物價的上漲速率

〔註 67〕秦孝儀主編（1983），頁 926。

〔註 68〕經濟部編（1951），《經濟問題資料彙編》，臺北華文書局，頁 106-112。

〔註 69〕譚文熙（1994），《中國物價史》，武漢湖北人民出版社，頁 432。

〔註 70〕各年的發行指數、物價指數見《上海解放前後物價資料彙編》(1921-1957 年)，

也越來越高於通貨發行的增加速率，貨幣流通速度的大大加速，增加了社會有效貨幣供應的數量，加速了物價的飛漲。

抗日戰爭前，上海存款通貨月流通速率爲 2〔註 71〕，1947 年上海商業行莊存款通貨每月平均流通速度，一月最低爲 19.77，二月即躍升至 24.63，五月已高達 36.6，即通貨的月流通速率已超過每月金融機構的營業天數（當時上海銀行的月營業日數爲 26 天），十二月最高爲 61.49；1948 年底存款通貨的流通速度已高達每日 3.88 次，一筆活期存款一日之間四易其手，存款流速超過月營業日數原因在於上海商業行莊盛行「抵用」制度（支票當天抵用），即支票在未交換以前，就可以變成隨意支用的存款，從而使通貨流通速度大大增加。美國貨幣流通速度最高的一年是 1929 年，但紐約每月平均流通速度不過 10.37〔註 72〕與美國相比，上海的貨幣流通速度已高得可怕。

通貨流通速度加快，促成物價上漲率幾倍於通貨量的增加率。物價上漲越快，存款不如存貨的心理越發展，存款通貨的流通速度就更快。而貨幣的流通速度越快，社會有效貨幣供應更多，物價越發上漲，形成螺旋式推進，加速了貨幣制度及國民經濟的崩潰。另外對通貨膨脹的敏感度，心理預期等對通貨流通速度的加快也有一定的影響。

國民政府在大陸上的惡性通貨膨脹的歷史經驗教訓告誡我們，一個國家只有建立健全的財政經濟政策，才能保持社會經濟秩序的穩定。國民政府爲應付軍費支出，採取最不明智但又須救燃眉之急的辦法——大量增加法幣發行量，法幣發行量的增加刺激物價以更快速度上升，政府開支的實際購買力不斷下降，爲彌補赤字，國民政府又大量增加法幣發行量，就這樣財政赤字、貨幣發行量、物價三者形成惡性循環的通貨膨脹。爲彌補財政赤字完全建立在發行紙幣的基礎上，則必然導致惡性通貨膨脹，而惡性通貨膨脹一旦形成，就會成爲一種非人力控制的力量，伴隨著通貨流通速率的加快，物價上漲的速度會幾倍甚至數十倍於紙幣發行速度，發行與物價賽跑，迴圈相因，最後，惡性通貨膨脹在所難免。

上海人民出版社，1958 年版，第 49、47、95 頁。

〔註 71〕《中央銀行月報》，新二卷，第 10 期，1947 年 10 月。

〔註 72〕《中央銀行月報》，新二卷，第 10 期，1947 年 10 月。

第三節　1945-1949 年國民政府在臺灣的不當政策

臺灣戰後初期混亂的經濟，戰爭固然是無法忽視的因素，但是國民政府在臺灣所採取的政策才是雪上加霜，導致最後不可收拾的結果。國民政府某些政策造成長期、持續地影響惡性通貨膨脹及生產不振的問題。

一、民營日資企業收歸國有〔註 73〕

首先，日治末期總督府因應戰爭需要，在臺灣實施了經濟管制措施，國民政府在接收後，理因解除這些管制措施〔註 74〕，但是事實上，臺灣在脫離日本統治後，這些經濟管制制度非但沒有全部解除，其至某些經濟管制反而更加變本加厲。首先，在日治時期臺灣原有許多大型的日資企業，國民政府在接收後，本爲日本人企業所有的產業，幾乎全面被國有化，改組爲公營企業，並且將原本是多家獨立經營的企業合併成獨占企業。如下表所示：

表 21　1945-1946 年主要日人企業改組為官營企業一覽表

		日本企業	類別	官營企業
金融機構	銀行	臺灣銀行　臺灣儲蓄銀行　日本三和銀行	省營	臺灣銀行
		日本勸業銀行	省營	臺灣土地銀行
		臺灣商工銀行	省營	臺灣第一商業銀行
		華南銀行	省營	華南商業銀行
		彰化銀行	省營	彰化商業銀行
	金庫	產業金庫	省營	臺灣省合作金庫
	壽險	千代田　第一　帝國　日本　明治　野村　安田　住友　三井　第百　日產　大同　富國徵兵　第一徵兵	省營	臺灣人壽保險股份有限公司
	災害保險	大成　東京　同和　日產　日本　大倉　大阪　住友　興亞　海上運輸　安田　日新　千代田　大正	省營	臺灣物產保險股份有限公司
	無盡公司*	臺灣勸業　臺灣南部　東臺灣　臺灣住宅	省營	臺灣合會儲蓄股份有限公司

〔註 73〕中國第二歷史檔案館，國民政府財政部檔案（三）/589、臺灣省行政長官公署公報，《臺灣省行政長官公署修正臺灣省接收日資企業處理實施辦法》/20294。

〔註 74〕臺灣省行政長官公署公報檔案，《關於金融方面應行廢止之日方法令》案/1278。

生產企業	日本海軍第六燃料廠　日本石油股份公司 帝國石油股份公司　臺灣石油銷售股份公司 臺拓化學工業股份公司　臺灣天然氣研究所	國營	中國石油股份有限公司
	日本鋁業股份公司	國營	臺灣鋁業公司
	臺灣電力股份公司	國營	臺灣電力有限公司
	大日本製糖股份公司　臺灣製糖股份公司 明治製糖股份公司　鹽水港製糖股份公司	國營	臺灣糖業公司
	臺灣電化股份公司　臺灣肥料股份公司 臺灣有機合成股份公司	國營	臺灣肥料公司
	南日本化學工業公司（日本曹達、日本鹽業、臺灣拓植） 鐘淵曹達公司　旭電化工業股份公司	國營	臺灣碱業公司
	臺灣鹽業公司　南日本鹽業公司　臺灣製鹽公司	國營	中國鹽業公司
	臺灣船渠股份公司（三井重工業會社）　基隆造船所	國營	臺灣造船廠
	股份公司臺灣鐵工廠　東光興亞股份公司高雄工廠 臺灣船渠股份公司高雄工廠	國營	臺灣機械公司
	專賣局（酒、煙）	省營	臺灣省煙酒專賣局
	樟腦局　日本樟腦股份公司	省營	臺灣省樟腦局
	淺野水泥股份公司　臺灣化成工業股份公司 南方水泥工業股份公司　臺灣水泥管股份公司	省營	臺灣水泥公司**
	臺灣興亞股份公司　臺灣紙漿工業股份公司 鹽水港紙漿工業股份公司　東亞造紙工業股份公司 臺灣造紙股份公司　林田山事業所	省營	臺灣紙業公司**
	農林業相關企業計有茶葉、水產業、畜產業等合計 45 家	省營	臺灣農林公司**
	工礦相關企業計有煤碳業、鋼鐵機械業、紡織業、玻璃業、油脂業、化學產品工業、印刷業、陶瓷業、橡膠業、電氣器具業、土木建築業等共計 163 家	省營	臺灣工礦公司**

* 無盡公司係指參股者按期存款，經過一定時期後，用抽簽方式取得不動產等財產作爲償還的一種公司組織。

** 臺灣水泥公司、臺灣紙業公司、臺灣農林公司、臺灣工礦公司四家公司於 1953 年農地改革時已被作爲地價賠償金的一部分，轉讓給原地主民營。

資料來源：（1）《臺灣建設》上下冊，臺北正中書局，1950 年版，第 408-548 頁。（2）臺灣銀行經濟研究室《臺灣銀行季刊》第 1 卷第 3 期，第 95-159 頁；第 12 卷第 3 期（1961 年）第 1-42 頁，第 13 卷第 4 期（1962 年）第 151 頁。（3）臺灣銀行經濟研究室，臺灣研究叢刊第 66 種《臺灣之工業論叢》卷二，第 14、17、61 頁。（4）譚玉佐編《中國重要銀行發展史》，臺北聯合出版中心，1961 年版，第 409-410 頁。（5）中國工程師學會編《臺灣工業復興史》，臺北 1960 年版。

砂糖、油電、金融機構、煙酒等變成獨占或聯合壟斷的國營企業之後，其生產、訂價、銷售等政府都可以直接介入。而直接影響臺灣戰後初期惡性通貨膨脹的原因，則是因爲國民政府將這些日資民營企業國營化和獨占化之後，讓臺灣銀行持續對這些國營企業放款所致〔註 75〕。臺灣銀行在戰後初期成爲臺灣的獨占銀行，下表爲臺灣銀行資產負債表：

表22　1945年十二月-1950年12月臺灣銀行資產負債表

單位：1949年五月以前爲舊臺幣百萬元，六月以後爲新臺幣百萬元

	1945.12	1946.12	1947.12	1948.12	1949.5	1949.12	1950.12
資產	3,794.9	12,430.2	60,472.0	796,673.8	n.a.	954.3	2,065.0
放款	1,477.2	5,544.0	30,569.3	199,531.0	1,874,428.0	419.1	828.3
對政府機構	n.a.	n.a.	7,443.3	64,695.0	1,106,311.0	259.7	348.6
存放同業	4.3	244.5	2,617.0	153,225.8	108,782.9	33.9	135.4
各部往來	2,054.0	934.9	9,145.9	21,483.0	n.a.	84.9	71.9
發行準備	–	5,029.2	14,489.5	139,397.1	n.a.	197.6	282.1
其他資產	259.4	677.6	3,650.3	283,036.9	n.a.	218.8	747.3
負債	3,794.9	12,430.2	60,472.0	796,673.8	n.a.	954.3	2,065.0
鈔券發行	2,311.8	5,330.6	17,133.2	142,040.8	509,351.7	197.6	297.9
定額本票	–	–	–	78,676.1	952,901.9	–	–
存款	1,386.3	3,627.8	9,362.9	296,112.5	n.a.	155.2	758.9
抵繳存款準備	–	0.0	10,089.5	47,782.5	n.a.	252.0	73.6
其他負債	96.8	3,471.8	23,886.4	310,738.0	n.a.	349.5	934.6

註：資料調整方法請見吳聰敏（1994），附錄3。– 代表無此項科目, n.a.代表無資料。1946年五月爲該月十八日之數字。

資料來源：參見吳聰敏（1994），表3。

若再檢視臺灣銀行貨幣發行與存放款的狀況，可以發現是大幅度的增加，其中放款大於存款，信用已有過度氾濫的現象。而當時臺銀最重要的放款對象是國營企業。

〔註 75〕吳聰敏（1997），頁540。

表 23　1945 年九月-1946 年十二月臺灣銀行貨幣發行與存放款

單位：舊臺幣百萬元

日　期	貨幣發行	存 款	對企業放款餘額	代墊日本國庫款	對省公庫墊借款
1945 年 9 月	2,285.61	501.02	869.52	-8.60	0.00
12 月	2,311.75	1,368.76	1,054.47	422.68	-17.53
1946 年 3 月	2,635.01	1,651.13	1,434.63	440.44	333.25
5 月 18 日	3,341.33	1,960.64	1,730.59	445.41	776.55
5 月 31 日	3,358.39	2,275.83	2,206.70	445.41	1,308.70
9 月	4,306.30	3,818.87	3,574.60	445.41	1,791.00
12 月	5,330.59	4,167.51	7,074.40	445.41	2,000.00

註：1946 年五月底開始對企業放款數據來自於放款總額扣除公庫墊借款與代墊日本國庫款。

資料來源：(1) 1946 年五月十八日以前，大藏省管理局 (1985)，頁 134-139。(2) 1946 年五月底開始，取自《臺灣金融經濟月報》第四號，1947 年三月。

臺銀的放款與貨幣發行有密切關係，因此可知在引發惡性通貨膨脹的過程中，對國營事業體借入資金爲數過於龐大，又運用不當，貨幣發行額不斷攀升，所以使得惡性通貨膨脹加速。

二、管　制

如第一節所述，日治末期基於戰爭需要，臺灣總督嚴格管制糧食的生產與配給〔註 76〕，戰爭結束之後行政長官公署卻繼續沿用戰時的管制辦法〔註 77〕。行政長官公署除了以不合理低價徵收稻米之外，也積欠徵收稻米之價款〔註 78〕。長官公署的不當政策惡化了糧食供給不足的問題，同時稻米出現黑市及走私出口現象〔註 79〕。

〔註 76〕日治末期之糧食控制由「臺灣食糧營團」負責。參見臺灣總督府 (1945)，《臺灣統治概要》，臺北，頁 395-407。

〔註 77〕臺灣省政府檔案，《臺灣省行政長官公署民政處電送日據時代法規應暫時保留意見表》/22394。

〔註 78〕戰後初期的糧食政策可以參考《臺灣一年來之糧政》(1946)，頁 7；臺灣省行政長官公署 (1946)，頁 153。

〔註 79〕臺灣省行政長官公署 (1947)，頁 138；張澤南 (1948)，頁 139-40。

除了稻米的管制，日治末期爲因應戰時需要，總督府 1944 年一月設立「臺灣重要物營團」，1945 年十月行政長官公署改名爲「臺灣省貿易公司，1946 年二月再改稱「臺灣省貿易局」，仍隸屬行政長官公署，1947 年六月改組爲「物資調節委員會」，主要掌管戰後臺灣對外的進出口貿易，尤其是對中國大陸進出口貿易，此一機構對臺灣經濟資源的控制扮演重要角色。不論貿易局或後來的貿易調節委員會都是在彌補財赤字的前提下，經管對外貿易〔註 80〕。由下表中可以看出 1946-1948 年的臺灣對外貿易幾乎集中於中國大陸。

表 24　1946-1948 年臺灣進出口總值統計

單位：舊臺幣百萬元

	進出口總值		進　　口		出　　口	
	對大陸	對外國	對大陸	對外國	對大陸	對外國
1946	3,555（94%）	211（6%）	1,046	38	2,308	173
1947	54,179（93%）	5,461（7%）	20,738	2,758	33,441	2,702
1948	357,882（96%）	55,898（4%）	170,761	16,751	187,120	3,9147

資料來源：臺灣省政府主計處編《臺灣貿易五十三年表》，轉引自陳榮富（1956），頁 149。

觀察上表 1946 與 1947 年臺灣貿易主要對中國大陸，對外的國際貿易額非常少，而這兩年臺灣對大陸貿易皆出現巨額順差。雖然臺灣貿易出超，但匯兌基卻常在緊迫狀態。其中主要原因在於中央在臺灣接收和徵購物資的價格極爲不利〔註 81〕，再加上臺幣對法幣之匯率受中央管制，出口商品收入折算臺幣之後，必然低於合理水準。所以 1947 年十月竟出現臺銀行必須向中央銀行貸款法幣 5,500 億元〔註 82〕。

國民政府強力干預臺幣對外幣之匯率，1946 年六月至 1948 年七月間，臺幣對美元的官方匯率及黑市匯率，官方匯率明顯高估臺幣幣值。此項外匯管

〔註 80〕陳榮富（1956），頁 150。

〔註 81〕張澤南（1948），頁 130。

〔註 82〕當時臺幣對法幣匯率爲 1 比 72。參見〈臺灣經濟日誌〉《臺灣銀行季刊》，1：4，頁 177。

制對臺灣的商品出口極爲不利〔註 83〕。

表 25　1946 年六月-1949 年六月美元對臺幣官價與市價之變動

單位：舊臺幣元

年　月	每一美元對臺幣官價			每一美元對臺幣市價		
	價 格	定基指數	環比指數	價 格	定基指數	環比指數
1946 年 6 月	67.34	100	—	103	100	—
12 月	95.72	143	143	240	233	233
1947 年 6 月	185	275	194	800	777	334
12 月	1,000	1,485	541	1,850	1,797	232
1948 年 6 月	736	1,093	74	6,100	5,923	330
12 月	25,850	38,388	3,513	33,000	32,039	541
1949 年 6 月	80,000	118,801	310	180,180	174,932	546

資料來源：陳榮富（1956），表 12。

1948 年八月十九日至十月底國民政府在大陸實施貨幣改革，廢止法幣，改用金圓券。臺灣雖然沒有發行新貨幣，但臺幣對金圓券匯率強迫固定匯率〔註 84〕。在固定匯率下，大量資金自大陸流入臺灣。自十一月十二日起臺幣對金圓券恢復浮動匯率，原先匯入之資金又流出臺灣。此項錯誤的匯率管制政策，也是促使臺灣通貨膨脹更形加劇的重要因素，同時臺灣銀行亦遭受到巨大的損失〔註 85〕。下表爲 1948 年八月至 1949 年七月臺灣對大陸匯款統計：

表 26　1948 年八月-1949 年七月臺灣對大陸匯款統計

單位：1948 年爲舊臺幣百萬元，1949 年爲金圓券百萬元

年　月	匯　出	匯　入
1948 年 8 月	9,467	15,301
9 月	8,480	44,304
10 月	8,062	68,219
11 月	70,659	47,382

〔註 83〕張澤南（1948），頁 18-20、49-50。

〔註 84〕中國第二歷史檔案館，國民政府財政部檔案（三）/1510。

〔註 85〕吳聰敏（1997），頁 539。

12 月	31,635	246,130
1949 年 1 月	1,466	1,652
2 月	4,156	3,672
3 月	38,241	39,274
4 月	227,030	308,060
5 月	2,701,500	2,832,000
6 月	-	6,701,200
7 月	14,167	21,052

資料來源：臺灣銀行經濟研究室編《臺灣之金融史料》，頁 38。

三、臺灣幣制改革——舊臺幣的發行

除此之外，從 1945 年到 1949 年國民政府接收臺灣，爲了與日本直接切斷過去的經濟連接，開始對貨幣進行清算。因此，在 1945 年十一月臺灣回歸中國時，所有流通中的貨幣皆不能兌換等值金銀。爲了穩定局勢及便利接收工作，允許臺灣銀行券繼續流通半年。1946 年五月二十二日，臺灣銀行發行新的地區性貨幣，稱爲「臺幣」(即後來通稱之舊臺幣)。其年底發行額爲 53 億圓，僅限於在臺灣地區流通，它與當時大陸上流通之「法幣」的匯率，規定爲 1 圓臺幣可換 30 圓法幣。臺幣的發行額須由中央政府認可；同時規定舊的銀行券可在六個月內按等值兌換成臺幣。在 1946 年年底，臺灣銀行贖回及銷毀的銀行券約計 36 億 1 千 1 百萬圓〔註 86〕。

這時臺灣採取地區性貨幣制度的主要目的，是希望能隔離大陸上日趨嚴重的通貨膨脹。自 1947 年下半年起，大陸局勢的惡化引起惡性通貨膨脹。中央政府授權臺灣省政府，按照上海與臺北兩地物價水準，自動調整臺幣對「法幣」的匯率。自 1948 年一月二十三日至同年八月十八日這一段不到七個月的期間內，臺幣對法幣的調整多達 74 次，由 1：92 演變到 1：1,635。其後大陸改革幣制失敗，「金圓券」的貶值情況尤爲悲慘，通貨膨脹隨政局之混亂與軍事的挫敗日益加速。改制之初，官方規定 18,350 圓臺幣兌換 1 圓金圓券的匯率，僅維持了兩個月。經過一連串的調整後，1949 年三月底臺灣對金圓券的匯率變成 3：1；再過兩個月後，成爲 1：2,000〔註 87〕。儘管臺幣對陸貨幣之匯率不斷機動調整，臺灣經濟在戰後仍呈現惡性的通貨膨脹。就貨幣面而論，

〔註 86〕朱傳豪（1965），〈臺灣貨幣發行紀要〉，《臺灣銀行季刊》，17：4，頁 62。
〔註 87〕臺灣銀行經濟研究室編（1953），《臺灣之金融史料》，頁 7-8。

預算的虧缺和信貸的擴張，造成了通貨供給的大量增加。中央政府全神貫注於大陸局勢的惡化，臺灣自身無法開展大規模的重建，而且大陸急劇的通貨膨脹也蔓延到臺灣。

表 27　1945 年十月-1948 年八月舊臺幣對法幣匯率調整

年 月 日	舊臺幣：法幣	年 月 日	舊臺幣：法幣	年 月 日	舊臺幣：法幣
1945.10.25	1：30	1948.03.04	1：145	0948.06.10	1：390
08.21	40	03.05	150	06.11	401
09.23	35	03.09	159	06.14	420
1947.04.24	40	03.10	165	06.15	445
05.16	44	03.11	169	06.16	463
06.22	51	03.12	189	06.18	477
07.03	65	03.16	195	06.19	506
09.01	72	03.18	202	06.21	521
11.13	76	03.20	210	06.23	552
11.22	79	03.25	205	06.25	563
12.03	84	04.06	210	06.26	653
12.24	90	04.08	218	06.28	685
1948.01.13	92	04.09	229	07.05	720
01.14	94	04.20	238	07.06	756
01.17	95	04.27	248	07.09	786
01.20	96	05.03	256	07.10	825
01.23	98	05.05	268	07.12	907
01.27	100	05.06	278	07.13	952
01.31	102	05.07	288	07.17	1,066
02.05	104	05.08	302	07.19	1,030
02.18	106	05.11	312	07.20	1,209
02.19	109	05.12	325	07.22	1,257
02.20	112	05.13	338	07.31	1,345
02.21	115	05.14	348	08.07	1,412
02.23	118	05.17	334	08.09	1,454
02.24	122	05.20	346	08.11	1,497
02.25	125	06.05	357	08.14	1,572
02.26	137	06.07	368	08.18	1,635
02.28	142	06.08	375		

資料來源：直接引自陳榮富（1956），表 12。

表 28　1948 年八月-1949 年五月舊臺幣對金圓券匯率調整

年 月 日	舊臺幣：金圓券	年 月 日	舊臺幣：金圓券	年 月 日	舊臺幣：金圓券
1948.08.23	1835：1	1949.02.03	53：1	1949.03.31	3：1
11.01	1000	02.04	48	04.07	220：100
11.11	600	02.05	40	04.08	200
11.26	370	02.07	35	04.09	150
12.22	350	02.10	32	04.11	100
12.24	332	02.11	30	04.13	90
12.25	305	02.12	25	04.16	60
12.28	275	02.14	22	04.18	50
12.29	247	02.16	20	04.19	30
12.30	222	02.17	18	04.21	25
1949.01.06	190	02.18	17	04.22	20
01.08	180	02.22	16	04.26	10
01.10	150	02.24	15	04.29	7
01.11	135	02.25	14	04.30	5
01.12	130	03.01	13	05.02	3
01.13	115	03.03	11	05.03	1
01.15	110	03.04	10	05.20	1：250
01.18	100	03.08	9	05.21	300
01.28	90	03.10	7	05.23	400
01.31	80	03.14	6	05.26	1,000
02.01	65	03.19	5	05.27	2,000
02.02	58	03.20	4		

資料來源：直接引自陳榮富（1956），表 12。

1948 年國、共兩黨內戰白熱化之際，國民政府對當時的戰局，做了最壞的打算，蔣介石開始積極地佈防臺灣，做退守臺灣的準備。1949 年一月十日，特命蔣經國赴上海轉告中央銀行總裁俞鴻鈞，將政府庫存黃金外匯密運臺灣，隨後任命陳誠負責臺灣省政，蔣經國負責臺灣的黨務。同時，鑒於社會大眾對持有臺幣失去信心，而貨幣體系又瀕於崩潰邊緣，國民政府曾劃撥經費抵付軍政墊款，並將進出口貿易及外匯管理交由臺灣省政府統籌調度，另撥助其金 80 萬兩作幣制改革的基金。同時也撥替 1,000 萬元美金作爲進口貿易運用基金，並於 1949 年六月十五日實施幣改革，展開一連串的穩定物價措施〔註 88〕。

〔註 88〕國史館財政部檔案，錢幣金融/中央銀行派員發行新臺幣案/032。

第四節　1949 年以後國民政府遷臺的困局

隨著國民黨 1949 年遷臺，大約 160 萬人從大陸來到臺灣，使臺灣人口增加四分之一強。由於這次人口流入和自然增長，臺灣人口從 1945 年的 600 萬增加到 1951 年的 800 多萬（包括軍隊）〔註 89〕。隨政府撤退來臺，包括很多公務員及軍人，爲了維持軍公教人員的生活，加重了政府的負擔。

從 1944 年初至 1950 年底，躉售物價指數上升爲 218,455.7 倍。平均而言，每年的物價上漲率是 676.1%，這是臺灣前所未有的惡性物價膨脹。如下表所示：

表 29　1944 年一月-1951 年十二月貨幣發行與躉售物價指數

單位：1949 年六月以前舊臺幣百萬元；1949 年六月以後新臺幣百萬元

年　月	貨幣發行	躉售物價指數	年　月	貨幣發行	躉售物價指數
1944. 1	436.5	169.0	1948. 1	17902.0	101097.8
2	445.9	169.3	2	21043.2	119332.9
3	474.5	169.3	3	22984.0	134318.1
4	494.5	175.0	4	24970.7	133801.7
5	506.0	178.7	5	29042.1	133129.6
6	537.9	178.9	6	35749.8	138180.7
7	562.7	179.5	7	40555.3	169378.0
8	586.8	180.0	8	50005.0	203090.6
9	626.4	180.7	9	64098.3	263480.1
10	678.5	181.4	10	100341.2	552356.5
11	718.1	181.0	11	126404.5	1082753.4
12	814.8	182.0	12	220716.9	980280.3
1945. 1	864.6	188.3	1949. 1	312599.3	1424461.1
2	940.0	188.3	2	394284.4	2234045.0
3	1040.0	220.5	3	468406.1	3030666.4
4	1131.2	228.7	4	668667.4	4440618.5
5	1226.1	233.7	5	1462253.6	9096439.1

〔註 89〕日治時期人口統計相當完整，但大部分僅只於 1943 年以前之人口數字，之後到 1951 年的人口統計數字，根據臺灣省行政長官公署（1946）第 3 頁、第 67 頁，以及臺灣省政府主計處（1971）第 28 頁，和《臺灣省統計要覽》各期所載人口總數而來。更詳細有關人口數字的統計與推估，尚可參考吳聰敏（1997），第 547-550 頁。

年　月	貨幣發行	躉售物價指數	年　月	貨幣發行	躉售物價指數
6	1332.8	237.4	6	2258200.0	14036938.2
7	1420.8	242.0	7	3137360.0	15062619.8
8	1670.7	1171.7	8	3774360.0	16129126.9
9	2304.0	2585.8	9	4497440.0	16676938.3
10	2916.9	2902.1	10	4870760.0	20054046.6
11	2654.3	3137.5	11	5777120.0	21776301.4
12	2330.8	3668.9	12	7905120.0	23425857.5
1946. 1	2456.1	4298.5	1950. 1	7574160.0	28511709.7
2	2561.1	6885.6	2	8524800.0	31979059.1
3	2635.0	9678.6	3	9216640.0	32849473.8
4	2756.7	10437.9	4	9462520.0	33991418.5
5	3358.4	12733.1	5	9455680.0	34977021.7
6	3466.1	11888.2	6	9377440.0	32853350.7
7	3747.5	15202.7	7	11167520.0	33048161.4
8	3911.3	14476.8	8	11136760.0	34346023.0
9	4030.9	15139.1	9	11413520.0	36336468.2
10	4160.9	15515.6	10	10524960.0	40337808.2
11	4427.5	14824.5	11	10319880.0	40687453.1
12	5330.6	16763.0	12	11516600.0	41143939.0
1947. 1	5689.0	17202.6	1951. 1	10915400.0	46273660.1
2	6418.7	25927.9	2	12669640.0	49131001.7
3	6956.5	30137.8	3	14164360.0	47753903.7
4	7496.0	32417.8	4	15022280.0	48476788.2
5	8881.2	35141.7	5	15571320.0	50226012.7
6	10250.7	38015.2	6	16653640.0	51479691.8
7	11025.1	40788.5	7	16333960.0	52029377.6
8	11321.5	45365.9	8	16851520.0	51779561.2
9	12565.6	52153.4	9	17737040.0	52945625.0
10	14185.7	69131.8	10	17646840.0	55873479.3
11	14638.0	83576.1	11	17490120.0	57336590.6
12	17133.2	93849.1	12	18917400.0	59782694.6

說明：躉售物價基期爲 1937 年六月=100。

資料來源：(1) 物價指數取自吳聰敏、高櫻芬（1991）。(2) 貨幣發行額 1945 年 12 月以前資料取自吳聰敏、高櫻芬（1991）。(3) 1946 年一月至 1949 年五月取自袁璧文（1984），〈臺灣之貨幣發行〉《臺灣銀行季刊》，20：1，頁 27-65。(4)1949 年六月至 1951 年十二月取自《臺灣金融年報》(1952)。

隨著大陸軍事局勢日益惡化，軍政機關陸續遷臺，中央軍政的墊借日益增大，使通貨發行激增，物價飛漲，臺灣省政府為求穩定，除採行若干緊急措施外，並開始著手改革幣制。於是 1949 年六月十五日臺灣省政府頒佈「新臺幣發行辦法」及「臺灣省幣制改革方案」〔註 90〕。雖然由下表的數字發現此次幣制改革未能即時顯著地遏止通貨膨脹，幣制改革之初，物價仍繼續上漲，至 1949 年下半年物價共上升了 82%，但已較改革前的惡性通貨膨脹時期緩和。

表 30　1949 年六月-1952 年十二月臺北市躉售物價指數

基期：1937 年＝100

年　月	指　數	定基指數	環比指數
1949 年 6 月	330.47	100	—
9 月	404.69	122	122
12 月	600.69	182	148
1950 年 3 月	804.31	243	134
6 月	812.81	246	101
9 月	968.15	293	119
12 月	1,132.92	343	117
1951 年 3 月	1,303.61	394	115
6 月	1,469.59	445	113
9 月	1,544.89	467	105
12 月	1,735.27	525	112
1952 年 3 月	1,873.77	567	108
6 月	1,818.51	550	97
9 月	1,793.62	543	99
12 月	1,793.87	543	100

資料來源：臺灣省政府主計處編（1959）《臺灣省物價統計月報》，頁 36-41。

〔註 90〕陳榮富（1956），頁 24。

第三章　政府爲抑制通貨膨脹所採取的政策與措施

二次戰後初期，臺灣遭受戰爭破壞，物嚴重缺乏，生產低落，稅收無著，而政府爲因應需要，支出浩繁，不得不藉助於通貨發行，於是自 1945-1949 年，通貨發行上升至 3,407 倍，M1（貨幣供應量）〔註 1〕上升至 3,355 倍。相對之下，在同一時期，臺北市躉售物價上升 3,728 倍，僅 1949 年一年便上升 35 倍〔註 2〕。政府赤字的擴張，外匯、黃金又有所限制，這些問題都未獲得改善，所以當蔣介石的國民政府在 1949 年來臺之後，加上隨國民政府遷臺又流入大量的人口〔註 3〕，種種因素讓通貨膨脹如脫韁野馬，以致發生惡性通貨膨脹。爲了抑制通膨，當時政府採取了許多反通膨政策，如貨幣政策、財政政策、外匯政策，這些政策或多或少發揮了效果，最後加上美援的到來，臺灣才慢慢的脫離惡性的通貨膨脹。

1948 年底國民政府命陳誠接任臺灣主席，爲遷臺作準備工作。陳氏於 1949 年一月到任，集中全力於經濟情勢的改善，並於 1949 年六月成立臺灣

〔註 1〕 貨幣供應量（M1），M1=通貨+存款貨幣。通貨：流通在外的鑄幣與紙幣。流通在外是指非留存於中央銀行中。存款貨幣：爲支票存款及活期存款。

〔註 2〕 臺灣省政府主計處編，《臺灣省物價統計月報》，1959 年十二月，頁 36-41。

〔註 3〕 大量的軍人移入使消費商品的需求增加，生產則不能同幅上漲。行政院主計處（1995）《民國三十年至三十九年國內生產毛額研編結果審查資料》，估計 1950 年中軍人數目爲 48.6 萬人。有關戰後大陸來臺人口數之推估，參見吳聰敏（1997），〈1945-1949 年國民政府對臺灣的經濟政策〉《經濟論文叢刊》，25：4，頁 548。

區生產事業管理委員會〔註 4〕，主持經濟重建，全力恢復生產。

國民政府爲解決當時的惡性通貨膨脹問題，可說動用了當時流行及所能運用的所有反通貨膨脹政策，包括：

一、貨幣政策：收縮貨幣供應量的幣制改革、利率政策、拋售黃金等貨幣政策，希望從需求面解決問題。

二、外匯政策：在 1949 至 1951 年間實行嚴格的外匯管制，對外匯與貿易的價格及數量管制，並採取多達三十餘種複式匯率制度。其中包括 1949 年六月至 1951 年四月九日的結匯證制度，以及 1951 年四月九日實施的複式匯率。

三、財政政策：整頓舊稅、徵新稅、嚴格控制預算支出，縮小財政赤字，增加煙酒公賣收入，發售愛國獎券……等。

四、善用美援的政策等等。

不論這些政策或措施或者是美援運用，對當時通貨膨脹都有其作用，紓解某種程度的壓力，現將政府所運用之措施及政策詳加敘述如後。

第一節　貨幣政策

戰後臺灣曾歷經過二次幣制改革，第一次已於本論文第二章第三節第三項中的「臺灣貨幣改革——舊臺幣的發行」中討論過，而第二次的幣制改革則於 1949 年六月十五正式推行，以下論述新臺幣的幣改情況與影響。

一、幣制改革

戰後國民政府原擬在臺發行「中央銀行臺灣流通券」，但並未實施，而是延續日治末期臺灣銀行所發行的「臺灣銀行兌換券」繼續流通〔註 5〕。1946 年五月至 1949 年六月，此三年餘期間，爲避免臺灣受大陸惡性通貨膨脹影響，即建立所謂「防波堤」，因此在臺發行獨立通貨——臺幣（即舊臺幣），等值兌換臺灣銀行兌換券。其後，由於財政收支的鉅額赤字，及臺灣銀行對國營企業的放款，導致臺幣發行日趨膨脹〔註 6〕。加以資本設備尚未修復，物資供

〔註 4〕 中研院近史所：經濟檔案函目彙編（二），1993 年六月，頁 2-3。

〔註 5〕 國史館財政部檔案，《中央銀行臺灣流通券發行辦法》/033。臺灣省政府檔案，《臺灣銀行總行呈舊臺灣銀行法可否俟舊臺幣收竣後宣告廢止》/56174。

〔註 6〕 吳聰敏（1994），頁 142；吳聰敏（1997），頁 541。

應不足，大陸情勢動盪不安，民心深受影響，於是物價飛漲。1946年較1945年上升了197%；1947年較1946年上升了676%，而1948年較1947年更上漲了1,044%〔註7〕，此種惡性通膨，幾乎拖垮臺灣。隨著大陸金融形勢的惡化，臺灣無法完全防止來自大陸以外匯形式輸入的通貨膨脹。1949 年初大陸各地撤守，軍民大量來至臺灣，一時政治、軍事及經濟等因素的影響，通貨發行作倍數的增加，臺灣無法避免陷入惡性通貨膨脹。

臺灣躉售物價在1948前一年的120%，1949年則爲前一年的3,506%〔註8〕，惡性通貨通膨脹已經十分明顯，舊臺幣信用已幾乎完全喪失，勢難繼續流通，於是不得不於 1949 年六月改革幣制，發行新臺幣，此項辦法自在建立人民對新臺幣之信心，降低流通率，同時亦可藉對新舊臺幣兌換率之規定，降低人民手中購買力，以求減輕通貨膨脹壓力〔註9〕。於是政府於1949年六月十五日宣布發行新臺幣，以四萬舊臺幣對一元新臺幣之比例施行幣制改革，並以黃金、白銀、外匯及物資爲十足準備。自改制之後，物價飛漲的情形逐漸緩和，1950年較1949年之物價上漲比例爲305%，1951年較1950年爲66%，到了1952年更降爲23%〔註10〕

「臺灣省幣制改革方案」、及「新臺幣發行辦法」，其要點如下：（1）新臺幣指定由臺灣銀行發行；（2）發行總額以 2 億元爲限；（3）新臺幣對美元之匯率定爲新臺幣 1 元兌美金 2 角；（4）舊臺幣對新臺幣之兌換率爲 4 萬元折合新臺幣1元，限於1949年十二月三十一日前，無限制兌換新臺幣。在兌換期間，舊臺幣暫照上列折合率流通行使；（5）新臺幣以黃金、白銀及可以換取外匯之物資十足準備。此次幣制改革具有下列幾項特色〔註11〕：

（一）新臺幣發行總額採限額制，以 2 億元爲限；且採取黃金、白銀、外匯及可換成外匯之物資十足準備制。另外爲鞏固幣信，新臺幣在省內得透過黃金儲蓄辦法，兌換成黃金；在省外得透過進出口貿易，兌換進口所需的外匯。

（二）除以新貨幣單位取代舊貨幣單位外，提高貨幣單位價值，以縮減

〔註7〕黃添昌（1985），〈金融與經濟發展〉，收錄於臺灣省政府新聞處編《臺灣經濟發展的經驗與模式》，頁195。

〔註8〕臺灣省政府主計處編（1959），《臺灣省物價統計月報》，頁36-41。

〔註9〕臺灣省行政長官公署統計室編印，《臺灣省五十一年來統計提要》，頁88。

〔註10〕黃添昌（1985），頁195。

〔註11〕陳榮富（1956），頁88。

新貨幣的發行額，希冀能藉此除去經濟內的過剩購買力，使支出流量減少，以穩定貨幣與經濟局勢。

（三）除了幣制改革本身外，尚配合有下列措施：如整理財政收支、嚴格運用資金、勸募愛國公債、發行節約儲蓄券、拋售物資、處理日產等。

當時尚設有新臺幣發行監理委員會，專責控制發行，以安定金融物價。然此次幣制改革仍未能有效遏止通貨膨脹，幣制改革之初，物價仍繼續上漲〔註 12〕，至 1949 年下半年物價共上升了 82%，如下表，但已較改革前的惡性通貨膨脹時期緩和。

表 31　1949 年六月-1953 年十二月臺北市躉售物價指數

基期：26 年＝100

年　　月	指　數	定基指數	環比指數
1949 年 6 月	330.47	100	—
9 月	404.69	122	122
12 月	600.69	182	148
1950 年 3 月	804.31	243	134
6 月	812.81	246	101
9 月	968.15	293	119
12 月	1,132.92	343	117
1951 年 3 月	1,303.61	394	115
6 月	1,469.59	445	113
9 月	1,544.89	467	105
12 月	1,735.27	525	112
1952 年 3 月	1,873.77	567	108
6 月	1,818.51	550	97
9 月	1,793.62	543	99
12 月	1,793.87	543	100
1953 年 3 月	1,877.64	568	105
6 月	1,956.52	592	104
9 月	2,049.96	620	105
12 月	2,080.11	629	101

資料來源：臺灣省政府主計處編（1959），《臺灣省物價統計月報》，頁 36-41。

〔註 12〕黃添昌（1985），頁 195。

爲抑制通貨膨脹，訂定新臺幣發行總額以 2 億元（折合四千萬美元）爲最高限額，發行初期，物價確有一短暫時期之穩定，但在財政赤字及銀行信用擴充難以控制之下，發行量早在 1949 年年底以已突破 2 億元限額而有所謂限制發行。1949 年十二月發行量爲 2 億 9,300 萬元，1950 年底則達 5 億 8,400 萬元，1951 年及 1952 年底各爲 9 億 4,000 萬及 13 億 3,600 萬元〔註 13〕。

在發行新臺幣的先後，政府亦採取了若干緊縮性配合措施，包括臺灣銀行黃金儲蓄辦法，發行愛國公債，發行節約儲蓄券，拋售儲存之戰時物資，處理日產以及整理財政收支，嚴格控制預算。但物價在 1950 年仍爲前一年 40.6%，仍然是一個高膨脹率〔註 14〕。

1949 年六月公布「新臺幣發行辦法」，實行幣制改革。根據辦法，舊臺幣以 4 萬元兌換 1 元新臺幣，發行量限爲 2 億元，以黃金、白銀、外匯、及可以換取外匯之物資爲十足準備，規定與美金兌換率爲 1 美元對新臺幣 5 元〔註 15〕，並先於五月公布「臺灣發行黃金辦法」，以吸收部分通貨回籠〔註 16〕。

又同時頒布「臺灣省進出口貿易及匯兌金銀管理辦法」，嚴格控制貿易及外匯，使有限之外匯能用於最重要物資之進口上，及避免外匯匱缺影響新臺幣對外價值之穩定〔註 17〕。

其措施不外增加生產，充裕物資供應；控制貨幣發行以穩定新臺幣對內價值及控制貿易與外匯，以穩定新臺幣對外價值。當然，所有措施與政策會互爲影響，互相增強，最後期望達成全面經濟穩定。在上項措施下，再加上自 1951 會計年度起美援陸續到達，1950 年臺北市躉售物價僅上升三倍，1951 年上升 66%，1952 年上升 23%，惡性通貨膨脹遂告遏止。爲了解國民政府來臺後物價變動的過程，茲將 1949 年以來的躉售物價年變動率列表如下：

〔註 13〕張仁明（1959），〈臺灣之貨幣供給與貨幣流量〉，《臺灣銀行季刊》，20：1，頁 68。
〔註 14〕臺灣省政府主計處編（1959），《臺灣省物價統計月報》，頁 36-41。
〔註 15〕臺灣省行政長官公署統計室編印（1969），《臺灣省五十一年來統計提要》，頁 88。
〔註 16〕林霖（1952），頁 39。
〔註 17〕臺灣銀行經濟研究室編（1953），《臺灣之金融史料》，頁 95。

表 32　1949-1958 年躉售物價年變動率

年　別	較前一年上升率
1949	3406.0
1950	305.5
1951	66.0
1952	23.1
1953	8.8
1954	2.4

註：1949-1952 年係臺北市躉售物價，1953-1954 年係臺灣省躉售物價。

資料來源：（1）1949-1952 年臺灣省政府主計處編印《臺灣物物價統計月報》。（2）1953-1954 行政院經濟建設委員會《統計手冊 *Taiwan Statistical Data Books*》。

由上表可以看出，1952 年起，臺灣惡性通貨膨脹已受到控制。自 1956 年以後便進入正常狀態。

二、黃金政策

於 1949 年六月十五日，實施幣制改革，由臺灣省政府公佈「臺灣省幣制改革方案」（附錄二）、「新臺幣發行辦法」（附錄三）、「臺灣省進出口貿易及匯兌金銀管理辦法」（附錄四）、及「修正臺灣銀行黃金儲蓄辦法」等。

政府於 1949 年五月二十日即已開辦黃金儲蓄存款，六月十五日發行新臺幣後，仍繼續辦理。根據幣制改革方案（甲）第七條的規定：「為鞏固幣信計，新臺幣在省內得透過黃金儲蓄辦法，兌換黃金；在省外得透過進出口貿易，兌換進口所需外匯，再由臺灣銀行以平準基金運用調劑，以求幣值穩定。」同時依據當時財政廳發表的書面報告，亦指出臺灣銀行所舉辦的黃金儲蓄，即等於以新臺幣兌換黃金；此外，並可結購進口物資，即可以新臺幣兌換外幣，以進口物資。如此對內可以兌換黃金，對外可兌換外匯物資，以求幣值的鞏固〔註 18〕。當時依據新臺幣發辦法第五條規定：新臺幣對美元之匯率，為新臺幣 1 元兌美金 2 角，而當時 35 美元合純金 1 盎司，實際上新臺幣已與黃金間接聯繫。

辦理黃金儲蓄的動機，大約有下列幾點：

〔註 18〕林霖（1952），頁 39。

（1）藉直接與黃金的兌換，消弭人民對紙幣的不信任。

（2）直接藉維持金價於一定水準，間接可直接維持物價的穩定，此乃基於人民視黃金爲保值工具。

（3）藉庫存黃金的出售，以收縮新臺幣，彌補收不足，減輕通貨膨脹壓力。此乃由於當時中央在臺的軍政支出，與臺灣省的財政支出，遠在租稅收入之上。因此透過黃金儲蓄方法，動用庫存現金，吸收一部份的新臺幣，藉以抵補收支的赤字。

臺灣省政府爲配合幣制改革，於改革方案實施之日同時公佈「修正臺灣銀行黃金儲蓄存款辦法」。與原黃金儲蓄辦法之差異有下列數點〔註19〕：

（1）擴大辦理的地區，自原有的臺北、臺中、臺南、高雄、基隆五大都市擴及全省。

（2）縮短兌取黃金的期限，將原來須存滿一個月的限制，改成只要存滿十天後即可兌取黃金。

（3）將原每戶每月存入最高額不得超過五十市兩的限制，改成每戶每十二個計支取黃金條塊總額，不得超過五十市兩的規定。又黃金一市錢以下的零數，一律折付新臺幣。

由上述修改後的黃金政策上看來，第1、2兩項係從地區上與期間上便利新臺幣兌換黃金條塊，藉以加強人民對幣制信心。第3項則在防止大存戶大量套購臺灣銀行庫存黃金條塊。

黃金政策實施的效果，與黃金存兌價格有密切關係，如黃金公定價低於黃金市價，則將產生套購甚至走私出口現象，將重蹈大陸時期黃金枯竭的覆轍。

從黃金公定價格的變動情形看，自創辦黃金儲蓄存款以來，至1950年十二月止〔註20〕，黃金的公定價格，在1949年六月十五日以前，每臺兩合舊臺幣1,440萬元〔註21〕，而臺北市市價則爲1,730萬元，二者相差290萬元。公定價格低於一般市價，存戶在存款到期提取時，必然支取黃金實物，必然使存戶儘量以舊臺幣存入來支取黃金，而有套購黃金的傾向。及至改制爲新臺幣時，公定價格改爲每市兩合新臺幣280元（折合每臺兩爲330元），當時臺

〔註19〕潘志奇（1980），第頁109。

〔註20〕根據1949年五月十七日臺灣省政府訂定「臺灣銀行黃金儲蓄辦法」，黃金公定價格，由閩臺行署監察委員、省參議會、省政府財政廳、物資調節委員會及臺灣銀行派代表一人，及省主席指定人員，參照各地市況逐日議定公告之。

〔註21〕臺灣銀行經濟研究室編（1953），《臺灣之金融史料》，頁95。

北市黃金市價每臺兩買進價格爲 357 元，賣出爲 365 元，依然是公定價格低於市價，只是差距較小而已，亦難避免存戶套購黃金的意向。

及至 1950 年六月十六日政府爲彌補軍政需要，發行「節約建國有獎儲蓄券」，黃金儲蓄開始搭配儲蓄券，搭配數額是隨官價與市價的距離而逐日掛牌，儲蓄券雖能到期還本，但黃金官價等於變相提高。至七月十六日起，儲蓄券不再發行，改搭配愛國公債，每市兩搭配 135 元。因此發生黃金官價高過市價的情形，自然不能產生吸收儲蓄的作用。

就黃金的走私出口而言，既然允許人民可依官價向臺灣銀行要求兌換黃金，同時也可照市價在市場上出售所兌得的黃金，但卻不准人民將黃金輸出，於是走私出口，層出不窮。且透過黃金儲蓄存款所提取的黃金，運往香港，可獲差額利益。投機者乃利用黃金儲蓄所得的黃金，走私出口牟利。

當初實行此一政策的目的是期望能穩定幣值，和透過金價以穩定物價及彌補財政收支。就上述幾點可知，黃金儲蓄所吸收的貨幣額，共達新臺幣四億四千餘萬元，超過了當時新臺幣發行限額的兩倍以上，對於當時的經濟穩定不無裨益。而此段期間的黃金漲了 23%，與變動相較，金價尚算穩定。惟其最後的目的，乃在穩定物價，而上述期間內，物價卻上漲 144%，可見收效不大。即此一政策，短期間內在某種程度上，尚能達到其所擬實現的目的；惟與其他政策的配合上，並不理想，此一政策最後亦因黃金準備有限，於 1950 年十二月二十七日，終告停止〔註 22〕。

至此改幣之初用以增加新臺幣信用的條件皆以消除，可知這些條件僅是非常動亂時期的權宜之計，而十足準備金亦只能充應急用而不能眞正兌現。至 1951 年 4 月新金融措施公佈，臺灣幣制始眞正走向管理通貨的途徑。

1949 年五月二十日根據臺灣省幣制改革方案規定：「爲鞏固幣信計，新臺幣在省內得透過黃金儲蓄辦法，兌換黃金，在省外得透過進出口貿易，兌換進口所需外匯，再由臺灣銀行以平準基金運用調劑，以求幣値穩定。」此實即新臺幣可以兌換黃金與外匯，以換取人民對新臺幣之信心。開始規定人民將新臺幣 280 元存入臺灣銀行，經過十天即可取得黃金一市兩。由於此一黃金價格隨著新臺幣貶值愈來愈低於市場價格，隨後復規定搭配節約儲蓄券，再改配愛國公債，以變相提高黃金價格。終以黃金儲蓄有限，而新臺幣發行量增加不已，難以爲繼，於 1950 年十二月停辦，歷時十八個月，吸收新臺幣

〔註 22〕臺灣銀行經濟研究室編（1953），《臺灣之金融史料》，頁 74。

四億四千餘萬元，除此以外，在黃金美鈔黑市價格劇烈波動時，政府亦透過黑市管道拋售黃金美鈔予以壓抑〔註23〕。

三、利率政策

利率是資金的價格，利息爲儲存資金時的報酬，利率隨貨幣供給鬆緊而起伏，每當貨幣供給大於貨幣需求時，利率便會下降，如貨幣需求高於供給則利率自將上升。這是數量影響到價格。從另一個角度來看，如果利率上升，則貨幣需求將下降，而貨幣供給會上升，即有效增加；如果利率下降則反之，這是價格影響數量。利率的變動，涉及持有資金或進行投資的成本，影響經濟層面極廣，直接或間接對整個經濟產生影響。

（一）高利率政策的採行

在1949年間，因爲因應戰爭所需而發行大量通貨，造成激烈的通貨膨脹，也引發了「高利貸」與「地下錢莊」前所未有的活躍。在都市中，因爲銀行和地下資金市場間或有競爭，利率可能存有下跌的傾向。而在較偏僻的地區或農村，因爲金融機構的普及率低，地下資金仍是主要的供給來源，因而造成了農戶和小型企業被高利貸業者嚴重剝削的情形〔註24〕。但在其時，國營銀行的利率卻僅爲民間的資金市場利率的五分之一左右，詳見下表。

表33　1949-1953年民間與銀行的利率變化表

月利率（%）

	民間利率				銀行利率			
	臺北市		鳳山鎮		臺灣銀行		其他銀行	
	信用貸	擔保貸	信用貸	擔保貸	信用貸	擔保貸	信用貸	擔保貸
1949（6月）	41.1	37.7	-	-	8.1	-	12.0	10.8
1949	17.4	15.0	-	-	3.9	-	9.9	8.4
1950	12.0	10.5	-	-	3.9	-	3.9	3.3
151	10.5	9.0	-	-	4.8	-	4.8	4.5
1952	6.6	5.5	6.5	5.5	3.3	-	3.3	3.0
1953	4.3	3.5	4.0	3.0	2.4	-	2.4	2.25

資料來源：中央銀行經濟研究處編（1965），《中華民國臺灣金融統計月報》，頁67-68。

〔註23〕有關黃金儲蓄存款辦法的分析，詳見林霖（1952）。
〔註24〕劉進慶（1992），頁299-301。

表 34　1949-1953 年臺灣銀行存款利率表

單位：年息%

年　度	乙種活期	通知存款	三個月定期
	Demand Deposits	Notice Deposits	TD 3 months
1949/05/01	21.60	28.80	72.00
1949/09/15	16.20	21.60	54.00
1950/07/01	8.10	10.80	27.00
1952/11/30	8.10	10.80	21.60
1953/07/16	5.40	7.20	16.20

資料來源：臺灣銀行（1956），業務部資料統計。

低利率造成資金不願流至銀行體系，而耽於地下資金市場或囤積財貨、貴金屬、不動產及外匯等無生產力的資產。由於銀行的利率如此低，使得資金有超額需求，政府別無他法而以發行通貨來支應，更造成了物價加速上揚，黑市也更加興盛。於是便出現了向銀行低利貸款，再介入黑市貸放的套利行爲。當時著名的經濟學家蔣碩傑更不斷的向執政當局建言，應將低利率政策轉爲高利率政策，使得民間儲蓄願意流向銀行體系，不但可以使資金用於生產性用途，更可配合著當時臺幣貶值及貿易自由化的趨勢，讓臺灣的出口產業蓬勃發展〔註 25〕。雖在 1949 年六月改革幣制後，通膨的現象剛開始暫時被壓抑住〔註 26〕，但是臺灣在財政赤字與銀行信用不斷增加之下，二億元發行限額隨即衝破，物價有隨時上揚之勢，同時在資金供給上也沒有相對應的措施，國營銀行對國營企業與民營企業的放款態度仍有差距〔註 27〕。此狀況使得民間投資者對於地下資金市場更加依賴〔註 28〕，黑市利率也隨之水漲船高，當時民間的放款利率，約爲銀行的五到二倍左右；針對此現象，經濟學專家均曾對此時國營銀行的低利政策提出批評與建議；如陳海澄、陸宗騏與劉全忠委員認爲，利息是反制通貨膨脹的最佳工具，但是當時國營銀行卻採取完全相反的策略，一方面大量發行通貨，卻又不提高利率使得通貨回籠緊

〔註 25〕蔣碩傑（1976），利率、匯率與經濟發展，經濟日報，1976 年九月十六日至十八日；Hsing（1995），pp.63-4。
〔註 26〕吳聰敏（1994），頁 143。
〔註 27〕公報第十五會期第三期，頁 137。
〔註 28〕公報第十五會期第四期，頁 26。

縮信用，引導資金流回銀行體系〔註 29〕，使得信用膨脹加上通貨膨脹，而引起了眾多不良現象〔註 30〕。而程烈委員亦指出公家銀行存款利息既低，游資自然傾向於高利貸，如此一來，物價便易上漲。低利率政策是否應繼續採行，值得當局考慮〔註 31〕。謝仁釗委員更表示，今日臺灣缺乏資金，如何使游資納入儲蓄，再由儲蓄轉到生產。本國資金來源一是銀行一是黑市，黑市利息高達三四分，銀行利息不到兩分。工商業又無法獲得銀行貸款，自然求助於黑市，卻往往爲利息拖垮。因此銀行利息寧可稍高，盡量吸收游資，然後放寬貸款，以免工商業發生困難〔註 32〕。事實證明，自利率緩步上升之後，對當時通貨膨脹現象確有助益〔註 33〕。

綜觀當時之物價與利率，物價高漲實爲一顯而易見之經濟現象，不但使得當時的民心不安，更讓資金流於非生產性之投資而亟於囤積實物以求保值。當時採取的低利率政策更使得資金流向地下資金市場。而當時執政當局採取低利率政策之因，可能因爲國營銀行必須對虧損累累的國營企業作長期放款，必須政策性的降低國營事業的資金成本所致〔註 34〕，但此舉卻成爲造成物價膨脹的重要原因之一。並且銀行對於民營企業的放款態度十分保守，使得民間企業只能求助於地下資金市場；資金市場的供需不均，是使得高利貸盛行的重要因素。

（二）優利存款政策

1950 年三月政府開辦優利存款，一個月期優利存款爲月息 7%，按複利計算年息爲 125%，此一利率對部分有儲蓄者頗具吸引力，故頗能吸收社會剩餘資金。但由於臺銀利息負擔太重，吸收見效後，即於六月將利率降低一半，爲一個月期月息 3.5%。以後則升降不一，至 1952 年底停止，月息爲 2%，存款餘額爲四億五千七百萬元。在整個辦理期間，仍低於市場利率，後者約爲前者之二至三倍，市場利率之高，當包括巨大風險在內〔註 35〕。

〔註 29〕公報第二十會期第二期，頁 14、頁 94。
〔註 30〕公報第十五會期第三期，頁 137。
〔註 31〕公報第十五會期第四期，頁 26。
〔註 32〕公報第二十六會期第三期，頁 30-31。
〔註 33〕Hsing（1995）, pp.64；Scitovsky（1986）, pp.139.
〔註 34〕公報第二十會期第二期，頁 17。公報第十五會期第四期，頁 27。公報第二十三會期第一期，頁 37。公報第二十七會期第十二期，頁 79。
〔註 35〕許榮昌（1953），〈臺灣優利存款之研究〉，《臺灣銀行季刊》，第 5 卷第 4 期，

爲避免大陸貨幣崩潰歷史重演，臺灣採取以定期存款方式，凍結大部份已支給大眾之貨幣。此項措施之陳義並非創新；各國所實施之戰時強制儲蓄計劃，至今仍有些人記憶猶新。然以當時情況而言，如果實行強制儲蓄，則其結果將被視同增加租稅，不受歡迎。當時物價每年上升率高達 85%，政府財務地位實不穩固，欲以愛國動機來說服民眾將其資金轉爲公債或儲蓄存款，希望甚微。其唯一可行之途，即運用具誘力之利率，以誘導大眾儲蓄。

在高度通貨膨脹率下，顯然必需有極高之利率，方足以鼓勵多數人民以其過剩貨幣購買債權，而不換取實物。大多數國度之政府於遭遇相似之戰後問題時，大都不能克服一般認爲即使其他物價飛漲，而利率仍應保持在一「合理」水準的錯覺。1950 年三月，臺灣採行一種形式上利率極高之特別定期存款制度－優利存款制度。因爲在高度通貨膨脹之情況下，大眾不可能作長期性的存款。因而上述存款開始推行時，其存期分別爲一個月、二個月與三個月。一個月期優利存款月息爲 7%；如按複利計算，年息爲一 25%。此項高利率即在通貨膨脹之情況下，仍對儲蓄者具有誘力。因此，銀行系統之定期存款乃自 1950 年初期之新臺幣 200 萬元〔註 36〕，上升至同年八月之 3,700 萬元，僅稍低於貨幣供給淨額之 5%。上述期間，物價暫停上漲；而自 1950 年五月至七月間，躉售物價指數尚告下跌。政府受此次成功之鼓勵，乃於 1950 年七月遽將利率降低一半：即一個月期之存款月息降至 3.5%。此一措施阻止了定期存款之迅速增加，而其總額並略爲下降。儘管如此，政府於同年十月復將一個月期存款之月息降至 3.0%；但此時適值八月份物價又復上漲，以致激起許多存戶提取其存款。至 1951 年一月，優利存款總額降至新臺幣 2,100 萬元。於是，政府於 1951 年三月復將一個月期存款利率提高至月息 4.2%（若按複利計算，年息爲 64%），並在其後十三個月中，一直維持此一利率水準〔註 37〕。

1951 年優利存款總額逐步上升，至該年九月達 1 億 6,000 餘萬元，超過貨幣供給淨額之 17%。在該年最後三個月中，此項增加始趨緩慢；但於 1952 年一月又再度上升。至 1953 年四月，其總額已增至 3 億 5,000 萬元，達貨幣給淨額之 38%。當時，政府認爲大眾對貨幣之信心既已逐漸建立，乃採行月

頁 102。

〔註 36〕自 1960 年七月一日以來，新臺幣對美元之匯率大致爲 40：1。在 1950 年代，則大都採複式匯率。

〔註 37〕許榮昌（1953），頁 104。

息 4.2%之六個月期定期存款。同時政府亦逐步將存款利率予以降低，惟其方法較之 1952 年更爲謹慎：蓋當年利率大幅降低曾使儲蓄者不願將其存單展期。在 1952 年間，約每隔兩個月即降低 0.5%，但有一次係隔一個月即予低 0.5%者。當利率降低至月息 3.0%時，存款之增加又告暫停；然貨幣供給額與物價則皆相當穩定，故 1952 年最後三個月，利率更降低至月息 2.0%。在八月以後，定期存款開始下降，儲蓄者亦顯已覺察此一利率下降之趨勢。於是貨幣供給額又再度增加，而從十二月起，物價又有重新上漲之趨勢〔註 38〕。

自此以後，幾個月來利率均未繼續下降，而定期存款亦再度開始上升，僅其幅度較一年以前緩慢而已。1953 年四月又增辦月息 3.0%之一年期存款。此後存款繼續上升，而以一個月期者增加最多。至 1953 年七月，存款總額已上升至 6 億 5,000 萬元，約爲貨幣供給淨額之 50%。當時，政府當局認爲再度降低利率並無危險，故在 1953 年下半年，利率兩度降低，一個月期之存款之利率自 2%降至 1.2%；三個月期者自 2.15%降至 1.3%；六個月期者自 2.3%降至 1.5%；而一年期者則自 3%降至 2%。此一措施使使短期存款迅速移爲長期之存款，尤以移轉爲六個月期者居多。在 1953 年六月，一個月期與三個月期者佔存款額之 75%。但至該年十二月，六個月期與一年期者，則約達當時存款總額之一半。1954 年，存款再度增加；其中以六個月期者最受歡迎。此一結果，導致利率於 1954 年七月再度降低，惟降低之結果又使其後幾個月之存款增加趨緩。1955 年存款加速增加；該年九月，總存款額上升至 8 億 7,600 百萬元（此處及以下之資料，皆獲優利定期存款而言。）爲貨幣供給淨額之 32%〔註 39〕。

由於存款增加如此之速，在 1955 年後期至 1956 年初期，政府當局擔心此種增長將爲增加流動性之主要來源，雖然在 1955 年年底，存款總額中有 58%係屬六個月期與一年期者。當時有人認爲：存款雖屬長期，但存戶獲得借款之優惠，以及存單可用爲質押，皆能使所有存款具有度流動。因此，在 1956 年三月利率之調整，乃使短期性存款較不具引誘力。一個月期之存款利率降低幅度爲一五%，三個月期者爲九%。至於較長期之存款，則分爲可質押者及不可質押者兩種；後者六個月期及一年期之存款利率分別較前者高約 15.4%及 12.5%。至同年六月，政府復規定所有存款皆不得用爲借款之質押品。

〔註 38〕許榮昌（1953），頁 120。
〔註 39〕許榮昌（1953），頁 119。

由於此項變更，許多存戶乃將其一個月期久存款轉爲報酬較高之三個月期，以六個月期者轉爲一年期，至 1956 年年底，定期存款中有 26.9%係屬一年者。然大多數人仍認此一較高之利率，不足以抵償流動性之損失。過去最受歡迎之六個月期存款乃大幅下降，而優利存款總額亦告減低。因此，1956 年年底之存款總額乃較上年年底減少。

政府規定不得以存款爲抵押之顧慮，似屬過當。蓋優利存款對利率之變更，固極爲敏感，但其本身並未呈現特殊之揮發性。且以過去之趨勢而論，維持此項存款之最佳保證，即使之具有類似投資之誘力。欲達成此一目的，必需採較具彈性之利率政策，始能獲效。

1957 年七月，開始舉辦兩年期之優利存款。同時，一般款利率亦均予降低。兩年期存款利率（月息 1.8%）與過去一年期存款利率相同；而此時一年期存款利率則降低至月息 1.35%。因一個月期存款停辦，而月息僅 0.85%之三個月期存款又不受歡迎，故一年期存款成爲最受歡迎的對象。在 1958 年，一年期年款之數額增加一倍以上。六個月期存款亦大量增加，自 1957 年中期至 1958 年年底約增加一倍。至 1958 年年底，優利存款總額達十五億零八百萬元，爲貨幣供給淨額之 29%。此項總額之一半爲一年期存款，而六個月期存款則佔三分之一。前者之利率爲月息 1.65%，而後者則爲月息 1.35%。月息 0.85%之三月期存款及月息 1.8%之兩年期存款，則共佔存款總額之 17%。所有優利定期存款皆於 1958 年年底停辦，納入普通定期存款之常軌。最初，政府以期限極短而表面極高之利率，來誘導儲蓄者將其貨幣存入銀行。事實上，當時儲蓄之眞正報酬並非過份，蓋 1951 年通貨膨年率達 52%，故一個月期優利存款名義上之利率雖達 64%，而其實實報酬僅爲 12%。迨透過優利存款吸收流動性，使通貨膨能得部份控制，名義上之利率雖予降低，而儲蓄者仍能獲得較高之眞實報酬〔註 40〕。

以一次高利率吸收貨幣回籠之政策，頗受到國際重視，而認定爲一成功之政策〔註 41〕。事實上，當時抑制通貨膨脹係多管齊下，各種措施或多或少都有其影響力〔註 42〕。

〔註 40〕柳復起（1975），〈臺灣由通貨膨脹到經濟穩定的金融發展〉，《經濟論文》，專刊。

〔註 41〕美國聯邦理事會官員 Read J. Irvine 與 Robert F. Emery 曾撰寫專文載於 National Banking Review, 1966 年九月號，就優利存款利率發動、存款數額反應及物價變動作詳細對照分析。

〔註 42〕Sargent, Thomas J. and Wallace, Neil（1981）, “Some Unpleasant Monetarist Arithmetic,” Federal Reserve Bank of Minneapolis, *Quarterly Review*, Fall, 1-17.

臺灣利率政策，在經濟發展過程中，適應經濟發展階段的需要，發揮著不同的作用。在早期利率政策主要目的用來對抗通貨膨脹。1950 年三月，實施優利儲蓄辦法，以月息 7%的高利率吸收社會超額流動性貨幣，促使儲蓄增加，貨幣流通速度降低，物價上漲率減緩。1952 年物價上漲率已降爲個位數。自此，經濟漸趨穩定。

表 35　1949-1952 年臺灣重要經濟指標

期　間	貨幣供給淨額（新臺幣百萬元）	優利、有獎與定期存款（新臺幣百萬元）	三月期優利存款利率（月息%）	臺北躉售物價 1952=100
1949.6	76	--	--	--
7	104	--	--	--
8	139	1	--	--
9	209	2	--	--
10	163	2	--	--
11	192	3	--	--
12	312	6	--	34
1950.1	364	2	--	40
2	416	2	--	44
3	487	6	--	45
4	569	20	9.0	46
5	606	28	9.0	47
6	750	28	9.0	45
7	733	30	4.5	45
8	644	37	4.5	49
9	585	36	4.5	54
10	496	31	3.3	60
11	501	32	3.3	62
12	666	26	3.3	63
1951.1	733	21	3.3	72
2	685	26	3.3	75
3	680	30	4.5	73
4	818	40	4.5	75
5	723	57	4.5	80
6	793	59	4.5	80
7	872	118	4.5	82
8	853	97	4.5	84

其分析則指出除非財政赤字得以消除，單靠降低貨幣成長率（如回收市場上的貨幣）最多只能產生短暫效果，因爲政府在未來還是不得不藉助貨幣融通。換句話說，優利存款無法根本解決問題。

期 間	貨幣供給淨額（新臺幣百萬元）	優利、有獎與定期存款（新臺幣百萬元）	三月期優利存款利率（月息%）	臺北躉售物價 1952=100
9	934	164	4.5	85
10	880	161	4.5	89
11	885	174	4.5	92
12	966	163	4.5	96
1952.1	1,020	187	4.5	98
2	937	229	4.5	101
3	989	271	4.5	104
4	927	348	4.0	104
5	917	447	4.0	102
6	974	494	3.6	100
7	1,022	526	3.2	100
8	1,022	552	3.2	99
9	1,076	541	2.6	99
10	1,075	541	2.6	98
11	1,184	525	2.15	97
12	1,221	467	2.15	99

資料來源：臺灣銀行《臺灣金融統計月報》；美國國際合作總署中國分署各項報告。

第二節 財政政策

初期臺灣的財政收入狀況，在稅課收入方面，除關稅、鹽稅外，其餘國稅委託地方政府徵收，另由地方代中央支付一部份經費；至於稅收狀況 1946 至 1948 年稅收呈遞增狀況，如下表所示。

表 36 1946-1952 年臺灣省各年度主要稅收

單位：1946-1948 舊臺幣百萬元、1949-1952 新臺幣百萬元

時 間	總 計	所得稅	土地稅	貨物稅	戶 稅	屠宰稅
1946	1,828	43	1,449	65	112	37
1947	8,212	299	4,255	905	844	296
1948	60,575	5,057	27,513	6,718	2,445	3,371
1949	83	4	30	8	3	7
1950	474	44	81	15	7	27
1951	815	139	101	73	60	64
1952	1,427	261	141	109	88	115

資料來源：關吉玉編（1954），《臺灣經濟輯要》，經濟研究社臺灣分社出版，頁 164-165。

但當時物價上漲的幅度比稅收的增加爲大，故實質上稅收反而減少。以當時租稅結構論，間接稅佔絕大部份，財政的自動穩定作用無法發揮，稅收彈性甚少，不易增加收入。因此，爲另闢收入財源，在租稅之外，採取了以下幾種財政政策：

（1）發行公債：債券是一種籌措資金的信用工具，是政府、企業或金融機構爲解決財務收支問題，或爲募集營運資金所發行的債務憑證，承諾於一定期間支付利息或部份本金給債券持有人，並在債券到期時，償還本金；因此，債券是一種有償證券，也是一種權利證書。國民政府於 1949 年制定「愛國公債條例」，公債發行額原定爲銀元三億元，國內外各籌半數。國內採派募方式，國外用勸募方式。惟籌備甫經就緒，大陸即告棄守，未即發行。後國民政府遷臺，於 1950 年二月在臺灣首次發行公債，定名爲「民國三十八年愛國公債」，年息 4 釐，年 6 個月還本付息一次，分 15 年還清，由鹽稅收入項下按期撥付。總額爲銀元 3,000 萬元（折合新臺幣 9,000 萬元），至 1950 年十一月底止共募得新臺幣 8,370 餘萬元，另有額外認購者 7,000 餘萬元，共計約 1.5 億元，總計已超過原定數額〔註 43〕。

（2）徵收防衛捐：臺灣省政府於 1949 年下半年開始於各項稅目就營利事業所得稅、營業稅、娛樂稅、筵席稅、契稅、房捐、戶稅、公賣品、田賦、地價稅等，帶徵或附加防衛捐，至 1950 年十二月底止時徵得新臺幣 1 億 1 千萬元，爲當時一重要財政收入〔註 44〕。

（3）增加煙酒公賣數入：自 1950 年起，政府開始對洋煙、洋酒加以管理，進口之煙酒限由公賣局輸入配銷。由於進口關稅很高，又因公賣局獨占經營，煙酒公賣收入亦成爲當時重要財政收入。

（4）處理公產、公物及中央在臺物資〔註 45〕：1945 年十一月一日臺灣開始接收日人公私產業，所有日本時期臺灣總督府所屬之公有產業，與日人大規模私有事業資產，均由政府派員接收監理，分別性質指撥爲公用、國營、出售、出租或官商合營。處理日產所得資金挹注財政上需要不少，同時臺灣省物資調節委員會積存之物資，連用美援物資一併出售，另有中央物資供應

〔註 43〕潘志奇（1980），頁 113。
〔註 44〕潘志奇（1980），頁 114。
〔註 45〕有關中央在臺物資處理之資料，詳見《中央在臺物資處理報告》（1950）；以及《中華民國年鑑》（1951），第 623-626 頁。

局配售戰時剩餘物資〔註46〕。

（5）發行愛國獎券：政府利用發行彩券，以增加稅收，乃訂定『臺灣省愛國獎券發行辦法』。臺灣省政府委託臺灣銀行代爲發行，從 1950 年四月十一日開始正式發行，至 1987 年十二月二十七日停止發行爲止，愛國獎券在臺灣接連發行 37 年。到 1952 年十二月共發行 60 期，每期約銷售約有 90 萬張。每半月發行一期，每期以 40 萬張爲基本數。每期獎金分第一特獎一張新臺幣 20 萬元（相當於臺北市精華地段衡陽路一棟兩層樓的房價），獎券售出總數，超過基本數 40 萬張時，其超過部分每滿 1 萬張，增加第二特獎一張各得新臺幣一萬元〔註 47〕。自發行第一期以來，因應社會變遷，獎券面額屢有修改。第一期的面額爲 15 元，次期降爲 5 元，到民國 1987 年十二月廿七日發行最後一期（第 1171 期）時，面額已增至 50 元。

早期愛國獎券開獎，都邀請省議員到場監督。1952 年一月，省政府修改「愛國獎券發行辦法」，報請臨時省議會「備案」。修正後的愛國獎券，自 42 期開始，基本張數調高爲 80 萬張，獎金總數比例增加爲新臺幣 160 萬。

〔註46〕臺灣建設（上冊）（1950），財政金融（五）公產管理，臺北正中書局，頁 17。

〔註47〕瞿荊洲（1953），臺灣金融經濟論集，第五篇中央政府遷臺後臺灣的貨幣與金融，自由中國出版社，頁 59。

表37　1937-1948年國民政府財政收支狀況

單位：百萬元法幣

年代	支出（1）	收入（2）	赤字（1）-（2）	紙幣發行額（3）
1937	1,992	1,393	599	1,640
1938	2,215	723	1,492	2,310
1939	2,797	740	2,057	4,290
1940	5,288	1,325	3,963	7,870
1941	10,003	1,310	8,693	15,100
1942	24,511	5,630	18,881	34,400
1943	58,816	20,403	38,413	75,400
1944	171,689	38,503	133,186	189,500
1945	2,348,085	1,241,389	1,106,698	1,031,900
1946	7,574,790	2,876,988	4,697,802	3,726,100
1947	43,393,895	14,064,383	29,329,512	33,188,500
1948.01-06	655,471,087	220,905,475	434,565,612	374,762,200

資料來源：（1）1937-1945年爲財政部統計處和國民政府主計處所編制之數字；1946-1947年引自張維亞《中國貨幣與金融》第24頁；1948年爲中央銀行所編制之數字。（2）1937-1945年爲財政部統計處和國民政府主計處所編制之數字，見財政年鑒第129-150頁；1946-1947年引自張維亞《中國貨幣與金融》第140-141、244頁；1948年爲中央銀行所編制之數字。（3）根據1948年1月至7月中央銀行所編制之數字。

第三節　外匯政策

臺幣與大陸貨幣的匯兌關係，也可以說是臺灣戰後初期通貨膨脹的主要肇因之一。因爲與日本政治關係結束，經濟重心由日本移向中國大陸〔註48〕，臺幣之匯率開始與法幣聯繫後，便受大陸經濟變動所左右〔註49〕。臺灣的對外貿易必須經過上海，使臺灣在外匯的獲取上無法建立自主管道，間接負擔大陸「法幣」的幣值風險。雖然大陸因抗戰軍事的勝利，大陸對外輸出貿易一度轉盛，加上華僑匯款收入增加，匯率有回穩現象，但這僅是曇花一現的景象，因爲農村社會在長時期的戰亂下瀕於解體，工業生產停滯不前，通貨

〔註48〕經濟部資源委員會檔案，003/167-170。
〔註49〕臺灣省政府主計處編，《臺灣貿易五十三年表》。

膨脹把法幣價值貶低。雖然臺灣與大陸貨幣制度有別，但透過匯兌關係，從 1946 年五月二十二日壹圓舊臺幣可兌換三十元法幣開始，大陸內地的通貨膨脹便以外匯的形式波及臺灣。

下表是由相關文獻記載之資料整理而成，替臺灣匯率管理理出清楚脈胳：

表 38　日治時期至 1952 年臺灣匯率管理

單位：美金一元之新臺幣價

日本統治	沒有直接對外匯率，而是由日幣間接計算。約略可知在 1937 年間，每 1 美元約值臺灣銀行券 3.46 圓至 3.53 圓；隨著戰事擴大，由 3.46 圓升至 4.27 圓。及至珍珠港事變之後，對美元的匯率遂告中斷。							
階段	匯率制度特徵	年月日	法案實施	出口結匯匯率		匯入匯款匯率		黑市匯率
				公營事業出口	民營事業出口	政府機關	民間優惠率	
依中央法規時期	行政長官公署	1945.08	為便於清算來臺美軍的臺幣借款，及收兌美軍所持有的美鈔，暫時訂定美鈔與臺灣銀行券之折算率為 1 比 37.5。					
	開放外匯市場	1946.02.25	中央銀行管理外匯暫行辦法					
	自由但部分管制	1948.05.30	結匯證明書使用辦法					
	嚴格管制	1948.08.19	財政經濟緊急處分令					
臺幣改革時期	進口外匯自由申請	1949.06.15	臺灣省進出口貿易及匯兌金銀管理	5.00		5.00		
	複式匯率及外匯管制	1950.03.1	代購公營事業結匯辦法	7.00		7.00		
		1950.05.18 1950.07.25	美金寄存證辦法	8.35 10.25		8.35	10.25	
新金融措施	多元複式匯率及外匯管制	1950.12.19	臺灣銀行開發 A/PL/A 及普通外匯審核辦法	10.25		10.25		11.87
		1951.04.11 1951.05.21 1951.09.1 1952.08.1	新金融措施 臺灣銀行買賣結匯證辦法	10.25 糖米 10.25 鹽 12.37 14.49 其他 10.25	14.73 14.49	10.25	15.85 15.55	16.00 20.40 24.80 23.21

資料來源：《外貿會十四年》、《外匯貿易手冊》、《中華民國臺灣地區金融統計月報》、吳中書（1999），頁 1-23。

根據上表臺灣匯率制度從二次大戰前後至幣制改革之前，其間匯率制度的變革可分爲以下幾個階段：

一、日治時期（1945 年以前）

外匯政策具有影響對內的貨幣發行價值與抑制通貨膨脹效果。臺灣早期外匯政策主要目的在控制外匯超額需求增加。

在日治時期，臺灣銀行券與日幣等值，其本身不直接訂定對外匯率，不過可透過日幣之對外匯率，約略可知在 1937 年間，每 1 美元約值臺灣銀行券 3.46 圓至 3.53 圓；中日戰爭爆發與擴大後，日本的通貨膨脹使日幣的對外價值下跌，而當時臺灣銀行券對美元匯率，由 3.46 圓升至 4.27 圓。及至珍珠港事變之後，對美元的匯率遂告中斷。

二、國民政府在大陸時期依據中央銀行法規

自戰後到 1949 年五月以前，臺灣並無獨立的匯率制度，乃是以大陸中央外匯法規爲依據，故此臺灣的匯率制度乃是依當時大陸經濟情勢的改動而改變。

（一）戰爭剛結束時

戰後，臺灣省行政長官公署，爲便於清算來臺美軍的臺幣借款，及收兌美軍所持有的美鈔，暫時訂定美鈔與臺灣銀行券之折算率爲 1 比 37.5。這成爲戰後臺幣與外幣聯繫的開始〔註 50〕。等到國府正式接收臺灣，臺灣省行政長官公署爲便利軍政公款之劃撥，及在臺軍公人員之贍家匯款，參照當時臺灣與大陸物價，訂定舊臺幣與法幣兌換率爲 1：30〔註 51〕。

（二）臺幣與法幣的聯繫

國民政府於 1946 年二月宣佈廢除原有官定匯率一美元等於法幣二十圓，行政院於 1946 年二月二十五日公佈「中央銀行管理外匯暫行辦法」〔註 52〕，授權中央銀行辦理外匯事宜，實行外匯管制。臺幣與美鈔之間之兌換率必須

〔註 50〕吳中書（1999），頁 2。

〔註 51〕至舊臺幣與外幣的聯繫，係根據中央銀行之法幣的外匯牌價，以臺幣對法幣匯率比例間接換算而成。

〔註 52〕中央銀行管理外匯暫行辦法，民國 35 年 2 月 25 日，國防最高委員會，003/3720、003/3730。

根據中央銀行所掛的法幣牌價，間接折算成舊臺幣對美元匯率。臺灣銀行自行訂定外匯價格，臺灣方面欲通過購買力平價機能的外匯市場操作，保持臺灣與大陸兩地間之物價體系與金融關係間的距離，來維持臺幣制度。

自 1948 年一月十五日起機動調整舊臺幣與法幣之匯率，是爲了避免臺灣受大陸波動影響，不讓臺灣更深層捲入混亂的大陸經濟中，暫時把臺幣與法幣分離是防止臺灣經濟混亂的必要手段。於是 1948 年一月十五日中央乃授權臺灣省政府參照雙方的物價（主要以臺北與上海兩地爲標準），同月二十日，臺灣銀行開始掛牌，按臺幣 1 圓折合法幣 65 圓之匯率折算，再加臺滬間匯費千分之四，規定美匯市價爲賣出 638.4 圓，買進 577。〔註 53〕

1948 年五月三十日，中央公佈「結匯證明書使用辦法」〔註 54〕，自同月 31 日實施，開始施行結匯證制度。規定：

1. 出口商出口所得外匯及匯入匯款，結售指定銀行時，除照平衡基金委員會所規定當日市價給予法幣外，另給結匯證明書。此項證明書之有效期間爲七天（同年六月三十日起，延期爲三十天），得以市場價格轉讓。
2. 進口商除米、麥、麵粉、棉花或其他經政府核准之進口外，必須繳納同值之結匯證明書，始得向指定銀行購買外匯（即其應付代價爲外匯牌價與結匯證明書買價之總和）。

臺灣即自同年六月十八日起，臺灣根據「結匯證明書使用辦法」，開始簽發此項證明書，商人可委託臺灣銀行或自行在上海出售。此項結匯證制度，即出口商輸出商品及其他外匯持有人向政府結售外匯時，除按照官價匯率結匯外，尚可按照其結匯金額領取一定成數（或全部）的結匯證。反之，進口商輸入商品及其他用途的外匯需要者，向政府結購外匯時，亦必需附繳結匯證方能辦理結匯手續。出口商領到結匯證後，可按照市場自由價格或政府控制下的市場價格，或官定的結匯證價格讓售給進口商，或其他外匯需要者。因此結匯證制度是以輸入權首先給予輸出者，以解決輸入許可的問題，同時給予輸出者以輸入權，以促進輸出；而輸入權的轉售即可決定外匯匯率，因此結匯證制度，其本質即是輸出入連鎖制，結匯證的具有輸入權，就是作爲

〔註 53〕尹仲容（1962），〈對外貿易制度沿革〉收錄於《我對臺灣經濟的看法》三編，頁 244-6。

〔註 54〕中國第二歷史檔案館，國民政府財政部檔案（三）/589。

連鎖的樞紐〔註 55〕。

臺灣銀行自行訂定外匯價格，其作用是臺灣欲利用匯率調整，降低大陸影響的風險，至法幣改制為金圓券為止，約七個月期間，調整次數達七十二次之多，1948 年八月十八日最後一次調整，舊臺幣與法幣之比率為 1:1,635，因此所有臺幣對美元匯率的變動，實際上係反映著法幣與舊臺幣兩者貶值的結果〔註 56〕。換句話說，臺灣方面欲通過購買力平價機能的外匯市場操作，保持臺灣與大陸兩地間之物價體系與金融關係間的距離，來維持臺幣制度。

（三）臺幣與金圓券的聯繫（1948 年八月十九日至 1949 年六月）

隨著國共衝突激烈白熱化，政府預算赤字惡化、法幣發行量劇增、物價上漲率直線上升，為挽救經濟崩潰，推行金圓券的幣制改革。1948 年八月十九日中央頒佈《財政經濟緊急處分令》〔註 57〕，臺灣自同月二十三日起，由臺灣銀行依此規定開始掛牌，即透過金圓券與臺幣之匯率（1：1,385）規定美匯賣出 7,432 圓，買進 7,248 圓〔註 58〕。此匯率之價格係依照 1948 年八月十九日臺幣 1 圓兌法幣 1,635 圓的匯率，再按法幣 300 萬圓兌金圓券 1 圓的折合率換算而得。其後金圓券與臺幣之匯率隨時調整〔註 59〕。

但金圓券的採行，並未扭轉大陸經濟的頹勢，尤其自限價政策失敗後，1948 年十月各地發生搶購風潮，物價乃急遽上升，經濟不斷波動，中央有鑒於此，乃沿用法幣時期辦法，准許臺灣省參照物價及其它經濟情形，自同年十一月十二日起，復行機動調整臺幣與金圓券之匯率〔註 60〕。

1948 年十一月二十日，中央頒佈「修正進出口貿易辦法」規定：

1. 出口所得外匯、僑匯、中央銀行之外匯存戶及人民所持有之外匯，均得向中央銀行換取外匯移轉證。此項證書得在市場自由買賣。
2. 進口商所需外匯均應由進口商自行向市場購買外匯移轉證，憑此結匯。

其後中央銀行特定優待僑匯之辦法，每日公佈僑匯結算價。此項價格係

〔註 55〕劉章慧（1960），〈臺灣結匯證制度之研析〉，《臺灣銀行季刊》，11：3，頁 29。
〔註 56〕劉進慶（1992），《戰後臺灣經濟分析》，人間出版社，頁 43；臺灣銀行（1947），〈臺幣及其匯率問題座談會記錄〉，《臺灣銀行季刊》，1：2，頁 97-111。
〔註 57〕中國第二歷史檔案館，國民政府財政部檔案（三）/856。
〔註 58〕臺灣銀行經濟研究室編（1953），《臺灣之金融史料》，頁 7。
〔註 59〕劉章慧（1960），頁 8。
〔註 60〕Chang,（1958）, p. 67-85.

參照外匯移轉證之市價而定，僑民匯款可由收款人直接向承辦匯款銀行，按價折合金圓券兌取。自同年十一月二十九日起，臺灣銀行在臺灣按照上海市價，曾代顧客買賣此項外匯移轉證，規定外匯價格爲賣出 10,865 圓，買進 10,595 圓〔註 61〕。

1949 年五月十八日，中央修訂「管理進出口貿易辦法」，此項辦法包括外匯管理事宜在內，其主要規定如下：

1. 出口廠商輸出貨品，應將其售貨所得外匯 20%交付中央銀行或其它指定銀行，其餘 80%等換取等值之結匯證書。此項證明書得自由買賣。
2. 進口廠商憑證結匯證明書，向中央銀行或其它指定銀行結購所需外匯。

此項辦法並未在臺灣實施。自同年五月十三日起，另由臺灣自行訂定外匯價格，即將美匯 1 圓折合舊臺幣 19,000 圓改訂爲折合 80,000 圓，此匯率維持至臺灣改革幣制爲止。這段期間臺灣爲了適應進口需求旺盛，輸出能力不足，本地工業競爭力尚未培育壯大的客觀條件下，貿易政策以高關稅、嚴格的進口管制及外匯管制爲中心，以保證有限外匯用於必要方面，同時保護本地工業，採抑制進口，鼓勵出口政策方向，而作重大改變，匯率亦隨劇烈變動。

表 39　1944-1948 年外匯匯率

年　代	1 美元＝法幣	
	官　價	市　價
1944.06	20	192
1944.12	20	570
1945.06	20	1,705
1945.12	20	1,222
1946.06	2,020	2,665
1946.12	3,350	6,063
1947.03	12,000	14,000
1947.06	12,000	36,826
1947.09	41,635	50,365
1947.12	77,636	149,615
1948.03	211,583	449,620
1948.06	1,273,000	2,311,250
1948.08.01-18	7,094,625	8,683,000

〔註 61〕立法院公報第十五會期第三期，頁 101-103。

	1美元＝金圓券	
	官　價	市　價
1948.08.19-31	4	4
1948.09	4	4
1948.10	4	15
1948.11	28	42
1948.12	122	135
1949.01	240	700
1949.02	2,660	2,980
1949.03	16,000	17,700
1949.04	205,000	813,880
1949.05.01-21	--	23,280,000

資料來源：（1）1944-1945 年的匯率根據四聯總處所編制的美鈔牌價；（2）1946 年以後的匯率根據中央銀行所編的月報；改發金圓券後，匯率的月平均數爲月底牌價。

三、獨立匯率制度

（一）1949 年六月至 1951 年四月——結匯證制度〔註 62〕與外匯審核制度

此一時期外匯管制措施，大致上分爲結匯證制度與外匯審核制度。幣制改革後，初期外匯可自由申請，後因進口外匯申請擁擠，有限的外匯不足分配，乃制定外匯分配優先順序，因而慢慢演變爲嚴格外匯審核制度。1949 年六月至 1951 年四月間的變革有以下幾階段：

（1）自 1949 年六月十五日至十二底

1949 年六月十五日臺灣省政府公佈「臺灣省進出口貿易及匯兌金銀管理辦法」，此爲臺灣外匯貿易管理之依據，原則上只要有新臺幣都可按照規定匯率，向臺灣銀行申請進口外匯，以自備外匯或金鈔也可申請，除了暫停進口或禁止進口貨品外，對於准許進品類的貨品之結匯進口，並沒有數額上的限制，臺灣最初對外匯的管理，是相當寬大的，當時採取這項政策的原因，一方面是希望盡量發展臺灣的進出口貿易來繁榮經濟，一方面也是希望這次幣

〔註 62〕謂結匯證制度，是指外匯所除必需按其 20%在臺灣銀行結匯新臺幣外，其餘部分可換取值之結匯證明書；持有結匯證明書的人可自由轉讓，或售予臺灣銀行。胡祥麟（1954），〈臺灣外匯辦法之演變〉，《臺灣銀行季刊》，6：3，頁 3。

制改革可以使臺灣的金融物價安定下來，所以對於外匯管理，特別放寬，表示按照新匯率，可以相當自由的買賣，來堅定人民對新幣的信心。

在這個階段雖然有寬鬆的外匯管理，進口商人購買結匯證並不踴躍，主要原因在於臺灣銀行開辦「黃金儲蓄存款」，黃金市價始終徘徊於 1 臺兩 360 元左右低價，套匯風氣甚熾，而政府雖然開放自備外匯，暗息雖在趨跌，惟月息仍徘徊於 15 至 27%之高度，加上大陸疏散物資源源運至臺灣，致市場商品充斥。所以進口商如需輸入貨品則多採取套匯方式，以自備外匯之名義輸入。故出口商難於將其結匯證，以高於官價之價格出售，只好按官價結售與臺灣銀行〔註 63〕。因此結匯證無法發揮其出進口貿易連鎖的功能〔註 64〕。臺銀對進口貨物分類表中屬於准許進口類貨物之進口者，均照官價從寬供應。

於臺幣改革之初，由於中央政府對臺省財政作有力的支持，並提供大量黃金外匯以充裕調度，故情形尚為良好。但 1949 年十月以後，隨大陸局勢惡化，新臺幣發行額自 1949 年六月底由 5,000 萬元增至十二月底已接近 2 億元限額，物價波動甚劇，金鈔黑市跟蹤上漲，進口外匯的申請逐漸擁擠，臺灣銀行雖仍維持無限制供應外匯，但事實上外匯的供應及調度已發生嚴重困難。

（2）自 1950 年一月至十二月十八日

1950 年一月十日在生產事業委員會下，設立了產業金融小組（簡稱產金小組）成立〔註 65〕，由生管會、財政廳、建設廳、物資調解委員、及臺灣銀行各有關機關的負責人員共同組織，依照當時產金小組的組織規程之規定，其主要任務在審定關於申請結購臺灣銀行所供給外匯之優先程序〔註 66〕。至 1950 年間已無法釘住 1 美元兌新臺幣 5 元，至二月黑市美鈔已漲至每 1 美元兌新臺幣 9 元以上，如下表所示，以致進口外匯之申請更形擁擠，因此產金

〔註 63〕張仁明（1953），頁 272。

〔註 64〕劉章慧（1960），頁 29；所謂出進口貿易連鎖，即以結匯證為中心，將輸出與輸入造成連繫，而結匯證本身則代表一種輸入權。

〔註 65〕生管會於 1949 年六月十日開始於延平南路糖業總公司四樓開始辦公，其當時的工作為對國營省營事業的輔導及聯繫，物資的增產及調節，物品價格及勞務價的調整，信用的管理及貸款的審核，以至外匯的調度，暨策劃各項經濟措施等。尚時雖未設有正式經濟動員的機構，而生管會與其他有關行政及事機關的協調努力，隱然湊成統籌策劃的經濟動員體系。

〔註 66〕產金小組當初僅是一種會議組織，有關外匯業務重要案件或有關辦法制度的決定，才提到這個小組的會議上來討論，至於結匯的實際工作，仍由臺灣銀行辦理，其小組召集人由臺銀董事兼任。

小組乃訂定供給進口外匯優先程序，第一優先爲生產所需的原料肥料器材，第二優先爲生活重要必需品，第三優先爲次要必需品，第四爲其他物品。

表 40　1950-1952 年臺北市美鈔黑市價格變動表

單位：每美元合新臺幣元

年\月	1月	2月	3月	4月	5月	6月	7月	8月	9月	10月	11月	12月
1950	9.10	9.50	8.55	9.50	10.15	12.81	10.38	10.35	10.30	10.30	10.30	11.87
1951	13.98	13.13	14.88	16.00	20.40	19.50	22.50	22.40	24.80	29.00	28.00	27.00
1952	27.26	27.52	26.99	26.01	23.47	23.21	23.26	24.29	23.63	23.80	23.65	23.11

資料來源：行政院外匯貿易審議委員會調查室。

由於外匯申請額大爲增加，且結匯證買賣亦逐漸加多，其市價亦上升，臺銀外匯來源因而日漸短缺。故自 1950 年二月十四日起，乃改變固定匯率，由臺銀負責供應外匯移轉證，其價格以 1 美金折合新臺幣 7 元 5 角。因臺銀外匯頭寸的供應，已不像改幣初期那樣充裕，所以依照「臺灣省進出貿易及匯兌金銀管理辦法」第三條的規定，出口廠商所得外匯，除了 20%必須照官價結售與臺灣銀行以外，其餘 80%於交付臺灣銀行後換取等值之結匯證，可在市場自由交易；依照此項規定，臺灣銀行所能控制的出口外匯，不過 20%，在結匯證沒有黑市的時候，出口廠商可能按照官價賣還臺銀，一有黑市的差別，即會走向自由市場。臺灣的出口事業，絕大部份均係公營，臺銀如果不能控制公營事業的出口外匯，則在外匯調度上，根本將無法應付，因此產金小組即通過「臺灣省公營事業外匯處理辦法」，於 1950 年 2 月 23 府奉省府核准後公佈實施，規定公營生產事業外匯原存於國內外銀行者，應全部移存臺灣銀行；其出口所得 80%之結匯證，如須買賣，必須經過臺銀，不得自行處理，其價格由產金小組開會決定之。此項辦法的意義，即將公營事業所有外匯及結匯證均集中由臺灣銀行來控制。不准再在市場自由拋售，至於民營事業的出口外匯，則仍照舊辦理。

三月一日產金小組根據「公營事業外匯處理辦法」第四條之規定，將前述改變匯價之措施正式化，改爲規定每週由產金小組議定結匯證價格，進口商如須購買公營事業結匯證，得依自由美匯折合新臺幣 7 元 5 角之價格向臺銀申請「代購結匯證」。此代購結匯價格之產生是參照當時民營出口結匯證的自由市場價格及臺糖出口成本，來勘酌訂定的〔註 67〕。三月七日臺銀開始依

〔註 67〕胡祥麟（1954），頁 3。

照此價格轉售結匯證。

儘管匯率已由 5 圓調整至 7 圓 5 角，調整了 50%，而市場上民營出口結匯證的自由市價仍在不斷上漲，和臺銀所訂的代購結匯證價格仍有相當距離，商人爭相購買賺取價差。臺銀供不應求，爲減輕外匯頭寸的壓力起見，臺銀於是在三月廿五日起接受進口廠商以外幣換取等值結匯證，不久又於四月四日起，接受進口商以黃金換購。因商人以黃金、外幣來換購外匯並不踴躍，仍舊用新臺幣向新臺幣向臺銀請購外匯，市面上的結匯證自由價格因爲政府的供應不裕而日益高漲，業已超出 9 圓，而結匯證訂定爲 7 圓 5 角之時間未久，實在不便於即行調整，於是在五月十五日又由當時省政府核准產金小組通過的「美金寄存證辦法」，即由臺灣銀行授權臺北市進出口同業工會主辦之結匯證明書買賣交易所發售「美金寄存證」。依照規定，凡是進出口同業公會的會員得照臺灣銀行公佈之美金寄存證折合新臺幣價格，繳解在臺灣銀行儲蓄部開立之專戶，憑解款存根向同業公會換取「美金寄存證」，再憑證得向臺銀換取等值之結匯證。同月 18 日產金小組首次核定「美金寄存證」每元折合新臺幣 8 圓 3 角 5 分，較剛在 3 月 7 日規定的代購結匯證價格又高出 8 角 5 分。

此項辦法的眞正意義，等於變相把結匯證價再度提高，只是這次爲避免觀感不佳，而不直接使用結匯證的名稱，因爲結匯證雖然訂定了到兩個月，但已調整了 3 次。同時依照這項辦法，商人爲了換取結匯證，需要輾轉經過幾道手續，時間上可以稍事拖緩，所以也等於結匯證的期貨性質。事實上還是變相調整匯率。

由於自改幣以來，出口所得外匯按照規定必須以 20%依照 5 圓比 1 之官價結售於臺灣銀行，迄至 1950 年五月，物價已較改幣時上漲一倍半，美鈔黑市也比官價超出一倍，出口成本增加，尤以民營出口事業最感困難，因此自五月起省府核定 20%的出口外匯，也准改照結匯證價結售，所謂 5 圓比 1 的官價，雖然法律上仍然沒有變動，但實際上自這時起即已不復存在。自七月一日起，省政府爲便利人民國外匯款，並杜絕私營套匯、走私金鈔起見，依「臺灣省進出口貿易及匯兌金管理辦法」第十條規定，令臺銀辦理普通國外匯款。因此，凡有正當用途如贍家、旅行及其他正當償付等需要外匯者，均得黃金或美鈔向臺銀申請外匯。因韓戰於該年六月爆發，美援恢復，省府主管人員以爲外匯消耗愈多，獲得的美援機會更多，故採取此方法。

因「美金寄存證」本來等於結匯證的期貨，性質上並無分別，當時僅僅爲避免再度調整結匯證價格而想出這一特殊的名目，結果徒使匯率益爲混亂，而識者仍明知爲變相的提高結匯證價格，並無益於安定人心，故於 1950 年七月廿五日，產金小組決議取銷美金寄存證及代購公營事業結匯證等辦法，重新規定採用臺灣銀行結匯證，進出口全部均適用之。臺灣銀行結匯證買價爲 10.25 圓，賣價爲 10.35 圓，使匯價又歸於單一，但較新臺幣實施時提高一倍以上。

同年九月六日臺日貿易協定在東京簽訂，臺日雙方均開往來帳戶（即易貨記帳制），以美元爲記帳單位，並規定雙方進出口總額均爲美金 1 億元，此後日本乃成爲臺灣對外貿易之最大對象。十月初產金小組決定，出口商對日出口所得外匯應全部結售與臺銀。

因此臺銀控制外匯力量更大，其後該行並曾開放外匯，准許進口廠商按臺銀公佈之外匯價格自由結匯。惟終因新臺幣繼續膨脹，物價不斷波動，進口商大量申購外匯，造成資金外流、外匯缺乏的現象致臺銀不得不放棄自由結匯辦法，而同年十二月十五日起，恢復外匯審核制度。

（3）自 1950 年十二月十九日至 1951 年四月八日

產金小組爲調節下年外匯供應起見，於第 49 次會議（1950 年十二月十八日），通過「臺灣銀行開發 A/P、L/A（即信用狀）及普通匯款審核辦法」，規定凡申請開發香港及其他各地 A/P、及日本 L/A 者，應塡具輸入申請書及外匯申請書，交由臺銀國外部核對建設廳所送之商業登記卡及稅則號碼後，登記編號，以備提出產金小組審核；申請者應繳納其申請額 50%之保證金；產金小組審核原則爲，第一、各類貨物之核准與否，應視臺灣之需要情形爲轉移，第二、同類貨物之核准與否，應視所報進口貨價之高低及合理爲準，第三、同類貨物、同樣價之進口，應以申請登記號碼之先後爲序；另外將普通國外匯款申請，限於贍家費用、出國求學匯款、旅行匯款之三項，並規定申請者塡具申請書與其他附件以便審核，並須繳申請額 100%之保證金。關於自備外匯的進口，則規定自 1951 年一月一日起，除經產金小組事先核准者外，一律停止簽證，其因國外局勢的突變，不及事先報經核准者，得先存放保稅倉庫，再補報核明事實後，准予進口。

然自從省府令臺灣銀行恢復外匯審核後，市場反應異常敏感〔註 68〕。

〔註 68〕林霖（1951），頁 12。

所有所謂「金融性物資」如黃金、銀元、外幣一致上漲，進口物資上漲者，波動更鉅。省產物資雖未受影響，原盤不動，但少數物品如食米也跟著上漲〔註 69〕。

而臺北市美鈔市價，自 1950 年七月十一日之穩定了五個月後〔註 70〕，穩定於月平均 10.32 至 10.51，然自十一月廿四日起卻一直上漲，至十二月十六日已由穩定了幾個月的 10.30 的價格漲至 11.30，且自恢復審核辦法後，美鈔市價的上漲更形猛烈，一週間（十二月十六日至十二月二十三日）上漲了 9.73%。初步審核的結果，不但未能抑制外匯黑市的猖獗，反而更加強其漲風，加以人爲的操縱，臺銀雖曾拋售亦無法抑止。且外匯審核制度公佈後，臺銀黃金儲蓄業務忽然熱絡，由原來每日存儲數兩的冷落情況，變成日儲千兩左右的熱烈場面，而使黃金準備有枯竭之虞。因此臺銀乃於十二月廿七日，奉省府令採取緊急措施，宣佈暫停收受黃金儲蓄存款〔註 71〕。臺灣宣佈暫停黃金儲蓄業務後，市場金鈔價格在一度混亂之後，直趨上漲。

面對此一情勢，1951 年一月十六日產金小組核定兩項加強臺灣對外貿易的措施兩項，重新規定商人申請出口打包放款，自臺銀借得之外幣，特准可按還款日臺銀匯價，折合新臺幣歸還；至其出口結匯，並仍可發給 80%外匯之結匯證，另 20%外匯則按規定結售與臺銀；同時商人申請結匯應先繳 50%保證金，經核准後，餘 50%結匯款，可仍按申請結匯日之外匯牌價繳足，不受申請後匯價變動之影響。產金小組爲鼓勵商人展開對日貿易，並爲增加結匯證的供應，於三月十三日決定准以相當於出口所得 80%之結匯證，發給對日出口商，其餘 20%仍須結售與臺銀。另一方面，爲樽結外匯支出計，對紗布、麵粉、乳製品等進口，不予結售，加強普通國外匯款管制，即從嚴審核及限制其申請金額。

在此一階段內，因結匯證具有豁免外匯審核的作用，市面上結匯證行市也就特別活躍起來，有時其價格甚至超過當時的美鈔市價之上。但此時享受這種轉讓利益，僅屬於民間出口商，至公營出口事業機關，因辦理出口結匯，不換取結匯證之故，無法獲得此種超額利益。此是改幣以來，結匯證眞正發揮其功用的唯一時期，惟其時間，甚爲暫短。

〔註 69〕林霖（1951），頁 15。
〔註 70〕林霖（1951），頁 21。
〔註 71〕後於 1951 年八月十三日，省政府明文公佈廢止「修正臺灣銀行黃金儲蓄辦法」。

（二）1951年四月九日以後的新金融施——複式匯率

1951 年四月九日以後實施新金融措施，規定因出進口物資不同及出進口人身份不同，適用不同的匯率，匯率制度更加複雜。由於官價（以後改稱基本匯率）、結匯證價又有國營事業與民營事業之分，且其適用比例也有不同，還有收購美軍外幣又有特定優惠匯率，因這些因素使當時的多元匯率極為複雜，當時實施複式匯率，就各種交易分別周官價匯率與結匯證匯率，因官價匯率偏高，結果輸出受阻。相反的，生活必需品等輸入，適用官價匯率，原希望藉此低廉的輸入必需品，發揮穩定物價的作用。然事實上，進口商並不按照輸入的原價，加上適當的利潤，予以出售，卻以市場較高的價格獲取暴利。故幣制改革後初期的複式匯率，造成資源分配均不當、價格體系的混亂、輸出的不振等結果，而對抑制通貨膨脹，安定物價，並無裨益。茲將 1951 年所採新金融措施簡述如下：

1951 年四月九日行政府頒行「行政院重申有關金融措施規定辦法令」，同時頒佈「黃金外幣處理辦法」，並於十二日頒佈「禁止奢侈品買賣辦法」臺灣銀行遵照行政院金融措施辦法令第五條規定，於四月十一日訂定「臺灣銀行買賣結匯證辦法」，並於同月十六日實行。九日及十二日先後頒發的兩道緊急行政命令，一般稱為「新金融措施」。1951 年四月九日所頒發的第一道行政命令，著重加強外匯審核及管理，及推行結匯證。行政院於四月十二日所發佈的第二道命令，頒佈「禁止奢侈品買賣辦法」，嚴禁走私及取締奢侈品之買賣，主要是針對當時走私與套匯情形而來，政府當局認為根本取締黑市，須從嚴查緝走私及查禁奢侈品之買賣。

臺灣銀行根據第一道行政命令第五條規定，於四月十二日訂定「臺灣銀行買賣結匯證辦法」，此為一種二元匯率制度，分官價與結匯證價兩種。將原來結匯證匯率 1 美元兌新臺幣 10.30 元，訂為官價匯率〔註 72〕。結匯證的價格初由產金小組〔註 73〕決定，民國 1951 年四月二十七日成立結匯證審議委員會

〔註 72〕原來稱為牌價，1952 年 3 月間臺銀為適應事實，改稱為官價。徐柏園，Report on Committee for Foreign Certification，財政經濟小組第十二次會議記錄。

〔註 73〕1950 年一月十日在生產事業委員會下，設立了產業金融小組（簡稱產金小組）成立，主持一切進出口貿易品審核准許批駁結匯事項。產金小組召集人由臺銀董事長徐柏園兼任。生管會於 1949 年六月十日開始於延平南路糖業總公司四樓開始辦公，其當時的工作為對國營省營事業的輔導及聯繫，物資的增產及調節，物品價格及勞務價的調整，信用的管理及貸款的審核，以至外匯的調度，暨策劃各項經濟措施等。尚時雖未設有正式經濟動員的機構，而生管

後，成爲結匯證價格的決策中心。

在新金融措施執行下，除了確定二元匯率制度外，更加強建立外匯審核制度，自 1950 年十二月公佈「臺灣銀行開發 A/P、L/A 及普通國外匯款審核辦法」後，即已樹立外匯審核制度。金融新措施施行後，爲增進對外匯使用的效率，特採取有效的步驟，決定在產金小組之下，設置進口外匯初審小組委員會及普通匯款初審委員會〔註 74〕，辦理逐案初審的工作。進口初審小組主要負責對商人進口物品需結外匯案進行的初步審核工作；普通匯款初審小組則是負責對民間各種普通匯出匯款。這兩個初步審核小組委員會每週將所有各案的審查結果加以彙編，提報產金小組核定。

複式匯率，其要點係將結匯證分甲乙兩種，甲種結匯證爲記名式，不得轉讓，乙種結匯證爲不記名式，可以轉讓，並得以外幣或黃金折購，或以新臺幣購買。另設置一結匯證買賣價格審議委員會，每日審定結匯證價格。當時官價較結匯證價格低得多。適用官定匯率者，計有公營進出口結匯、民間出口商之出口價額的 20%結匯、生產器材、化工原料及日常民生必需品的進口結匯、軍政機關匯出款等。至於適用結匯證價格者，爲民間出口商之出口價額百分之八十的結匯，其他一般商品的進口結匯、國外普通匯款及僑匯等。後來因物價上漲，逐漸縮小官價結匯的進口範圍。此項辦法實行後，出口商出售結匯證應按照審定價格，售與銀行；進口商所申請外匯，亦照審定價格向指定銀行洽購。於是，結匯證喪失了自動調整匯價的功能，而結匯證的自由市價亦根本不存在。請參考下表：

表 41　1951 年六月-1952 年十二月結匯證價格與美元市價之比較

單位：新臺幣元

年　月	臺灣銀行結匯證 1 美元賣出價格	美元市價
1951. 6	15.65	19.50
7	15.65	22.50
8	15.65	22.40
9	15.65	24.80
10	15.65	29.00

會與其他有關行政及事機關的協調努力，隱然湊成統籌策劃的經濟動員體系。

〔註 74〕這兩個初審小組，名義上隸屬生管會的產金小組，但其實際工作則在臺灣銀行，由臺灣銀行董事長徐柏園兼任產金小組召集人。

年　月	臺灣銀行結匯證 1 美元賣出價格	美元市價
11	15.65	28.00
12	15.65	27.00
1952. 1	15.65	27.30
2	15.65	27.50
3	15.65	27.00
4	15.65	26.00
5	15.65	23.50
6	15.65	23.20
7	15.65	23.30
8	15.65	24.30
9	15.65	23.60
10	15.65	23.80
11	15.65	23.60
12	15.65	23.10

資料來源：張仁明（1953），〈臺灣之匯價與物價〉《臺灣銀行季刊》，6：2，頁 274、277。

第四節　美援對經濟穩定的貢獻

李國鼎先生曾經提及美援對當時的臺灣具有決定性的影響力〔註 75〕，美援的重要性由此可見。美援的確在臺灣經濟發展上有重要的意義，如果缺少了美援，當時臺灣的國防力量薄弱，勢必影響社會的穩定，而社會穩定及政治穩定是經濟發展不可或缺的。

1950 年，臺灣銀行外匯存底用罄，不得不緊急向民航空運公司借美金 50 萬，1951 年初，臺銀外匯負債已達 1,050 萬美元，開出之信用狀已被外國銀行所拒收。在臺灣當時的經濟環境下，想要徹底的抑制通貨膨脹，唯一有效的辦法就是增加物資供應，而增加物資供應又可分爲兩個途徑：一是接受外援；一是恢復生產。

1951 年臺灣最重要的外援來自美國，美國之所以對臺灣「經濟」援助〔註 76〕，乃是韓戰的爆發，促使美援東來。而美國援華的歷史可以追溯至 1948

〔註 75〕Li. K.T.（1988）, *The Evolution of Policy Behind's Development Success*, Yale University Press, pp.55.

〔註 76〕韓戰爆發前後，美國對國民政府政策之演變，請詳見 Rankin, Karl Lott（1964）,

年美國國會成立之援外法案〔註 77〕，以及同年七月中美兩國政府之簽訂「中美經濟援助協定」。根據 1949 年美國會計年度資料顯示，美國 1949 會計年度內的援外計畫，列有 2 億 7,500 萬美元的對華援助，依其運用方式，分成物資援助、工業建設援助、特種計畫、農村復興計畫等四項。其後國民政府在國共對抗中的失利，自大陸徹守臺灣，美援一度完全停止；因此，1950 年度並沒有美國對臺灣的援助計劃。雖然美方雖仍與在臺灣的國民政府換文，延長經濟援助協定，但實際上經援仍陷於停頓狀態。直到 1950 年六月韓戰爆發，在圍堵時代中，基於防共與抗共的考慮，國民政府與美國雙方的合作有其共利的基礎，美國才開始恢復對臺灣的國民政府進行援助，同時宣布將 1949 年度對我經援未用餘款的運用期限，予以延長。大量美援物資來臺，至 1965 年停止，未用餘款延續至 1968 年〔註 78〕。

美國經濟援助的直接目的，依據中美雙邊協定所載，其中有一點是要求臺灣供需上的平衡。下表是自 1951 年度至 1953 年度，美國援華撥款總額爲 2 億 8,420 萬美元。就其內容言，以物資計畫所佔的比例最大，其次分別是工建計畫、軍協計畫及技術援助計畫。當時物資計畫的目的，是由援款項下，輸入臺灣必需物資，以節省政府外匯的支出；同時，藉美援物資的出售收入，以收縮通貨，穩定幣值，對當時臺灣經濟由動盪轉爲安定，甚有貢獻。如下表中資料所示，自 1949 年至 1953 年間到達的美援進口物資訂爲 2 億 1,600 餘萬美元，其中如化學肥料對農業生產幫助甚大；而原棉、豆類、小麥、麵粉等物資的輸入，對當時物價的上漲，有緩和的作用。

Chinese Assignment, Seattle: University of Washington Press. 以及 Riggs, Fred W.（1952）, *Formosa Under the Chinese Nationalist Rule*, New York: The Macmillan Co. 有關美國對國民政府在大陸時期的軍事及經濟援助，請詳見 Pach, Chester J.（1991）, *Arming the Free World: the Origins of the United States Military Assistance Program: 1945-1950*, Chapel-Hill: The University of North Carolina Press. 有關美國對臺灣的經援及軍援的初期資料，請詳見《中華民國年鑑》，1951 年及 1952 年版，及 Jacoby, Neil（1966）, U.S. Aid to Taiwan, New York: Fredrick A. Praeger Pblishers.

〔註 77〕美國對華援助始於第二次世界大戰的租借法案，1948 年美國國會通過援外法案，該項法案第四章爲對華援助，同年七月三日中美兩國政府依據援華法案在南京簽訂「中美經濟援助協定」，根據此一協定規定，自簽約日起，由美國提供經濟援助，供中國重建開發。

〔註 78〕Rankin, Karl Lott（1964）, *Chinese Assignment*, Seattle: University of Washington Press, 85； Riggs, Fred W.（1952）, *Formosa Under the Chinese Nationalist Rule*, New York: The Macmillan Co, pp.89、123.

表 42　1949-1953 年美援進口物資

單位:：美元

項　目	總　計		1949	1950	1951	1952	1953
	金　額	百分比					
合　計	**216,900**	**100.00**	**8,938**	**18,4491**	**56,621**	**73,485**	**59,405**
化學肥料	54,128	24.85	3,368	7,9391	12,333	22,768	7,720
原棉	37,202	17.05	1,052	2,273	9,799	11,352	12,725
豆類	22,909	10.46		2,403	3,356	7,654	9,495
小麥及麵粉	21,850	10.07	56	1,008	7,010	5,503	8,271
原油及燃料油	16,046	7.30	4,460	1,850	6,909	2,826	
礦五金及其製品	11,449	5.62		1,080	1,842	4,672	3,843
電氣器材	8,967	4.54		1	1,883	3,778	3,303
棉紗	7,610	3.41			1,280	4,872	1,457
機具及工具	6,155	2.74			477	1,946	3,731
舟車及零件	6,087	2.71		63	2,589	579	2,854
油及蠟	3,962	1.72		307	962	1,213	1,479
棉布	2,886	1.32			1,588	1,276	2
西藥	2,506	1.16		117	328	1,432	628
花生	2,045	0.94		186	1,858		
木材	1,969	0.91		475	380	495	617
化學藥品	1,533	0.71		147		765	619
花生油	1,323	0.61			1323		
紙及紙漿	1,291	0.57		72		598	620
香煙及煙草	1,002	0.46		301	700		
皮革	970	0.4			182	593	194
牛奶及其製品	922	0.42			521		401
鹹魚	818	0.37			160	337	320
橡膠及其製品	575	0.26				380	194
麻袋及原麻	259	0.12			254		4
羊毛及其製品	231	0.11					231
染塗料	32						32
棉織品	7	0.13					7
玻璃及其製品	1						1
其他	2,171	1.00		223	877	434	636

資料來源：根據 1953 年臺灣金融年報第 79 頁資料改編；夏期岳（1954），〈美國對臺灣經濟援助的分析〉《財政經濟月刊》，4：8，頁 17。

此外，在美援相對基金存款方面，亦發揮了緩和當時貨幣供給額增加的功能。根據中美兩國經濟援助雙邊協定第五條的規定：美國政府以物資、勞務及其他援助贈與中華民國政府後，政府應以等值之國幣，以政府之名義存入設於中央銀行之特別帳戶，作爲相對基金，再予以運用。此一帳戶之動用與處置，僅限於中美雙方政府隨時商定之項目。此項相對基金，在中央政府遷臺之初，成爲平衡政府財政收支，及擔負政府投資性支出的主要來源。而此一基金在存入時，對貨幣供給量具有收縮作用，對緩和貨幣供給額之增長具有貢獻。如下表所示，1950 至 1954 年度美援相對基金，對各種工業的撥款，以電力、肥料、交通、化學等工業爲最多，這些均爲當時的基礎工業。因此，美援的協助對當時經濟的穩定與通貨膨脹的遏止，可說具有積極性的作用。

表 43　1950-1954 年度美援相對基金對各類工業撥款

單位：新臺幣千元

項別	計畫		核準		撥付	
	金額	百分比	金額	百分比	金額	百分比
總計	671,604	00.00	439,963	100.00	418,352	100.00
交通	216,882	32.30	180,441	41.00	171,121	40.80
電力	206,207	30.80	157,082	35.70	157,082	37.80
肥料	57,031	8.50	30,261	6.90	27,0r1	6.50
運輸工具	43,875	6.60	22,733	5.20	21,243	5.00
化學	39,290	5.90	13,188	3.00	8,840	2.10
金屬	30,290	4.60	7,140	1.60	5,940	1.40
礦業	22,499	3.40	14,999	3.40	14,381	3.40
食品	7,550	1.20				
製木	3,060	0.50				
其他	21,400	3.30				
技術援助	19,520	3.00	14,119	3.20	12,734	3.00

資料來源：根據自由中國之工業第 1 卷第 5 期，第 76 頁改編；表列數字截至 1954 年 3 月 31 日止。夏期岳（1954），頁 17。

美援初期的主要目標在於：穩定經濟以求財政收支之平衡、節省外匯基金消耗以求國際收支之平衡，以及增進農工礦業之生產與建設〔註 79〕。總計

〔註 79〕見行政院長陳誠在中國國民黨第七次全國代表大會之報告，《中華民國年鑑》

自 1951 會計年度至 1965 年，實際運用之美國援款爲 14 億 8,220 萬美元，平均每年約 1 億美元，其中非計畫型援款爲 11 億 300 萬美元〔註 80〕，計畫型則爲經濟建設如電廠、交通、農工業發展之援助。美國援助之商品物進口出售後所產生之新臺幣，專款儲存於臺灣銀行，我國政府亦擬出對等之金額存入該帳戶，稱之爲「相對基金」〔註 81〕。事實上，政府存入之新臺幣從未眞正存入，僅是做帳面處理而已，故動用的相對基金全部爲美援物資所產生之新臺幣。此一款項廣泛用於補助國家算、經濟及社會，產生巨大效果。

美援進口物資，吸收了許多因貨幣過度發行所產生之逾量購置力，通貨膨脹問題獲得部份之解決。自從 1951 年接受美援，臺灣奠定了經濟發展的基礎，此一時期的經濟發展不僅是由於善用美援，也是由於經濟政策的正確、工業、農業的配合、國防力量的增強、政治穩定，國際市場情況的良好等因素所共同造成的。

表 44　1950-1953 年臺灣進口的資金來源

年	金額（百萬美元）				佔合計百分比			
	銀行結匯	美援	其他	合計	銀行結匯	美援	其他	合計
1950	91.6	20.6	10.6	122.8	74.6	16.7	8.7	100.0
1951	84.8	56.6	2.4	143.8	58.9	39.4	1.7	100.0
1952	115.2	89.1	2.7	207.0	55.7	43.0	1.3	100.0
1953	100.6	84.0	6.0	190.6	52.8	44.1	3.1	100.0

資料來源：葉萬安，二十年來之臺灣經濟，1967，頁 51-52。

上表顯示臺灣進口與美援進口間的關係，在進口的外匯主要來源中，美援顯然佔有重要的地位。特別是在 1951 年後，其平均比率高達全部進口的 39.4%，1953 年更高達 44.1%，這麼高的比率，直接證明美援對臺灣早期通貨穩定與發展的影響。

美援的初始階段，以大量提供消費性物資和原料，彌補了當時由於大量人員湧入以及經濟混亂造成的供給不足；與之相適應，通過設立「相對基金」，貨幣相對得以集中，從而緩和了貨幣供給的增加率，減緩有效需求的增長。

（1952），頁 139。

〔註 80〕Riggs, Fred W.（1952）, *Formosa Under the Chinese Nationalist Rule*, New York: The Macmillan Co, pp.112-113.

〔註 81〕審計部編（1951），《中央政府總決算審核報告書》，頁 16。

在客觀上起了收縮通貨膨脹的作用，使臺灣的通貨膨脹率由1950年的400%跌至1953年的已8.8%。

美援對臺濟的恢復起了重要作用。1950年代初期，臺灣財政負擔沉重，資金有限。美援成爲臺灣資本形成的重要來源。据美國加州大學（洛杉磯分校）教授Neil H. Jacoby於1964年應美國國際開發總署署長Dayid E. Bell聘請，對美援臺方案作一評估。在撰寫的報告中他指出，美援中資本援助占同期臺灣資本形成毛額的 34%，且美援在臺灣國際貿易上，每年彌財貨及勞務入超額91%〔註82〕。美援的重心，主要在于擴充基本建設、農業及人力資源。用于經濟建設的美援及美援所產生的新臺幣（總額約11億美元）中，用於基本建設的占37.3%，用於人力資源的占25.9%。用於來農業部門的占21.5%，工業部門的占15.3%〔註83〕。可見，美援對臺灣的恢復和發展起了重要作用，臺灣在相當程度上受惠於美援。

當時政府接受美援的內容除了物資，還包括諮詢與技術指導，在多數文獻資料中，在在顯示出美援對臺灣的深刻影響，尤其當時的美國經濟顧問團對臺灣經濟的政策走向，大多數文獻也都表示具有導向性的作用，但是不是美方所提供的意見與技術支援，都對當時政府政策的制訂有重大之影響力，是值得研究的議題之一。

根據立法院公報資料的研究，當時行政體系對於美方提出之建議並非無條件之全盤接受，仍保有採行與否之自主權。舉例而言，我們的電力公司因爲受美援的幫助，因而聘請美國的電力專家，美國專家用美國的經驗衡量臺灣的情況，建議電價應提高一倍；當時的美國國際合作總署駐華共同安全分署署長卜藍德 （Mr. Joseph L. Brent）曾致函經濟部長尹仲容，提出臺灣電力應有合理的利潤，如果利潤不合理，美援將不願投資於此〔註84〕，但受立法委員的質疑，而加以拒絕。

另外，在會計制度〔註85〕、金融管理制度與匯率上，美方亦曾透過專家提供建議。但臺灣對美方所提出之報告有若干意見，認爲在社會科學方面，外國專家不如本地專業人士，因此宜盡量晉用本地專家〔註86〕。行政院長俞

〔註82〕Jacoby, Neil H.（1967）, pp. 38-54.
〔註83〕Jacoby, Neil H.（1967）, pp. 38-65.
〔註84〕劉明侯委員，公報第十四會期第一期，第110-1頁。
〔註85〕陸宗騏委員，公報第十四會期第三期，第123-4頁。
〔註86〕劉全忠委員，公報第十五會期第三期，第136-9頁

鴻鈞也曾表示意見，覆以美方專家自重慶政府時代即陸續對我提出建議與幫助，但因其對於中國社會、中國歷史及人民心理的瞭解有限，所提之方案有許多無法應用之處；近來之建議與諮詢則爲美援之一部分，我方無須給酬，但我方政府仍對採行建議與否有自主權〔註 87〕。

在預算、稅制、經濟發展、匯率問題等方面，俞鴻鈞院長表示美國經濟顧問團亦會對此提出建議報告書。除將相關建議交由相關主管機關分別研究，酌予採用施行外，在匯率問題方面，經過多方研究，仿以爲不宜貿然調整匯率，以免未見其利，先蒙其弊〔註 88〕。

綜前所陳，美方意見對臺灣經濟政策之影響力雖有，但仍以臺灣經濟狀況最爲優先，而非全盤無條件接受。

第五節　非經濟政策之措施

依戰後臺灣之政經背景，政府選擇土地改革應是正確且有效之政策。政府強力自主介入土地改革，不但在促使農產增加，進而帶動國家資本之累積，而且土地改革對抑制當時物價膨脹應有相當之助益。

一、土地改革

國民政府來臺著眼於政治治理及社會經濟發展的考量，於立國思想指導平均地權大旗下，推行土地改革。土地改革的順序先農地再市地、先保佃再扶植佃農、先公地再私地。不過，臺灣的土地改革僅完成農地土改，尙未擴及市地。臺灣於 1949 年以前，佃租動輒佔產值的一半以上，佃農收益泰半爲地主奪取。農復會爲了提昇生產效率、掌握農民，於 1949 年開始，實施三步驟的土改：1949 年實施「三七五減租」、1951 年實施「公地放領」、1953 實施「耕者有其田」。

根據葉萬安在《二十年來之臺灣經濟》所彙整的資料〔註 89〕，土地改革梗概如下：

1949 年開始第一步驟，實施「三七五減租」政策，即田租最高不得

〔註 87〕行政院長俞鴻鈞，公報第十五會期第三期，第 139 頁。
〔註 88〕行政院長俞鴻鈞，公報第十五會期第三期，第 191 頁。
〔註 89〕葉萬安（1967），《二十年來之臺灣經濟》，臺灣銀行經濟研究室，頁 21-22。

超過 1948 年主產物的 37.5%，……限定爲 1948 年主產物的 37.5%，其目的在使佃農增產的所得，全部爲佃農自己所有。

1951 年政府又採取了第二步驟「公地放領」。所謂公地放領，是將政府原來出租予農民的公有租地，使承租佃農承購，取得所有權。

1953 年又進一步實施「耕者有其田」政策，……政府規定每一農戶持有之耕地不得超過一定的標準（中水田爲三公頃，旱田爲六公頃），超過此項標準者，即由政府收購轉讓給佃農，而地價按全年主要作物正產品收獲量的二倍半計算，由承購農民分十年連同利息平均分歸攤還。亦即承購農民每年償付地價尚不及每年正產品收獲量的 30%，較之原來的 37.5 田租還要少，而且十年後耕地即爲耕農自己所有。另一方面政府將地主耕地收買，給予 30%的公營事業公司〔註 90〕股票，餘 70%給予實物債券，分十年均等攤還，並加給利息年息 4%，每年由承購農民所償付的地價付還給地主。到 1963 年十年期滿，除少數因特殊原因外，所有地價已償付完畢。

實施土地改革，受益農民爲 467,000 戶，佔當時農戶的 60%。1949 年實佃戶佔總農戶的 39%，半自耕農佔 25%，自耕農佔 36%；1965 年之佃農 13%，半自耕農佔 20%，自耕農佔 67%。自耕農所持有的耕地由 56%提高至 86%〔註 91〕。佃耕農地占全部農地的比率從 44%下降到 17%〔註 92〕。

大刀闊斧的土地改革，對於臺灣農村社會產生重大而深遠的影響。就個人層面而言，農地自有確保了勞動所得扣除田賦與水租等國家稅收之後，全數由自家獲取，家庭在有限的範圍內，可以自由選擇交換的型態，諸如教育支出、生活用品支出、儲蓄等，前二項有助於勞動預備隊伍及臺灣輕工業消費品的市場，巧妙的將農業勞動剩餘移轉至工業部門。就國家層面而言，土地改革破除了鄉村結構中鄉紳階級掌握生產資料（土地、水利、地區市場）以掌握社會權力的結構，順利的藉由水利設施、農業產銷達成國家中央集權的目標。

〔註 90〕所換取的股票爲臺灣水泥、臺灣紙業、臺灣農林、臺灣工礦。即所謂四大公營公司。

〔註 91〕葉萬安（1967），頁 22。

〔註 92〕陳誠（1961），《臺灣土地改革記要》，臺北中華書局，頁 75-80。

二、稻米產銷

簡要說明土地改革過程之後，接著探究稻米產業的變化。戰後初期臺灣爲爭取外匯，以農養工，大力擴展稻米的種植，以水利建設擴大灌溉面積增產，以肥料換穀〔註 93〕低價買入稻穀，再以公糧外銷日韓等鄰近缺糧國家賺取外匯。根據臺灣省糧食處（1997）之資料〔註 94〕，1950 年公糧外銷折糙爲 10 萬公噸。

臺灣此時農業以米、糖生產爲主，政府以壟斷資本製糖、以肥料換穀低價收購稻米，再將庶糖、稻米的出口爲臺灣創造了大量的外匯，累積國家資本，平抑物價。追究其本源，土地改革三七五減租、公地放領、耕者有其田的「土地改革」政策功不可沒。

第六節　各政策實施之效果

臺灣惡性物價膨脹結束的過程中，政府最先的因應措施是進行幣制改革。臺灣在幣制改革後物價膨脹並非立即穩定，而是逐漸趨於緩和，其間甚至有一個物價上漲轉趨惡化的過渡期。深究其原因，可以發現幣制改革方案實施後因爲政治上不利的因素，使得物價膨脹轉趨惡化。例如改幣後，臺銀仍然大量對軍政機關和財政墊款，對公營企業也依舊持續放款，並未扮演超然獨立的央行角色。同時庫存黃金又因黃金儲辦法而大量減少，傷及黃金準備和幣信。1949 年，國民政府遷臺，軍民激增，造成需求面沉重的壓力，促使物價更爲高漲。大陸軍事失利影響人民對政府的信心不足，加上國民政府遷臺後，國際孤立無援，又要以一省之力支持龐大的軍費支出，造成鉅額赤字。

政府鑒於惡性通貨嚴重與急迫，遂採取強力行政干預抑制措施，六月中幣制改革後，輔以黃金儲蓄存款等收縮性配合措施，但也只能暫時降低通貨膨脹率的漲幅而已，並未能有效阻止漲勢，尤其後造成黑市居高不下，投機取巧套匯，政府握存的大量黃金流出，至 1951 年八月十三日政府將黃金存蓄辦法明令廢止。雖然如此，仍有一些有利人們預期的因素，包括 1950 年一月

〔註 93〕所謂肥料換穀，乃政府要求農民以物易物的方式按照政府規定的價格以稻穀換取化學肥料。由於獨佔化學肥料之配銷，且交換價格由政府訂定，低價化肥換取高價稻穀，國家得以取得農業剩餘創匯。

〔註 94〕臺灣省糧食處（1997），《臺灣百年糧政資料彙編》，南投臺灣省糧食處。

宣布「不增加發行政策」；三月底開辦優利存款使政府暫時減輕對增加發行的依賴；六月底開始整頓稅收，財政收入有所增加。

尤其是優利儲蓄存款的開辦，優利儲蓄存款初訂的利率很高，但實際實施的時間並不長，以一個月期月息 7%的高利率，經過三個多月，即宣告削減一半爲 3.5%，再三個月後更降爲 3%，但存款至少維持了十三個月的穩定。此一優利政策初始時，學術界曾有相當不贊成之聲浪，認爲高利率將是政府一項不堪負荷的重擔，但事實證明在審慎的運用下，是一項成功的政策。

最重要的是，韓戰爆發後，美國立即派遣第七艦隊協防臺海，並撥來大量物資，對臺灣惡性通貨膨脹有及時雨的功效，美國宣布恢復繼續援華，帶來了經濟與政治上雙重有利的因素，穩定了人民對未來的信心。美援進口大量物資解決了供需失調及外匯短缺的困境，軍援和軍協援助直接抵補了大部份的軍事支出，因而大大縮減了國防支出預算和赤字；「美援臺幣基金」收縮通貨，並用於軍協及支應政府經濟社會建設，以及直接彌補財政赤字；美援進口物資和支援基本建設，有助於提高生產增加稅收等等，都是對於財政體制改革的重要貢獻。就在人們相信政府在美援進來之後，有誠意且有能力反通貨膨脹，也就是相信政府能夠行政策體制改革，而政策體制改革也確實發生時，臺灣的惡性物價膨脹才眞正結束。

在對臺灣惡性通貨膨脹有助益的非經濟措施，學者多稱讚當時所推行的土地改革。土地改革的成功，農村經濟大爲改善，不僅對當時惡性通貨膨脹及社會的安定有重大幫助，並爲後來的經濟發展奠定穩固基礎；土地改革使經濟及社會結構因而有變革性調整，當代農民的社會地位、乃至政治地位，都迅速的提升，更進者，農村子弟接受完整及高等教育的機會大爲增加，尤具深遠的影響。

第四章　貨幣供給與通貨膨脹因果之剖析

對於惡性通貨膨脹的現象，大部分經濟學者都同意是一種貨幣現象，即因貨幣發行太多而引起物價的膨脹。

初期人類經濟活動的發展由以物易物的直接交換型態（barter economy）開始，但因實物交換缺乏共同價值標準、不易尋覓適宜的交換對象，且運送與儲藏不便，再加上延期支付上的困擾，逐漸演變成爲貨幣經濟（monetary economy）；貨幣的出現克服了物物交換的困難，並成爲現代經濟活動中不可或缺的交易媒介。

在貨幣經濟的初期，貨幣本身就是有價値的商品，例如金、銀、元寶等貴金屬，稱爲商品貨幣。但是貴金屬貨幣的最大問題，在於成色不統一且不易分割，因此當成色不同的貴金屬貨幣同時發行時，人們會保留成色較高的「良幣」，只剩下成色較差的「劣幣」在市面上流通，亦即所謂的劣幣驅逐良幣（bad money drives out good）現象〔註1〕。由於貴金屬貨幣具有上述缺點，遂有紙幣的發明。紙幣發明之初，爲避免貴金屬的攜帶與交換不易，紙幣與貴金屬是可以相互交換。臺灣在日治初期，臺灣銀行的銀行券也可以無條件兌換金幣或銀幣；這種貴金屬與紙幣對等交換，以黃金或白銀支持紙幣購買力之制度，稱爲金本位（gold standard）或銀本位（silver standard）制度。依據此一原則，各國在發行紙幣時必須有等値的貴金屬作爲發行保證，讓使用者對紙幣具有信心，發行紙幣所必須準備的等値貴金屬，就稱爲發行準備

〔註1〕劣幣驅逐良幣又稱爲格萊興法則（Gresham's Law），爲格萊興爵士（Sir Thomas Gresham, 1519-1579）於十六世紀時提出。請參照張清溪、許嘉棟、劉鶯釧、吳聰敏（2000），《經濟學——理論與實際》，翰蘆圖書，頁163。

〔註2〕。發行準備和紙幣的數目原來是一對一的關係，但是隨著經濟的發展，發行準備也由十足準備逐漸變成部份準備，紙幣的發行量和貴金屬的對等關係也隨之消失，紙幣不再可以兌換等價的貴金屬。此後，紙幣的購買力來自政府的法令，政府賦予紙幣無限法償（legal tender）的地位，此種貨幣稱爲強制貨幣（fiat money）。

貨幣的功能主要在於價值標準（standard of value）、交換媒介（medium of exchange）、延期支付（deferred payment）與價值儲藏（store of value）。只要是具有交易媒介的功能，就可以稱爲貨幣，除了紙幣與鑄幣稱爲通貨（currency）之外，支票存款、活期存款與活期儲蓄存款都有高度的變現性與流動性（liquidity），因此支票存款、活期存款與活期儲蓄存款亦屬於貨幣的一部份，稱爲存款貨幣。

貨幣供給量爲通貨淨額與存款貨幣淨額的合稱。依照國際慣例，貨幣數量依其流動性高低，可以分成M1A、M1B和M2三種〔註3〕，其中M1A的流動性最高，由通貨淨額、支票存款和活期存款加總構成；M1A再加上活期儲蓄存款即是M1B。其中的通貨淨額是中央銀行之負債，係指在社會流通之紙幣的總額，可視爲社會之淨財富（net wealth）。至於存款貨幣淨額是可創造存款之金融機構〔註4〕的負債，由支票存款及類似支票存款的銀行負債，扣除代交換票據構成；因存款貨幣是以其他部門之負債爲基礎發行，故非屬社會之淨財富。除了M1A與M1B之外，金融統計中另有貨幣性較不足的準貨幣（quasi-money），包括定期性存款、郵匯局郵政儲金、外匯存款、企業及個人持有貨幣機構及郵匯局之附買回交易證券（RP）及外人之新臺幣存款等五項，該類金融資產通常以價值儲藏爲主要動機。若將M1B加計準貨幣，則爲M2，即廣義的貨幣供給量。〔註5〕

一、貨幣的發行、貨幣政策與通貨膨脹之間的關係

貨幣政策常見的方式，是透過貨幣供給量的多與寡影響經濟運作，乃政

〔註2〕近代的發行準備在金銀等貴金屬外，還包括外匯，請見以下的說明。

〔註3〕臺灣貨幣總額的定義：（1）M1A：通貨+支票存款+活期存款；（2）M1B：M1A+活期儲蓄存款；（3）M2：M1B+定期儲蓄存款+郵匯局的轉存款。

〔註4〕存款貨幣機構包括有：本國銀行、外國銀行在臺分行、信用合作社，以及農漁會信用部。

〔註5〕關於歷年的貨幣供給量，可以參考主計處各年度的Statistical Yearbook。

府的最重要的政策工具之一。貨幣供給量係由一貨幣乘數（monetary multiplier）與貨幣基數（monetary base）之乘積所決定。貨幣基數即爲通貨，又稱爲準備貨幣（reserve money）或強力貨幣（high-powered money）；貨幣乘數則爲金融機構收取存款之後，部份再貸放給民間從事商業活動，此放款有部份又回流金融機構存放，如此重複存取、創造信用的機制，稱爲貨幣乘數（money multiplier）效果，故銀行信用之增長或萎縮，除影響整體金融體系之運作外，亦連帶促使貨幣供給擴張或收縮。

中央銀行如欲改變貨幣供給量，可以透過貨幣基數的增減來達成。中央銀行改變通貨幣基數的方式有許多種，最常見的方式是透過公開市場操作（open market operation），如買賣由政府發行或保證之債券、由銀行發行之金融債券與經銀行承兌或保證之票據、發行乙種國庫券、可轉讓定期存單與儲蓄券等方式，讓銀行體系中的存款準備金數量增加或減少。除了公開市場操作之外，重貼現政策〔註6〕、存款準備政策〔註7〕、選擇性信用管制〔註8〕和道義說服〔註9〕亦爲中央銀行執行貨幣政策的主要工具。依此，中央銀行可以影響銀行體系準備貨幣的增減，再透過存款貨幣機構的信用貸放能力，對社會流動性與貨幣數量產生倍數的擴張或收縮效果，並進而控制貨幣供給量，達到政策目標。

由於貨幣供給量的穩定與否對一國經濟影響甚鉅，而且貨幣政策是非常重要的政策工具，因此各國政府的通貨發行權皆由政府部門的中央銀行主管。幣信的建立與鞏固是通貨發行管理之重要一環，此與貨幣供給量的控制息息相關。承平時期的政府若是預算支出大過於租稅收入，其融資通常以公債進行，即以公債向民間借款，謂之公債融通（bond financing）；但非常時期的政府，爲了快速取得戰略物資，可能要求中央銀行發行貨幣，直接交由政府購買民間物資，此即所謂的貨幣融通（monetary financing）。〔註10〕當貨幣

〔註6〕一般銀行缺少資金時，以其對顧客貼現所持有之商業票據，請求中央銀行給予「再貼現」，以取得現金。中央銀行透過重貼現率之調整，鼓勵或削弱商業銀行向中央銀行資金融通，進而影響市場利率。

〔註7〕中央銀行根據銀行法規定，提高或降低存款法定準備率，以影響銀行可貸資金之數量，並進而影響貨幣乘數。

〔註8〕在貨幣供給總量不變之情況下，實施資金流向管理，此爲質之控制，如爲壓制房地產價格上漲，對購屋貸款成數之限制。

〔註9〕中央銀行對一般商業銀行口頭勸說支持政府貨幣政策，配合增加或減少貨幣供給之做法。

〔註10〕這也說明了央行獨立性的重要。各國央行通常獨立於行政部門之外，而獨立

供給量控制不當，過度增加時，由於以貨幣形式存在的儲蓄變得毫無價值，民眾便會急於以貨幣換取實物，過多的貨幣追求過少的物資，自然造成通貨膨脹的現象，若通貨膨脹超過三位數時，即爲惡性通貨膨脹（hyper-inflation）。近代許多國家因生產遭受嚴重破壞，以及龐大的軍費支出，造成財政鉅額赤字，迫使政府大量印發鈔票，而陷入惡性通貨膨脹，經濟體制幾乎瓦解。臺灣在戰後初期的貨幣狀況即是一例。

二、臺灣貨幣

（一）1937-1945 年日治時期的臺灣貨幣

日治時期在臺灣通行的貨幣稱爲「臺灣銀行券」〔註 11〕（這是臺灣使用紙幣的開始），1989 年 6 月株式會社臺灣銀行成立，同年 9 月，由株式會社臺灣銀行代臺灣總督府發行臺灣銀行券，並與日本的貨幣（當時日本本土所使用的貨幣稱爲日本銀行券）維持 1：1 的匯率。臺灣銀行發行此種銀行券原有黃金及白銀爲準備，並且用票據爲保證準備，以維持伸縮性。但後者有一定的限度，發行額如超過此限度，必須得到日本政府認可，且對超額要課稅百分之五。第二次大戰期間，黃金與白銀準備皆被運往日本，由日本銀行保管。

（二）1945-1949 年的臺灣貨幣

戰後，國民政府自日本接收臺灣，起初國民政府要在臺灣發行「中央銀行臺灣流通券」，但是這個計畫因爲陳儀反對，再加上大陸局勢日漸失利，「臺灣流通券」的實施計畫胎死腹中。所以從接收後到舊臺幣正式發行的七個月過渡期間內，臺灣地區仍沿用日治時代的「臺灣銀行券」，且一直持續到 1946 年八月底止，自九月一日起「舊臺幣」以等值收兌「臺灣銀行券」，國民政府回收臺灣銀行券後，會同有關機關將之全部銷毀。

爲隔絕大陸通貨膨脹對臺灣之影響，實施獨立貨幣制度，穩定臺灣地區金融，臺灣係由臺灣銀行發行臺幣（即舊臺幣），於 1946 年五月二十日株式會社臺灣銀行重新改組爲臺灣銀行，三天後 5 月 22 日由臺灣銀行發行臺幣

性也是央行表現的重要評等項目。

〔註 11〕以 1938 年物價爲例，由行政院主計處統計局物價統計科於 2003 年所公佈的消費者物價指數 2002 年爲 103.86，對照「陳聰敏 1996 臺灣長期的物價與物價指數」得之 1938 年物價指數爲 2002 年物價指數的 8047826.76 倍，因此，1938 年臺灣銀行券 4000 圓＝4000/40000×8047826.76＝804782.68 約 2002 年新臺幣 80 萬元。

（即現在所稱的舊臺幣），發行壹圓、伍圓、拾圓（亦即所謂的舊臺幣）三種面額的紙鈔，來取代早已行之有年的「臺灣銀行券」。其發行額最初核定爲 30 億元，不過，因政府藉由發行通貨墊付融通龐大的軍政經費與重建資金，發行額逐漸上升，終使紙幣制度失去控制，並演變成惡性通貨膨脹。

原本國民政府在臺灣不採當時尚在全國大部分地區通行的「法幣」，主要目地可能在避免臺灣金融經濟受到大陸逐漸惡化的通貨膨脹所影響，希冀建立一道防波堤以自保，誰料 1945 到 1949 年期間，臺灣物價幾乎是一日數變，每年物價漲幅都在 500%至 1,200%之間。〔註 12〕

（三）1949 年以後的臺灣貨幣

國民政府遷臺後，爲解決惡性通貨膨脹，遏阻物價上漲，1949 年六月十五日臺灣省政府遂頒布「新臺幣發行辦法」，施行幣制改革，由臺灣銀行發行新臺幣，取代舊臺幣，以提高貨幣價值，恢復貨幣的正常流通速度，舊臺幣與新臺幣以四萬比一的方式進行兌換。

貨幣供給量多寡與物價高低的相對應關係，是經濟學理論中普遍受到證實的現象，依照基本的經濟學理論，正常的貨幣供給量應與經濟成長的速度相近，例如經濟成長率每年 3%，則貨幣供給量的年成長率也應該維持在 3%左右，提供經濟成長的交易所需，但亦不可過量以免造成不必要的通貨膨脹。由以上的討論，可知貨幣在經濟體系內流通，促進交易進行，保持經濟運作正常而不可或缺，但是水可載舟、亦可覆舟，一國的貨幣當局在貨幣供給量的操作上不可不慎。

第一節　貨幣供給情況

根據研究幾乎所有的惡性通貨膨脹都是因爲財政赤字所引起。在稅收不足的情形下，發行大量貨幣融通其支出，以致引起物價上漲。以下利用分期說明各階段臺灣貨幣供給狀況：

一、日治時代末期至 1945 年底的貨幣供給

1945 年十月二十五日臺灣省行政官公署在臺北成立。十一月一日起，行政長官公署財務處接管前臺灣總督府財務課，開始掌管臺灣省財政會計事

〔註 12〕請參考中央銀行電子出版品，認識通貨膨脹。

務。從十一月一日到十二月十四日之間，省財政預算係沿用原臺灣總督府之 1945 年度預算。十二月十五日至翌年三月三十一日間的預算，則由財務處按總督府之預算修正編列。換言之，在 1945 年十月底之前臺灣省的財政收支仍由日人負責。1945 年至 1949 年之間，物價指數和貨幣供給同向巨幅變動。其貨幣供給在日治末期已出現上升趨勢，但由於臺灣總督府實施物價管制，因此物價指數變動不如貨幣供給。臺灣總督府在 1937 年八月公布實施「利取締令」，1938 年九月公布「物品販售價格取締規則」，開始實施公定價格，1939 年九月十八日發布「價格等統制令」，宣布全面凍結物價〔註 13〕。

另外，日治時期臺灣的國防支出是由日本政府負擔，因此臺灣總督府的財政數支數字中並沒有國防支出科目。但是 1937 年度起總督府歲出預算中開始有了「撥付日本軍事費」一項。1937 年度，該支出占該年度總支出的 7.1%。到了 1944 年度，此項支出所占的比率上升為 30.8%〔註 14〕。因此實質上臺灣 1937 年開始負擔國防支出，日治末期貨幣供給增加的原因來自於「放款」、「有價證券」、「各部往來」等數額增加快速的資產科目。其中有價證券底下的國債（日本政府發行的公債）增加占貨幣發行增加的 45.5%，放款增加則占 42.0%，因此臺灣銀行快速累積日本政府公債，可說是此一時期貨幣發行激增的主要原因。如下表所示：

表 45　1940 年十二月-1946 年五月十八日臺灣銀行資產負債表

單位：臺銀兑換券/百萬圓

時　間	資產	放款	有價證券	國債	所有物	各部往來	其他資產	負債	發行鈔券	存款	其他負債
1940.12	431.3	226.3	137.2	134.9	6.7	0.0	61.1	431.3	199.7	137.7	93.9
1941.12	513.4	259.5	173.6	170.0	6.8	0.0	73.5	513.4	252.8	151.6	109.0
1942.12	591.9	296.0	209.8	182.6	7.9	0.0	78.2	591.9	289.3	165.5	137.1
1943.12	706.9	376.4	262.8	238.2	8.2	0.0	59.5	706.9	415.6	184.0	107.3
1944.12	1213.0	549.7	475.9	448.3	9.1	132.8	45.5	1213.0	796.1	269.3	147.6
1945.3	1461.9	647.4	512.3	484.4	9.2	253.4	39.6	1461.9	1021.0	305.8	135.1
1945.7	1695.0	649.4	592.9	565.0	9.2	397.2	46.3	1695.0	1207.1	350.8	137.1
1945.8	2206.7	762.0	8.7	2.5	9.2	1386.1	40.7	2206.7	1651.7	412.0	143.0
1945.9	2990.2	869.5	10.5	4.3	9.0	2038.4	62.8	2990.2	2258.0	510.9	194.3

〔註 13〕有關日治末期之物價管制，請見蘇震、葉子謀，《臺灣省通志稿》卷四（1958），經濟志物價篇，臺灣省文獻委員會，頁 211；及《臺灣統治概要》（1945），之說明。

〔註 14〕有關日治時期臺灣地政府財政收支之討論，參見黃通、張宗漢、李昌槿（1978），《日治時代之臺灣財政》，臺北，聯經出版公司。

1945.10	3497.9	1055.0	16.8	10.5	9.0	2043.3	373.8	3497.9	2897.9	466.1	133.9
1945.12	3794.9	1477.2	18.4	0.0	9.2	2054.0	236.1	3794.9	2311.8	1386.3	96.8
1946.5.18	5481.7	1501.8	18.4	12.2	11.6	1981.9	1968.0	5481.7	3341.3	1833.6	306.8

資料來源：（1）1940.12-1945.3 及 1946.5.18 爲《臺灣銀行史》，1964，第 854 頁。（2）1945.7-1945.10 爲《臺灣金融經濟資料蒐錄附錄統計表》，1946，第 2-14 頁。（3）1945.12 爲陳榮富，《臺灣金融史料》，臺灣銀行經濟研究室，1953，第 59 頁。

日治末期到 1945 年十一月底，通貨增加以可歸納以下原因：

（1）1940 年到 1945 年八月之間，臺灣銀行購入巨額的日本政府公債。

（2）1945 年八月至十一月之間，臺灣銀行對日本國府提供巨額墊款。

（3）臺灣銀行對於各項產業之放款持續增加。

其中前兩項原因是財政赤字所造成的，特別是 1948 年以後，財政赤字所造成通貨膨脹是最根本的原因。

二、1946 年至 1949 年之間的貨幣供給

戰後貨幣供給增加的原因除了預算赤字外，還包括臺灣銀行對於國營企業放款增加，匯率政錯誤，以及國民政府撤府到臺灣時所匯入之巨額匯款等。

1946 年五月十八日臺灣銀行交接前夕餘額除對日本國庫墊款之外，還包括對省公庫墊款，因此此時期臺灣銀行對省公庫墊款是貨幣發行增加的主因。平均而言，對中央駐臺機之墊款爲省庫全部墊款的 68.9%，1946 年以後中央政府加諸於省財政的負擔，一直是臺幣發行的一項沈重壓力。而在 1949 年起貨幣發行增加的根本原因是臺灣省負擔的中央軍政經費逐漸加重〔註 15〕。

表 46　1944-1948 年貨幣供給額

單位：法幣元

年　底	通貨發行額（1）	活期存款（2）	總　計
1944	189,500,000,000	85,587,000,000	275,087,000,000
1945	1,031,900,000,000	474,690,000,000	1,506,590,000,000
1946	3,726,100,000,000	5,455,494,000,000	9,181,594,000,000
1947	33,188,500,000,000	27,777,060,000,000	60,965,560,000,000
1948.01-06	196,520,300,000,000	202,571,339,000,000	399,091,639,000,000

資料來源：（1）1944-1948 年根據中央銀行記錄編制。（2）1944-1945 年爲國家銀行數字，引自四聯總處報告；1946-1948 年根據中央銀行稽核處編制的統計數字。

〔註 15〕見《臺灣省統計要覽》，1946，第 2 期，頁 88；1946，第 3 期，頁 132，以及臺灣省政府施政報告，1947 年 6 月，頁 31-32，270。

三、1949 年以後的貨幣供給

1949 年年初陳誠就任臺灣省政府主席時，所開展的各項經濟相關政策，就已將重心放在臺灣。1949 年五月省財政廳長嚴家淦即表示中樞決定臺省經濟金融逐漸成獨立單位，並在中央所定國策下完成完整的經濟體系〔註 16〕。1949 年六月陳誠在省參議會第一屆第七次大會中的施政報告中指出，「以往本省重要生產事業大多數由中央管理，而本省對中央軍政墊款亦過多。現在中央已折算墊歸並另撥黃金八十萬兩改革基金」〔註 17〕。

1949 年六月十五日臺灣省政府頒佈「新臺幣發行辦法」及「臺灣省幣制改革方案」，根據改革方案所指：「京滬撤守後，臺灣地位日益重要亟需改革幣制，以保持經濟安定，最近中央已決定劃撥經費來源抵付在臺軍公墊款，進出口貿易及外匯管理交由臺灣省統籌調撥並撥黃金八十萬兩作爲改幣基金，新臺幣應以較穩定之貨幣爲計算標準，以美金計算爲主」〔註 18〕。

而臺幣與美元的聯繫即表示臺幣與大陸貨幣的匯兌關係從此停止，且意味臺灣亦將走入國際市場，切斷與大陸的經貿往來。臺灣的金融與外匯貿易自此脫離大陸，自成獨立的制度。

表 47　1946-1952 年臺灣地區貨幣發行額

單位：千元

日　期	舊臺幣發行額
1946.05.18	2,943,000,000
1946.12.31	5,330,000,000
1947.12	17,133,000,000
1948.12	142,040,000,000
1949.06.14	527,033,000,000
日　期	新臺幣發行額
1949.06.15	56,455,000
1949.09	112,436,000
1949.12	197,628,000
1950.03	230,416,000
1950.06	234,436,000

〔註 16〕中央日報，民國三十八年五月二十七日。
〔註 17〕臺灣省參議會大會專輯，民國三十八年（1949）。
〔註 18〕陳榮富（1953），頁 24。

1950.09	285,338,000
1950.12	287,915,000
1951.03	354,109,000
1951.06	416,341,000
1951.09	443,426,000
1951.12	472,935,000
1952.03	519,204,000
1952.06	572,894,000
1952.09	563,173,000
1952.12	704,953,000

資料來源：1946 至 1948 年 6 月 14 日根據臺灣銀行經濟研究室編，《臺灣之金融史料》，第 3 頁；1949 年 6 月 15 日至 1952 年根據張仁明（1959），〈臺灣之貨幣供給與貨幣流量〉，《臺灣銀行季刊》，20：1，頁 68，表 1。

爲了調劑季節性週轉及增加生產資金，臺灣省政府遂於 1950 年七月七日公佈「臺灣省政府輔助生產限外臨時發行新臺幣辦法」，指定臺灣銀行於二億元發行限額外，增加限外臨時發行，此辦法實施之初，發行額以 5,000 萬圓爲度，但後因實際需要發行額履有增加，限外發行情況如下表。

表 48　1950-1952 年限外發行額表

金額單位：圓

日期	1950 年	1951 年	1952 年
1 月底	—	50,000,000	241,000,000
2 月底	—	80,000,000	233,000,000
3 月底	—	100,000,000	239,650,000
4 月底	—	110,000,000	239,650,000
5 月底	—	118,500,000	265,650,000
6 月底	—	145,000,000	274,650,000
7 月底	41,000,000	145,000,000	274,620,000
8 月底	45,000,000	171,000,000	274,560,000
9 月底	49,000,000	191,000,000	274,000,000
10 月底	40,000,000	191,000,000	299,000,000
11 月底	40,000,000	191,000,000	334,000,000
12 月底	50,000,000	191,000,000	390,000,000

資料來源：陳榮富（1953），《臺灣之金融史料》，臺灣銀行，頁 3。

表 49　1932-1952 年臺灣貨幣供給

單位：1949 年五月以前爲舊臺幣，六月開始爲新臺幣 / 百萬元

日 期	M1	通貨淨額	存款貨幣
1932	156.99	59.05	97.94
1933	153.14	55.51	97.62
1934	178.62	69.46	109.16
1935	196.03	77.35	118.67
1936	215.17	86.59	128.58
1937	256.50	120.67	135.84
1938	343.44	151.75	191.69
1939	424.54	185.77	238.78
1940	504.60	217.58	287.02
1941	623.28	272.52	350.75
1942	739.64	309.33	430.31
1943	941.75	433.19	508.56
1944	1622.78	814.78	808.00
1945	3664.44	2330.66	1333.78
1946	10073.06	5330.31	4742.75
1947. 1	10999.15	5689.02	5310.12
2	11554.67	6418.75	5135.92
3	11783.96	6956.50	4827.46
4	13502.59	7496.05	6006.54
5	16101.00	8881.17	7219.83
6	18238.47	10250.23	7988.23
7	20196.13	11025.09	9171.03
8	22932.54	11321.46	11611.08
9	25027.75	12565.60	12462.15
10	26825.34	14185.74	12639.60
11	26615.43	14638.04	11977.39
12	29755.69	17132.09	12623.60
1948. 1	33914.00	17902.02	16011.98
2	42046.70	21043.16	21003.54
3	47536.13	22983.99	24552.14
4	60474.74	24970.74	35504.01
5	66329.72	29042.06	37287.66
6	81420.11	35745.22	45674.89
7	80908.93	40555.34	40353.59
8	102254.34	50005.04	52249.29
9	143528.17	64098.26	79429.91

10	204958.96	100341.27	104617.70
11	261622.79	126404.47	135218.32
12	553999.81	220716.90	333282.91
1949. 1	783074.59	312599.30	470475.29
2	932554.45	394284.34	538270.11
3	1132179.45	468406.12	663773.33
4	1535266.05	668667.43	866598.62
5	3349254.17	1462253.60	1887000.57
6	109.20	41.00	68.20
7	109.36	78.00	31.36
8	142.46	94.00	48.46
9	171.71	112.00	59.71
10	203.84	122.00	81.84
11	243.95	144.00	99.95
12	289.00	192.00	97.00
1950. 1	344.13	189.00	155.13
2	346.01	213.00	133.01
3	352.20	230.00	122.20
4	362.12	237.00	125.12
5	365.43	236.00	129.43
6	409.77	234.00	175.77
7	463.54	279.00	184.54
8	516.04	278.00	238.04
9	611.54	285.00	326.54
10	556.00	263.00	293.00
11	605.25	258.00	347.25
12	583.00	365.00	218.00
1951. 1	680.17	273.00	407.17
2	744.84	317.00	427.84
3	756.18	354.00	402.18
4	871.05	376.00	495.05
5	915.65	390.00	525.65
6	990.67	416.00	574.67
7	728.38	408.00	320.38
8	691.90	421.00	270.90
9	707.61	443.00	264.61
10	710.21	441.00	269.21
11	705.61	437.00	268.61
12	948.00	559.00	389.00
1952.1	896.77	533.00	363.77

2	882.01	503.00	379.01
3	909.29	519.00	390.29
4	918.97	522.00	396.97
5	983.58	564.00	419.58
6	1009.84	573.00	436.84
7	997.80	565.00	432.80
8	1040.64	568.00	472.64
9	1035.11	563.00	472.11
10	1091.88	586.00	505.88
11	1168.37	623.00	545.37
12	1432.99	762.00	670.99

資料來源：吳聰敏、高櫻芬（1991），〈臺灣貨幣與物價長期關係之研究：1907 年至 1986 年〉《經濟論文叢刊》19：1，頁 53-55。

第二節　貨幣供給與通貨膨脹間之關係

不管是從法幣到金圓券，或是舊臺幣到新臺幣，都是貨幣發行數量失控之後，紙幣所代表的購買力喪失，隨之造成物價的激漲。為明白貨幣供給與通貨膨脹間之關係，必須先分析貨幣的角色，其中有 Fisher 所提出的交易方程式〔註 19〕，關於目前價格的交易數量對貨幣存量乘上每塊錢的週轉率之等式，此種貨幣的週轉率是測量某一時期每一塊錢用於交易的平均次數，稱為貨幣流通率，此等式表成：

$$MV \equiv PT,$$

式中，M 代表貨幣數量，V 表貨幣的交易流通率（每一塊錢，每年被用於購買最終的財貨或勞務之平均次數），P 代表對於該項交易的物價指數，T 則表示交易數量；亦即貨幣數量與貨幣流通速度的乘積，等於價格與交易量的乘積。

根據 Fisher 所提出之理論，方程式 MV≡PT 中的貨幣流通速度決定於交易數量。

$$V=\frac{PT}{M},$$

如果在經濟達到充分準時，交易數量為一定，右邊的貨幣數量 M 若保持

〔註 19〕Irving Fisher, *The Purchasing Power of Money*, New York, N.Y. : Macmillan, 1920, c1911.

不變，貨幣流通速度 V 卻增加，則在充分就業的水準上，交易量 T 維持一定，物價 P 即趨上漲，此時如再增加貨幣數量，必然引起價格的上漲，亦即通貨膨脹。由於通貨膨脹是貨幣供給導致的結果，因此檢視貨幣波動對通貨膨脹的衝擊。因此，通常惡性通貨膨脹的形成，均和貨幣供給量大量增加有所關連〔註20〕。

此外，另一種所得交易之交易方程式：

MV≡PY，

貨幣也佔有極重要的份量，在方程式中，當物價水準（P）與周轉率（V）固定下，交易方程式表達出貨幣存量（M）與產出（Y）間的關係。

其中，M 代表貨幣數量，V 表貨幣的交易流通率，P 代表對於該項交易的物價指數，Y 則表實質 GDP〔註21〕。

綜上所述，依據古典學派之貨幣數量學說，對 Fisher 所提出之交易方程式（*MV≡PT*），以及從所得交易方程式（*MV≡PT*）及劍橋方程式（*MV≡PY*），可以將貨幣與產出、通貨膨脹之關連性以下圖表示：

當一國的財政支出遠大於收入，尤其是戰時龐大的軍費支出遠超過正常財政收入所能支應時，最直接的辦法就是以貨幣政策融通（monetary accommodation），也就是財政赤字的貨幣化（monetizing budget deficit）。但是貨幣的購買力來自於貨幣準備所提供的法償地位，過多的貨幣供給相對於過少的準備，會稀釋貨幣的購買力，使貨幣的法償地位受到質疑，幣值貶低，物價也就隨之上漲。政府為彌補預算赤字而增發通貨，通常會因需要過剩而引發通貨膨脹；但當物價上漲時，銀行體系常會擴張信用，以滿足顧客在交易上所需要的貨幣，結果貨幣供給量大幅增加。因此通貨膨脹與政府預算赤字間的因果關係，乃是雙重的。因為預算赤字直接創造出新的購買力，因而成為發動通貨膨脹的主要原因，但在物價顯著上漲後，政府支出較收入增加更為迅速，因而赤字益見增大〔註 22〕。這個現象可以由貨幣的供需均衡來探討。

〔註20〕A. J. Brown,（1955）, pp.5-6.

〔註21〕GDP 為國內生產毛額（Gross Domastic Product），代表一國國內人民在某一單位時間中，生產的所有最終商品和勞務的市場價值。GDP＝C＋I＋G＋NEX，C＝消費、I＝投資、G＝政府支出、NEX＝淨出口＝出口－進口。

〔註22〕A. J. Brown,（1955）, pp.7-8.

圖 1　躉售物價指數與貨幣發行額

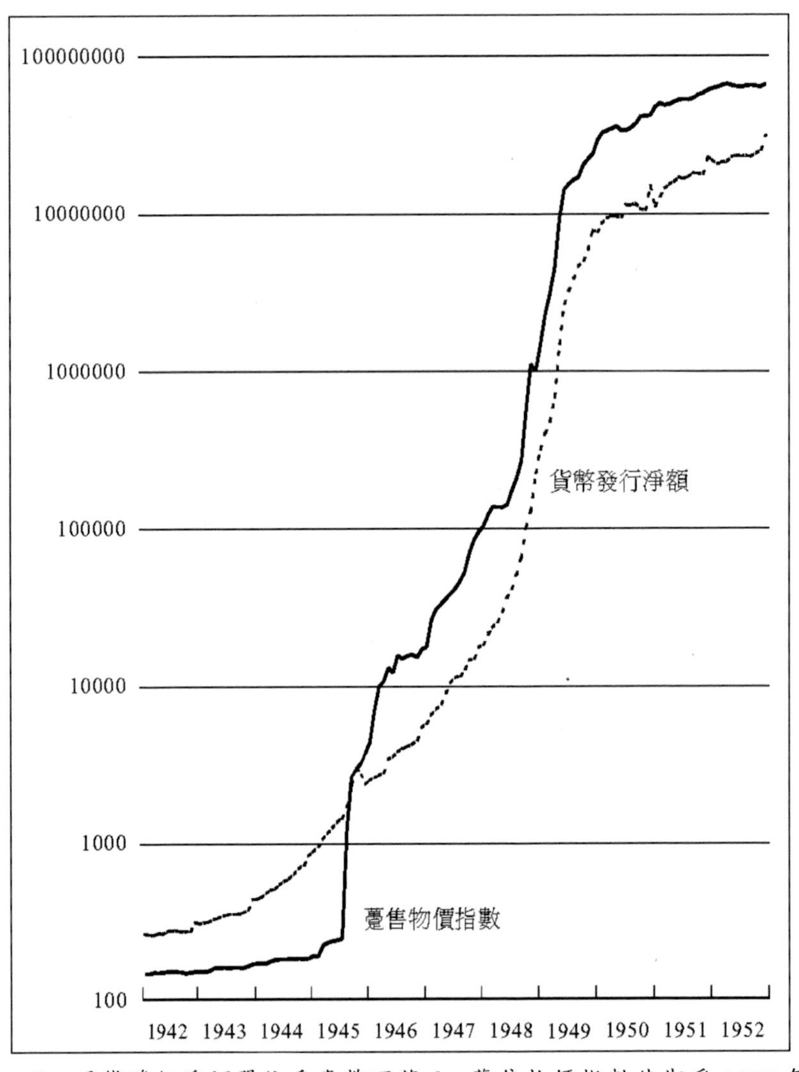

註：通貨發行淨額單位爲臺幣百萬元；躉售物價指數基期爲 1937 年，指數等於 100。

資料來源：吳聰敏，高櫻芬（1991）。

從貨幣需求函數來看，決定貨幣需求主要是實質國民所得、物價和利率。假設沒有貨幣幻覺（money illusion），貨幣需求不受到物價影響，則實質貨幣需求 M^d 可以表示爲所得 Y 和名目利率 nr 的函數

$$M^d = f\ (Y, r) = c\,Y/\,nr \qquad (1)$$

由於所得和貨幣需求爲正相關，利率和貨幣需求爲負相關，因爲持有貨幣成本上升，因此式（1）中的所得上升貨幣需求增加，利率上升則貨幣需求下降；式（1）中的 c 則爲常數，表示貨幣需求和所得及利率兩個變數比例之間的線性關係。另一方面，名目貨幣供給量主要由央行來決定，以 M^s 表示。當貨幣供需達到均衡時，

$$M^s = M^d = P\ (c\,Y/nr) \qquad (2)$$

如果 c 維持不變，式（2）可以推導得出

$$\frac{dM^s}{M^s} = \frac{dP}{P} + \frac{dY}{Y} - \frac{dnr}{nr} \qquad (3)$$

式（3）經過整理，將物價上漲率移至等號右邊，可以得到兩邊取對數之後再做全導數（total derivative）。

$$\frac{dP}{P} = \frac{dM^s}{M^s} + \frac{dY}{Y} - \frac{dnr}{nr} \qquad (4)$$

式（4）表示在貨幣供需達到均衡時，物價膨脹率等於貨幣供給成長率減去實質所得成長率，再加上名目利率的變動率。在承平時期，實質所得和名目利率處於長期水準下，只要貨幣供給量穩定成長，物價膨脹率也會維持相對穩定。如果是戰亂時期，貨幣發行數量失控，物價一日三市，名目利率已不具意義；實質成長因戰亂不進反退，使得物價膨脹如洪水一洩千里。如果將式（4）的實質所得成長和名目利率假設爲 0，則通貨膨脹率和貨幣供給成長率就呈現對等關係。

以抗日戰爭到戰後期間的貨幣數量成長率來觀察，1937 年 6 月的法幣發行量是 14 億元，1945 年 8 月是 5,567 億元，八年間的貨幣發行量達到 400 倍；十年後的 1948 年 8 月達到 6,946 萬億元，是 1937 年發行量的 500 萬倍。更有甚者，1948 年 8 月開始發行的金圓券發行量由初時限制的 20 億元額度，在不到一年期間的發行量就達到原額度的 625,000 倍，由此也就不難理解法幣以及金圓券時期的惡性通貨膨脹，都是由毫無限制的貨幣供給造成的。要言之，貨幣是交易的媒介，過多的貨幣追逐數目相對不足的產出，將造成貨幣的購買力下降，形成通貨膨脹。失控的貨幣供給，必定會造成惡性通貨膨脹。

一、統計方法

依據前述，本單元研究目的主要聚焦在貨幣供給與通貨膨脹間的關係，因此就經濟學研究方法，檢測的重點在於貨幣成長是否會影響通貨膨脹。

研究期間則斷限在 1947 年至 1949 年臺灣惡性通貨膨脹最嚴重的時期，而研究方法是採用 E-Views 計量軟體，以 1947 年六月至 1949 年四月的統計數據資料進行模型估計，並以 Chow Test 來測試因時間因素所造成之結構變化。

所有相關統計數據資料來自於臺灣省行政長官公署所轄的統計室於 1946 年元月開始出版《臺灣物價統計月報》〔註 23〕，也引用張公權〔註 24〕、吳岡〔註 25〕以及吳聰敏〔註 26〕論著中的統計數字，相互對照整理而來。貨幣供給在學者的研究下，也有兩套數據可供參考，分別爲柳復起（1970）與吳聰敏、高櫻芬（1991）所估計。前者月資料從 1946 年一月起，後者係從 1947 年一月起。本研究將利用柳復起（1970）所推算的貨幣供給與臺北市零售物價指數在 1946 年一月到 1949 年五月期間資料，進行貨幣供給與物價之間因果關係檢定。

二、實證結果與分析

本單元目的不在理論模型的分析推導，若以右式對臺灣戰後惡性通貨膨的型態進行檢定，$\dot{P}_t = f(\dot{M}_t\ \dot{M}_{t-1}\ \dot{M}_{t-2})$

根據吳聰敏整理之月資料，期間係從 1947 年一月至 1952 年十二月。結果如下所示：

表 50　躉售物價指數之迴歸分析

Dependent Variable: M1
Method: Least Squares
Date: 03/16/06　　Time: 10:23
Sample（adjusted）: 1948:02 1952:12
Included observations: 59 after adjusting endpoints

〔註 23〕臺灣省政府成立後，編算工作由省政府主計處接手。

〔註 24〕Chang,（1958）, p. 16,40,51,71,84,124。

〔註 25〕吳岡（1958），頁 122。

〔註 26〕吳聰敏，1991，第 52-54 頁。

Variable	Coefficient	Std. Error	t-Statistic	Prob.
C	0.131520	0.143761	0.914853	0.3643
通貨淨額	1.014742	0.020280	50.03627	0.0000
通貨淨額（-1）	-0.618459	0.115245	-5.366489	0.0000
M1（-1）	0.617810	0.110762	5.577803	0.0000
R-squared	0.987434	Mean dependent var		3.678639
Adjusted R-squared	0.986748	S.D. dependent var		8.601606
S.E. of regression	0.990186	Akaike info criterion		2.883541
Sum squared resid	53.92575	Schwarz criterion		3.024391
Log likelihood	-81.06446	F-statistic		1440.590
Durbin-Watson stat	1.890765	Prob（F-statistic）		0.000000

表 51　消費者物價指數之迴分析

Dependent Variable: M1
Method: Least Squares
Date: 03/16/06　Time: 10:36
Sample（adjusted）: 1948:03 1952:12
Included observations: 58 after adjusting endpoints

Variable	Coefficient	Std. Error	t-Statistic	Prob.
C	0.274401	0.182931	1.500029	0.1394
通貨淨額	1.043180	0.024995	41.73474	0.0000
通貨淨額（-1）	0.016226	0.027843	0.582778	0.5625
通貨淨額（-2）	-0.002595	0.025025	-0.103695	0.9178
R-squared	0.980324	Mean dependent var		3.696565
Adjusted R-squared	0.979231	S.D. dependent var		8.675619
S.E. of regression	1.250271	Akaike info criterion		3.351069
Sum squared resid	84.41156	Schwarz criterion		3.493169
Log likelihood	-93.18101	F-statistic		896.8426
Durbin-Watson stat	0.829167	Prob（F-statistic）		0.000000

表 52　國民生產毛額平減指數之迴歸分析

Dependent Variable: M1
Method: Least Squares
Date: 03/16/06　Time: 10:38
Sample（adjusted）: 1948:03 1952:12
Included observations: 58 after adjusting endpoints

Variable	Coefficient	Std. Error	t-Statistic	Prob.
C	0.136847	0.149369	0.916171	0.3637
通貨淨額	1.015638	0.020735	48.98298	0.0000
通貨淨額（-1）	-0.618076	0.117349	-5.266973	0.0000
通貨淨額（-2）	-0.008421	0.020174	-0.417425	0.6781
M1（-1）	0.621625	0.112887	5.506634	0.0000
R-squared	0.987485	Mean dependent var		3.696565
Adjusted R-squared	0.986540	S.D. dependent var		8.675619
S.E. of regression	1.006511	Akaike info criterion		2.933119
Sum squared resid	53.69240	Schwarz criterion		3.110744
Log likelihood	-80.06046	F-statistic		1045.465
Durbin-Watson stat	1.903938	Prob（F-statistic）		0.000000

如果再根據 Akaike 在 1969 年所提出 Akaike information criterion（AIC）的統計模型以及利用 Granger causality 的概念來探討貨幣與通貨膨脹之間的因果關係。物價的劇烈變動主要是由貨幣供給額的大小所決定，明確解釋貨與物價水準之間的關係。按照 Granger（1969）對因果關係的檢定法，貨幣供給與物價檢定迴歸如下所示：

$$P_t - P_{t-1} = a + \sum_{i=1}^{I} b_i DP_{t-i} + \sum_{j=1}^{J} c_j DM_{t-j} + e_t$$

$$M_t - M_{t-1} = d + \sum_{n=1}^{N} f_n DM_{t-n} + \sum_{s=1}^{S} g_s DP_{t-s} + \varepsilon_t$$

若貨幣供給對物價沒有影響，則 c_j 係數的檢定接受虛無假設。若物價對貨幣供給沒有影響，則 g_s 係數的檢定接受虛無假設。若雙方因果關係都存在，則 c_j 與 g_s 係數的檢定拒絕虛無假設。

表 53　物價與貨幣供給因果關係迴歸式與檢定

	物　價		貨幣供給	
	估計值	t 值	估計值	t 值
截距	-0.0620	-1.535	0.0576	2.272
DP_{t-1}	-0.6236	-3.610	0.0749	0.719
DP_{t-2}	0.1769	0.862	0.0471	4.645
DP_{t-3}	0.5116	2.911		
DM_{t-1}	0.8742	5.847	0.0197	0.107

	物　價		貨幣供給	
	估計值	t 值	估計值	t 值
DM_{t-2}	0.8838	5.928		
R2	0.6531		0.4666	
F	9.4380		14.8100	
F*	3.2800		3.2600	

註：*表示 5%顯著水準

就物價迴歸決定式中，全部 c_j 係數的估計值是否與零無差異，其 F(2,34) 值爲 9.438，而在 5%的顯著水準下 F 的臨界值爲 3.28，在統計上顯示貨幣供給對物價具有顯著的影響。就貨幣供給迴歸決定式中，係數 g_s 所計算出的 F（2,36）值爲 14.81，在 5%的顯著水準下 F 的臨界值爲 3.26，因而在統計上亦是拒絕虛無假設。對戰後初期臺灣惡性通貨膨脹期間（1946 年 1 月至 1949 年 5 月），物價與貨幣供給之間所作的檢定，在統計上存在雙向的因果關係。

如果我們再檢視大陸的貨幣成長、資金流入對臺灣通貨膨脹的因果關係，或者是大陸的貨幣成長對臺灣的貨幣成長是否也有存有因果關係，由下表可以明白看出，兩者正相關的存在。

表 54　臺灣的通貨膨脹與貨幣成長的迴歸結果

	臺灣的通貨膨脹		臺灣的貨幣成長	
	1947:6-1949:4	1947:6-1948:7	1947:6-1949:4	1947:6-1948:7
Constant	2.765 【1.34】	4.506*** 【3.11】	3.733 【0.56】	-11.640 【-1.74】
Taiwanese Mmoney Growth（-1）			0.230 【0.89】	0.608**** 【1.89】
Taiwanese Mmoney Growth（-2）			0.456 【1.41】	-0.054 【-0.51】
Chinese Inflation　（-1）	-0.043*** 【-11.20】	0.087*** 【9.15】		
Chinese Mmoney Growth　（-1）	0.310*** 【18.09】	0.126** 【3.13】	-0.147*** 【-2.78】	0.326 【1.56】
Chinese Mmoney Growth　（-2）			0.205*** 【2.95】	0.478 【1.47】
Capital Inflow	-0.067*** 【-13.19】	0.411*** 【6.26】	0.420*** 【6.82】	1.550** 【2.98】

	臺灣的通貨膨脹		臺灣的貨幣成長	
	1947:6-1949:4	1947:6-1948:7	1947:6-1949:4	1947:6-1948:7
Capital Inflow （-1）	0.730*** 【13.33】	2.410*** 【26.98】	-0.138 【-0.95】	-2.050*** 【-5.14】
Capital Inflow （-2）			-0.213 【-1.27】	4.830*** 【7.97】
檢定方法	GMM	GMM	2SLS	2SLS
Adjusted R^2	-	-	0.87	0.82
F-Statistic	-	-	21.81	9.51***
J-Statistic	0.175	0.262	-	-
Chow Breakpoint Test	-	-	4.83	-

註：（1）（ ）中的數字代表延遲的順序。（2）*、**、***、****分別代表 11%、10%、5%及 1%的顯著水準。（3）【】數值代表 t 檢定

若由資金從中國大陸流入臺灣是否也會有相同的假設，由下表同樣可以得到證明。

表 55　資金從中國大陸流入臺灣的迴歸結果

	資　金　流　入	
	1947:8-1949:4	1947:7-1948:7
Constant	-5.010* 【-1.78】	0.275 【0.23】
Inflation Differential	0.151*** 【4.49】	-0.027 【-0.91】
Inflation Differential （-1）	-0.090** 【-2.89】	0.023 【0.33】
Inflation Differential （-2）	-0.114*** 【-7.51】	-0.058 【-1.46】
Money Growth Differential （-3）	0.506*** 【3.94】	0.026 【0.25】
檢定方法	2SLS	2SLS
Adjusted R2	0.92	0.22
F-Statistic	26.94***	1.76
Chow Breakpoint Test	92.99***	-

註：（1）（ ）中的數字代表延遲的順序。（2）*、**、***分別代表 10%、5%及 1%的顯著水準。（3）【】數值代表 t 檢定

下表爲 Granger causalityino 之檢定結果。

表 56　貨幣成長與通貨膨脹 Granger-Causality 檢定

相關性檢測	卡方檢定（Chi-Squared Statistic）
臺灣的貨幣成長@臺灣的通貨膨脹	2.83 【0.2432】
中國的貨幣成長@臺灣的通貨膨脹	34.42*** 【0.0000】
中國的通貨脹@臺灣的通貨膨脹	7.83** 【0.0199】
資金流入@臺灣的通貨膨脹	25.38*** 【0.0000】
臺灣的通貨膨脹@臺灣的貨幣成長	12.05*** 【0.0024】
中國的貨幣成長@臺灣的貨幣成長	4.17 【0.1244】
中國的通貨膨脹@臺灣的貨幣成長	4.46 【0.1075】
資金流入@臺灣的貨幣成長	13.49*** 【0.0011】

註：（1）*代表 10%顯著水準、**代表 5%顯著水準、***代表 1%顯著水準。（2）【】代表 P 值〔註 27〕。

根據本單元實證分析結果，在 1947-1949 這一階段的時間數列當中，貨幣與通貨膨脹之間的關係，的確可以證實通貨膨脹與貨幣成長有正向變動的關係存在，而貨幣供應的增加確實引起臺灣惡性通貨膨脹。

〔註 27〕統計的 p 值是指研究者研究的現象在其所關心的特殊分布中出現的機率，通常 p 值越小，就越有能力拒絕需無假設，也就有足夠的證據可以證明研究對象兩者間有顯著的差異。p 值是用來判斷是否能夠拒絕需無假設的一種方法，同樣的，也可以用統計量（例如 Z 值、T 值、F 值等等）或是使用信賴區間（C.I.）判斷，以 95%的信賴區間來看，通常 p 值若小於 0.05，或是統計量大於 1.96（雙尾）或是 1.645（單尾），抑或 95%CI 不包括母群體的平均數，則認爲有足夠的證據拒絕需無假設，即在統計上有達到顯著差異。

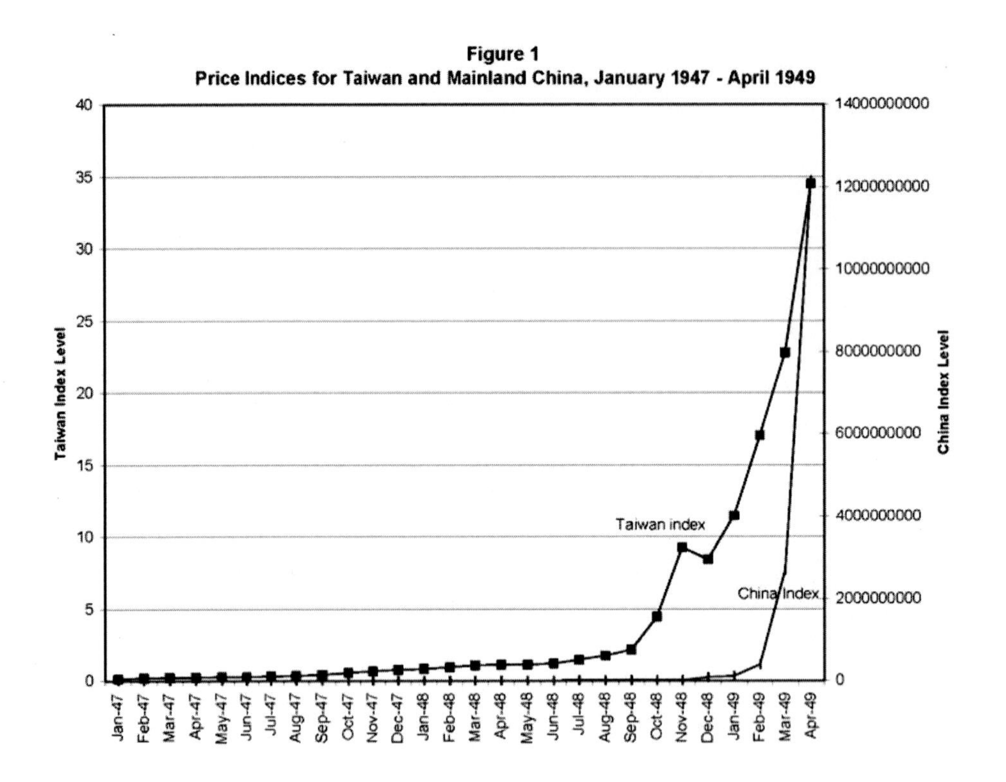

Figure 1
Price Indices for Taiwan and Mainland China, January 1947 - April 1949

Figure 2
Net Capital Inflow into Taiwan, January 1947 - April 1949

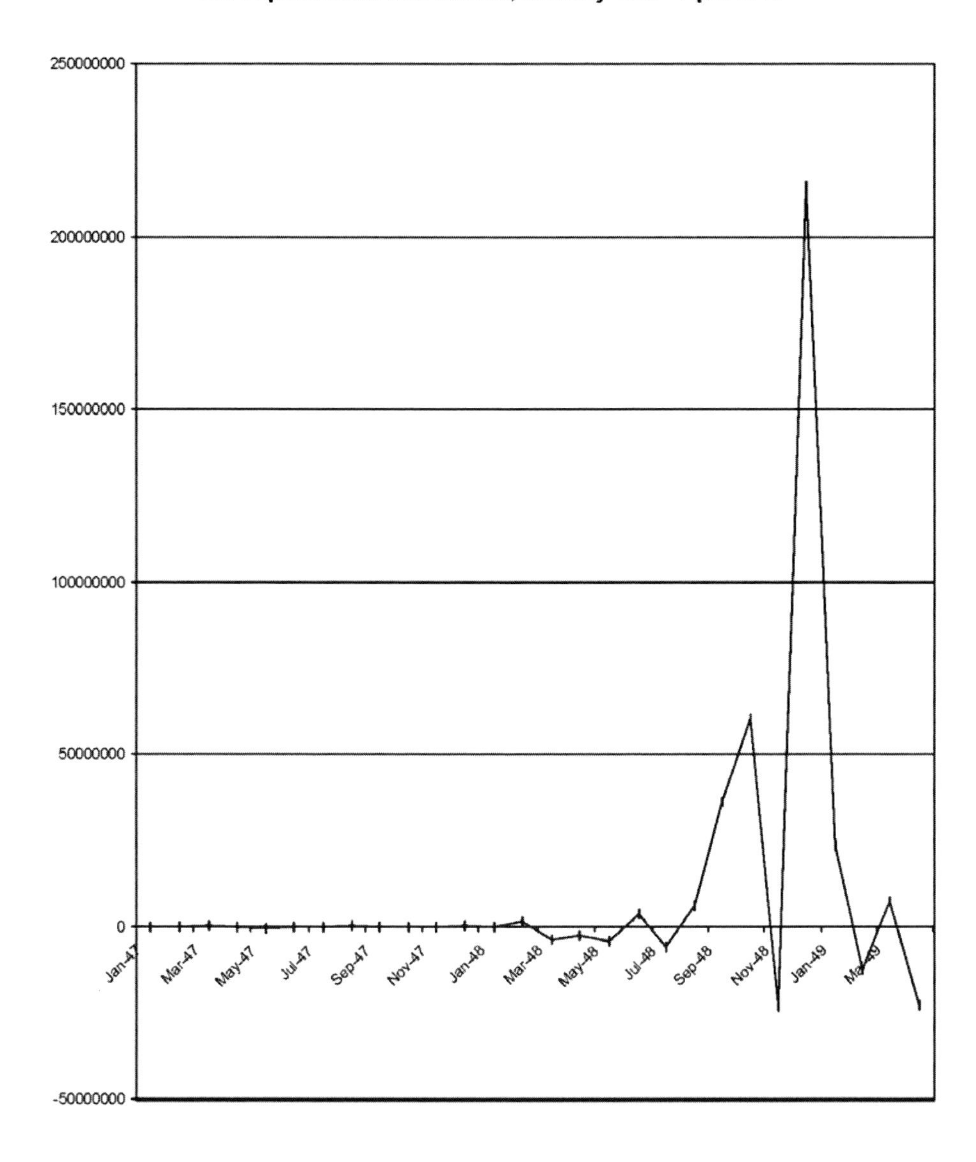

Figure 3
Impulse Response of Taiwanese Inflation to a One Standard Deviation Shock to Chinese Money Growth

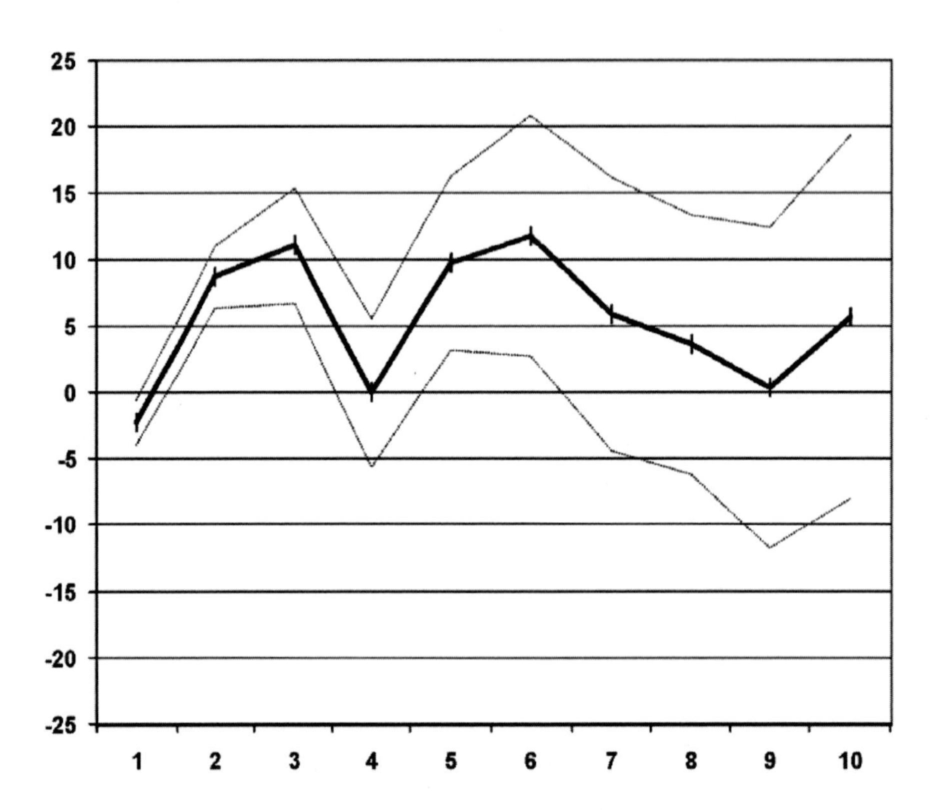

Figure 4
Impulse Response of Taiwanese Inflation to a One Standard Deviation Shock to Chinese Inflation

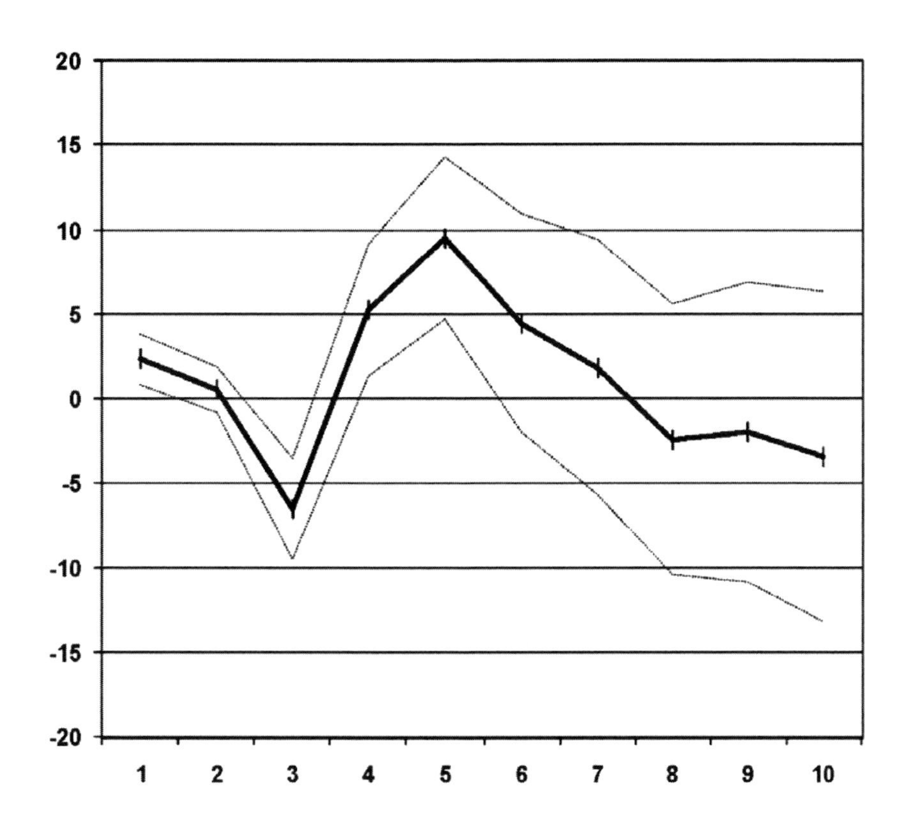

Figure 5
Impulse Response of Taiwanese Inflation to a One Standard Deviation Shock to Capital Inflows

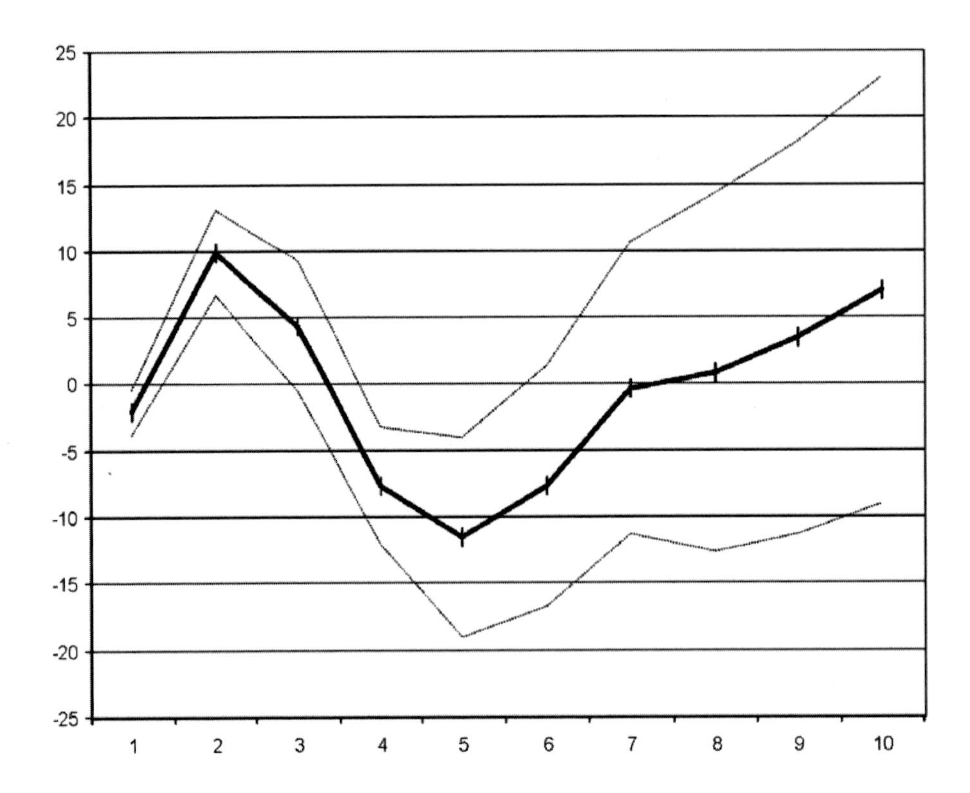

Figure 6
Impulse Response of Taiwanese Money Growth to a One Standard Deviation Shock to Capital Inflows

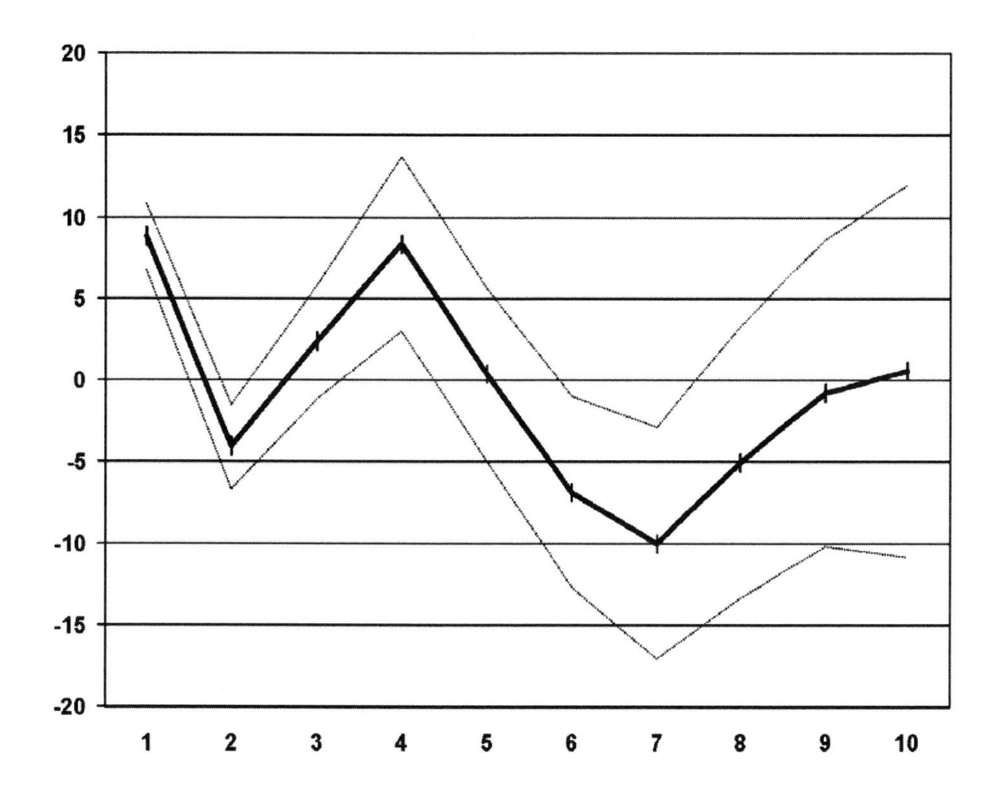

第五章　結　論

1945 年之後因大陸以外匯波及的形式引發臺灣惡性通貨膨脹，其因素除了貨幣供給的持續增加，時代的特殊性也是主因。日治末期貨幣供給的大幅成長是因為日本本土的財政赤字。戰後日本投降，臺灣因為國民政府在大陸政治軍事惡化的影響，也連帶受到牽連，1949 年起臺灣開始加重負擔中央軍政經費，貨幣供給及通貨膨脹的嚴重問題達到頂峰。

面對逐漸惡化的通膨問題，1949 年六月臺灣省政府開始進行幣制改革，其要點包括：發行新臺幣取代臺幣（舊臺幣），新舊臺幣的兌換率為 1：40,000；新臺幣明定最高發行限額 2 億元；以黃金、白銀外匯及可以換取外匯之物資作十足準備；同時為加強民眾信心，新臺幣對美元的匯率固定為 5 元新臺幣兌 1 美元。

1949 年底國民政遷都臺北，財政赤字隨著政軍局勢的惡化更加嚴重，臺灣財政負擔比起以往更為增加，國防支出無可避免成為臺灣中央政府最重負擔。國防支出大幅度上升，而且在戰後初期臺灣各產業仍在重建復原的狀態上，稅收無法在短期內增加，為使政府增加稅收，因此採取了貨幣融通政策，設法回收市場上的貨幣，除了 1949 年五月二十日的黃金儲蓄存款辦法外，還有 1950 年三月二十五日的優利儲蓄存款辦法、處理出售中央在臺物資、1950 年一月二十日發行愛國公債、1950 年四月十一日發行愛國獎券，以及 1950 年六月一日發行節約救國儲蓄券。這些政策執行的過程中情況並不理想，如：國民政府 1950 年初發行的公債，甚至必須採取「配銷」手段，才將政府公債出售完畢。而上述的各種回收貨幣辦法對於抑制通貨膨脹只有短期的效果，並無法根本解決臺灣財赤的嚴重問題，直到 1950 年六月美國恢復對臺灣提供軍事及經濟援助之後，臺灣財政赤字才逐漸消除，惡性通貨膨脹才眞正解決。

戰後初期在國民政府管制經濟政治之下，臺灣戰後的惡性通貨膨脹表面上看來是貨幣財政政策的結果，但實際上反映出當時複雜的政治、軍事情勢的互動。

從本文其他章節所列舉之統計數字，證明臺灣自二次大戰結束，歷經惡性通貨膨脹之後，大致上維持傲人的成長率。惡性通貨膨脹消弭的顯著事實爲：第一，經濟的穩定及快速成長。第二，國民所得的大幅增加。第三，經濟結構的改變。第四，對外貿易的蓬勃發展。第五，生活水準的大幅提高。這些在開發中國家不易全然並存的現象，使臺灣的發展被西方經濟學家譽爲奇蹟。臺灣的發展經驗，多年來成爲海內外經濟學者研究的重要課題，因爲就第三世界的經濟發展模式而言，臺灣是引導其他開發中國家邁向工業化之路的重要範例。臺灣之能走過惡性通貨膨脹的危機，有屬於自於本身的特質，當然也有可供其他開發中國家參考的條件。現就臺灣的獨特的特質和共通的特質，分述如下：

一、總動員法制

從以上各章節的綜合觀察中不難看出，戰後臺灣的惡性通貨膨脹和臺灣本身政治地位有密切的關係。促使 1950 年代初臺灣通貨膨脹發展出現轉折，政治因素應大於經濟因素。通貨膨脹率是檢驗通貨膨脹的一個主要指標，而臺灣戰後通貨膨脹率下降又與美援有極密切的關連，因此，影響 1945-1952 年惡性通貨膨脹的的因素是政治性大於經濟性。臺灣經濟發展特色之一，無疑是國家（state）的角色高度介入市場。1949 年遷臺的國民政府與一般發展中國家有很大的不同處，因此在經濟發展過程中，處處必須追求權變，這當中不乏出現諸多利用法治力量去達成其經濟目標。

國民政府於對日戰爭時期，在中國大陸建立了一套以經濟管制爲核心的「總動員法制」，藉以管制資源以因應軍需之用。這套戰爭法體制並未因戰爭結束而終止，相反的，政府於 1945 年接收臺灣之際就將整套「總動員法制」移植臺灣。遷臺後，國府更透過這套管制法制建立了政權所需的統治基礎與正當性。1949 年五月動員戡亂時期臨時條款公佈後，經濟動員即在「國家總動員法」的國家安全法令體系之下，統籌經濟的調度，外匯管制法令的訂定，亦循此架構完成，「國家總動員法」可以說是戰後臺灣經濟政策最高的政治基礎〔註1〕。

「總動員法制」移植臺灣的原因與存在基礎有幾個層面：戰後國府在中國本土所面臨之空前未有的經濟秩序崩解、遷臺初期其國際政經地位動搖與反攻的企圖，都加強其延續戰爭時期經濟法體制的決心。另方面，戰後的瘡痍使得臺灣人民渴求經濟安定與重建，更加強「總助員法制」存在的正當性基礎。臺灣的經貿法體系便是以「總動員法制」〔註2〕爲中心，配合建立了貿易、金融、市場等方面的全面性管制體系。

由於「國家總動員法」及其懲罰條例乃是國家企圖進一步建構戰爭動員經濟秩序，著眼於國家權力的強化。除增加政治性管制外，經濟方面也增加金融管制類型，並對進出口管理做更明確的宣示。1945 年十一月三日，臺灣省行政長官公署以「署法字第 36 號」宣布中華民國法制與日治時期法令的承接原則：『民國一切法令，均適用於臺灣，必要時得制頒暫行法規。日本占領時代之法令，除壓榨、箝制臺民、牴觸三民主義及民國法令者應悉予廢止外，其餘暫行有效，視事實之需要，逐漸修訂之』〔註3〕。1944 年國民政府成立「臺灣調查委員會」，研擬各項接收計畫事宜，最後通過了「臺灣接管計畫綱要」，其中規定接收臺灣後在行政組織設置、法令承接等方面的處理原則。1945 年八月十四日，日本宣布無條件投降，接收籌備工作便進入接管的正式階段〔註4〕。由於這紙行政命令，1945 年國府接收臺灣後，「總動員法制」便完全移植臺灣〔註5〕。

〔註1〕 陳櫻琴（1983），《從行政法觀點論我國經濟管制與經濟輔助》，臺大法律所碩士論文；徐有守（1965），《經濟動員與經濟發展的關係》，政大公企中心，第 31-32 頁。

〔註2〕 「總動員法制」主要由 1938 年國府在中國大陸公布之「非常時期農礦工商管理條例」，與 1942 年公布之「國家總動員法」暨「妨害國家總動員法懲罰暫行條例」三者架構而成。1945 年臺灣接收後並繼續適用。

〔註3〕 參見王泰升（1996），《中華民國在臺灣之法律發展與政治變遷》，國科會研究計畫報告，頁 5-7。

〔註4〕 〈臺灣省行政長官公署布告日治法令廢除原則〉收錄於《政府接收臺灣史料彙編》，國史館編，1990。

〔註5〕 遷臺前，美援就曾以「聯合國救災與重建總會」名義資助國府；1948 年 4 月美國又公布「1948 年援華法案」以進一步經援。但國共內戰惡化後，杜魯門政府採親共政策，幾乎停止對國民政府的經援；遷臺後，杜魯門甚至表示將不干涉共黨攻占臺灣。但後來因 1950 年韓戰爆發而改變，美援於 1951 年開始恢復，直到 1965 年爲止，美援金額共約達 15 億美元。參見蕭全政（1991），《臺灣地區的新重商主義》，臺北國策中心，頁 54~56。

二、儒家倫理

不少西方社會及經濟學者，從文化的角度來探討日本及東亞四小龍經濟成就的潛在因素，他們所得到的結論是：一種所謂的「世俗化的儒家倫理」（vulgarized confucian ethic），係促成此此一地區經濟發展的重要原因。韋伯（MaxWeber）在《基督新教倫理與資本主義精神》（*The Protestant Ethic and the Spirit of Capitalism*）一書中強調，以喀爾文教派（Calvinism）爲主的基督新教倫理認爲：工作是神聖的，人類在上帝的召喚下，應努力工作，由工作而獲得之財富，便是上帝對勤勞者之榮耀。此種精神配合制度層面的條件，例如城市、法律、政治、市場等發展，便促成了資本主義的發展。這種論點，提醒我們有關宗教或倫理道德的特殊重要性，或多或少對於經濟發展具有積極的作用〔註 6〕。彼得．柏格（Peter L. Berger）「世俗化的儒家倫理」立論中，強調儒家精神所顯現的理性、實用與世俗性，皆是解釋經濟發展所不可缺少的重要因素。另外，在《東亞銳鋒》一書中所闡揚的看法，和日本近代企業界之父—澀澤榮一的名著《論語與算盤》，他們的論點皆傾向於儒家倫理有助於經濟發展〔註 7〕。

若從經濟觀點及臺灣的實際發展歷程來分析，代表儒家倫理的文化特徵，主要包括：（1）務實的世俗主義，此是指人類在世上生活有其優先次序目標，且把經濟成就置於高度優先地位。中國的世俗主義，不但是動態的，而且是具有行動取向，充滿活力的入世規範。它不僅是菁英份子的文化特徵，下層社會亦反映先求「民生第一」，再求提昇精神價值的樂天知命態度，如果不是此種世俗主義，我們如何解釋發源於黃河流域的民族，竟能克服五大洲各種生態上的挑戰而繁衍下去，並成爲地球上最大之族系〔註 8〕。（2）強烈成就取向的工作倫理，刻苦耐勞，精於計算與富於冒險，皆是受到肯定的。（3）節儉與儲蓄的美德，對於資金的累積有相當大俾益。（4）揚名顯親的宗族觀，以家庭爲基礎的高度群體性，此更有益於中小企業之發展。（5）重視教育訓

〔註 6〕 馬克思韋伯（Max Weber）（2001），《新教倫理與資本主義精神》，左岸文化出版。

〔註 7〕 參閱.Peter L. Berger 等（1984 年 12 月）「從臺灣經驗看世俗化儒家與資本主義發展」《中國論壇》222 期，頁 13-34；Roy Hofheinz, Jr. & Rent E. Calder，著陳衡平譯（1987），《東亞銳鋒》臺北正中書局；澀澤榮一著，洪墩謨譯（1987），《論語與算盤》，臺北正中書局。

〔註 8〕 J. C. H. Fei（費景漢）（1979），*Growth With Equity: The Taiwan Case*, New York: Oxford University Press, pp56.

練，由士農工商的分級，可看出臺灣人力資源充分開發利用，並彌補自然資源之缺乏。(6) 重視平等理性機會原則，在必要時經由包括考試在內的選擇性甄選程序，並根據成績表現，賦予經濟利益，現代的競爭性考試制度或政治競選制度就是典型例證。

三、其 他

除了特殊的政治性和文化特徵，臺灣尚有以下特色，多少都是有助於渡過惡性通貨膨脹的因子。

(一) 歷史傳承的建設基礎：臺灣在 19 世紀末期起，透過茶糖等主要產業之大量興殖，及現代化基礎建設之陸續開展，新市鎮明顯繁興〔註 9〕，加上日本殖民時代之開發，對臺灣近代經濟發展奠定了堅厚的根基。戰前 1929 年矢內原忠雄《帝國主義下的臺灣》〔註 10〕以及 1941 年川野重任《臺灣米穀經濟論》即以前資本主義社會的視角，分析日本殖民地臺灣以米糖爲基礎的農業經濟，如何由封建傳統經濟轉化爲前資本主義社會。

(二) 穩定的政治與社會環境：近五十餘年來，臺灣長時間內，很少出現較大的政治與社會風暴，也沒有明顯階級利益鬥爭，雖然遭遇外交的困境與國際經濟危機之衝擊，但皆很快化險爲夷，臺灣經濟局勢由動蕩不安的情況趨於穩定，在穩定中維持快速成長。

(三) 以市場經濟爲主的開放經濟制度：臺灣所實行的經濟制度乃是計劃性自由經濟，其特色是尊重私有財產與市場經濟機能，輔以國營企業控制主要部門，獎勵並保護私人企業，鼓勵私人在合法範圍內追求利潤動機，以發揮才能。而其另一特點爲有步驟的開放市場，並採適切之途徑以吸收外資，引進技術並開拓國際市場，發揮經濟規模之效益。

(四) 經濟發展策略：在臺灣經濟發展過程中，根據不同階段的客觀條件與需要，採取適當的策略，乃是一項不可忽略的重要因素。例如穩定幣值的貨幣改革，平均地權的農地改革政策，穩定與成長並重策略，農工平衡發展策略，輕重工業循序漸進發展策略，發展勞力密集產業，鼓勵儲蓄，累積資金，重視基本公共設施與推動均富所得政策等。

〔註 9〕林滿紅 (2000)，〈日本政府與臺灣籍民的東南亞投資 (1895-1945)〉《中央研究院近代史研究所集刊》，32，頁 1-56。

〔註 10〕矢內原忠雄，周憲文譯 (1985)，《日本帝國主義下之臺灣》，臺北帕米爾出版社。

（五）政府角色的發揮作用：觀察臺灣的經濟發展，政府是經濟發展的重要驅動力之一，此亦印證了在經濟發展較成功的案例中，需要一個強而有利的國家機關〔註 11〕，這樣的政府機關，在角色扮演上顯現幾點特色：(1)自主性，(2) 機能性，(3) 統合性，(4) 管理市場。這對經濟發展的促進作用，具有重大的意義。

（六）美國的政經援助：當臺灣 1950 年代初期，政經情勢險惡及國際收支極端之惡化，美援的即時送達，可說是及時雨。此可於前文之敘述及相關資料中窺知其重要性。由於臺灣能充分利用美援，故被選爲落後國家運用美元之典範。

（七）大陸撤退來臺之資金與技術：由於日治時代，重要生產事業之技術、資金皆由日本人掌握，當日本戰敗撤退後，臺灣本地人士一時難以接收，1949 年國民政府來臺後，部分大陸民間資金及技術人員之投入，以及政府對國營事業與公共建設之投資，實構成 1950 年代初期臺灣經濟發展之主要動力，此種貢獻不宜抹殺。

（八）韓戰、越戰之效應及國際經濟長期穩定繁榮：二次大戰後，臺灣在美國主導下，完全納入國際分工體系，並利用國際分工提供之機會，積極拓展貿易，促進產業發展。而韓戰及越戰之大量需求物資，臺灣正好居地利及人和之有利條件，獲利很多。

（九）普及的大眾教育：無論從事政治上的改革或經濟上的發展，國民必須具備某種程度的教育水準，而且，這種教育水準要不斷的提高，才能提供由農業轉爲加工性工業，再出加工性工業轉爲創新性工業所需要的高素質的人力。臺灣的教育不僅相當普遍，而且其水準不斷地提高。

值得注意的，臺灣經驗固值得作參考，也有許多令人警惕之處。在此提出以下幾點：

（一）政府慎防過度干預：在經濟發展過程中，政府扮演一個相當重要的角色。在經濟發展初期，政府要負責推動經濟發展，培植勞工生產能力，甚至訓練企業人才，以奠定進一步發展的基礎。但是政府對許多企業的過多參與、輔導及補助，也會產生很多後遺症。諸如工商業者養成事事求保護，處處仰賴政府支援的習慣；而政府本身也容易以保母的身份自居，不願放棄

〔註 11〕李國鼎（1978），《臺灣經濟快速成長的經驗》，頁 12；Wou, Wei（1992），*Capitalism: A Chinese Version; Guiding A Market Economy In Taiwan*, East Asian Studies Center, Ohio State University, pp.122.

對工商業者之干預。

（二）許多開發中國家過份強調經濟的快速成長，以致損及經濟穩定；而經濟之不穩定，又將以所得分配之不均及經濟進一步成長之受阻爲代價。

（三）許多開發中國家的政府，過份熱衷於工業的不斷成長，以致忽略農業的繼續發展；而農工業發展的失衡又會導致社會、政治及經濟問題之滋生。

（四）有不少開發中國家的政府過份耽好誇耀性的措施，以致損及一般的發展。一國的一般性發展若不能相互配合，則誇耀性的措施只會造成不合理的資源分配和浪費而已。

大事年表

1945/02/26	行政院副院長孔祥熙在美函促美財政部長摩根索（Henry Morgenthau. Jr.）依約速運黃金，以緩和我國通貨膨脹。
1945/06/14	財政部公布訂定「戰時工商業請購外匯辦法」。
1945/08/01	行政院核定收復區處理敵產應行注意事項及公布經濟部收復區工礦整理委員會組織規程。
1945/08/09	經濟部公布該部工業標準委員會組織規程。
1945/08/11	勝利驟增幣信，重慶、昆明、西安諸市物價猛跌，金融市場呈現劇烈波動。
1945/08/11	駐美大使魏道明自華盛頓電蔣主席，報告對美國外經濟局處理租借物資辦法之應付方策。
1945/08/20	財政部公布穩定渝市金融辦法；黃金、美鈔、桐油續下跌。
1945/08/25	工業團體聯合大會在渝揭幕，經濟部村翁文灝講戰後工業復員。
1945/08/26	國民政府公布批准「國際貨幣基金協定」，及「國際建設開發銀行協定」。
1945/08/29	經濟部公布收復區敵國資產處理辦法暨收復區工公礦事業接收整理辦法。
1945/08/30	財政部撥款二十一億，調劑渝市金融。
1945/09/01	財政部核定五十億元緊急工業貸款案。
1945/09/01	國民政府令派張茲闓爲經濟部蘇浙皖京滬特派員。
1945/09/04	國民政府任命東北外交、政治、經濟首長及各省主席、院轄市市長。

1945/09/04	經濟部、戰時生產局就各收復區分設七特派員辦公處，並公布其組織規程及登記與接收工礦事業辦法等。
1945/09/13	財政部公布訂定「收復區調整貨物管制緊急實施辦法」，並將商業貸款增至五十億元。
1945/09/15	蔣主席派財政部村俞鴻鈞與俄使彼得羅夫商訂維持中國境內「紅軍」費用辦法協定，並召見東北經濟委員會主任委員張嘉璈。
1945/09/19	財政部對收復區之敵僞債券、庫券，限於十月底收繳登記。
1945/09/19	蔣主席允准經濟部撥四十億元收購工廠成品。善後救濟總署另籌二十五億美元，進行戰後復員。
1945/09/22	東北行營政務委員會與經濟委員會舉行聯席會議，討論接收辦法。
1945/09/25	我國赴美實習交通、經濟、農林人員二四九人安抵美國。
1945/09/26	財政部特派員賈士毅在漢口接收僞江漢關竣事。
1945/09/28	財政部指定中國銀行買賣黃金。
1945/09/29	美總統杜魯門宣佈：派遣生產代表團來華，協助中國經濟建設。
1945/09/29	財政部公布訂定「收復區商營金融機關清理辦法」及「收復區商營保險公司復員辦法」等多種。
1945/10/01	經濟部村翁文灝出席農業推廣委員會，強調我國應工農並重。
1945/10/03	運鈔專機飛平途中墜毀，使華北僞聯銀券之兌換受影響。
1945/10/13	財政部村俞鴻鈞在滬主持四行二局會議，商金融匯兌；並任陳果夫爲中國農民銀行董事長。
1945/10/17	財政部接收北平所有敵僞金融機構等三十六單位。
1945/10/18	財政部公布訂定「收復區敵鈔登記辦法」及規定僞中儲券、聯銀券流通最後期限。
1945/10/25	財政部令公布訂定「中央銀行臺灣流通券發行辦法」及「臺灣省匯兌管理辦法」。
1945/10/29	財政部協臺灣重設臺北、臺南兩海關。
1945/10/30	蔣主席命財政部撥款支援韓國臨時政府。
1945/11/01	財政部今起收換僞幣；並指定中央銀行等先行處理僞儲券。
1945/11/02	財政部令公布「中央銀行東北九省流通券發行辦法」及「東北

	九省匯兌管理辦法」。
1945/11/07	日本銀行在臺之匯兌券，一律禁止通行。
1945/11/22	財政部公告「僞中國聯合準備銀行鈔票收換辦法」，以五元折合法幣一元收換。監察院對大額五千元僞聯銀券外流進行調查。
1945/11/23	美財政部村贊我率先批准國際貨幣基金協定。
1945/11/27	蔣委員長令准日人歸國時除攜帶日元外，貨幣鈔券概於港口交存我國銀行收帳；德僑處理辦法由行政院核定公布。
1945/12/06	財政部公布訂定「中央銀行派員監理臺灣銀行發行新臺幣辦法」。
1945/12/07	美財政部撤銷對我有關商務交易等管制條例今起生效。
1945/12/09	財政部公布訂定「票據承兌貼現辦法」。
1945/12/10	國民政府特派俞鴻鈞爲議訂中、蘇關於蘇軍進入中國東三省後之財政事項協定全權代表，並任命駱介子爲僑務委員等。
1945/12/11	財政部與蘇俄駐華大使在重慶簽署「中俄財政協定」，由我收兌蘇軍在東北發行之軍用券。
1945/12/13	國民政府訓令：財政部扭紗布管制局尹任先等六人被劾違法失職一案，核予尹等免職處分。
1945/12/17	國民政府特派魏道明爲中華民國簽署「國際貨幣基金協定」及「國際復興開發銀行協定」特命全權代表。
1945/12/27	三十一國代表在華盛頓簽「國際貨幣基金協定」及「國際銀行協定」，我國由魏道明代表簽字並認股。
1945/12/27	財政部公布「票據承兌貼現辦法」。
1945/12/31	財政部海關復員工作告竣，總稅務司署移滬辦公。美國務院分析我國庫資金存九億元以上。聯合徵信所統計，物價較上年約漲七倍。
1946/01/01	行政院院長宋子文提示今年努力重心：恢復交通，穩定物價，確定匯率，發展貿易。
1946/02/25	國防最高委員會通過：開放外匯市場案及規定進出口貿易暫行辦法。
1946/02/26	國民政府訓令：「中央銀行著受財政部指揮監督」。
1946/02/27	國民政府明令褒揚國民政府委員葉楚傖與李烈鈞，以及四行聯

	合辦事總處專員任兌等人。
1946/03/04	國民黨六屆二中全會三次大會檢討財政經濟報告。
1946/03/07	內政財政兩部聯合公布「各省縣市鄉鎮臨時事業費設置及動支辦法」。
1946/03/21	共軍在冀南豫北強以僞幣兌收赤金，並將其「太行軍區」壯丁輸送東北。
1946/03/25	財政部長俞鴻鈞在國民參政會報告財政。
1946/04/10	財政部佈告所有民國二十五年迄三十四年公債抽籤還本，統於四月十日在重慶合併執行。
1946/04/11	財政部公布「公用事業公司機關貼用印花稅辦法」修正爲「公用事業銀錢貨物收據貼用印花稅票辦法」。
1946/04/15	財政部公布訂定「公有土地管理辦法」。
1946/04/17	財政部公布訂定「財政部管理銀行辦法」。
1946/04/20	財政部公布訂定「貨物稅查驗規則」。
1946/04/24	財政部公布訂定「商業銀行設立分、支行、處及遷地營業辦法」、「財政部管理合作金融辦法」及「收復區商業銀行復員辦法」。
1946/05/11	財政部公布「糖類統稅稽徵規則」。
1946/05/14	行政院例會通過改訂財政收支系統實施辦法及節約筵席消費辦法等案。
1946/06/06	實施改訂財政收支系統會議開幕。
1946/06/08	立法院例會通過地方預算案，並質詢財政經濟施政情形。
1946/06/08	蔣主席勉財政收支系統會議與會人員，做好建國基本工作；該會議通過財政、糧食兩部所提要案。
1946/06/10	俞鴻鈞在中樞紀念週報告財政。
1946/06/10	實地改訂財政收支系統會議閉幕，末次大會通過兩要案。
1946/06/21	財政部長俞鴻鈞在參政會駐委會報告財政。
1946/06/22	各級政府財政收入重新實施劃分。
1946/06/23	立法院通過實施新財政系統各級政府之征免賒借。
1946/07/01	國民政府公布制定「財政收支系統法」。
1946/08/10	蔣廷黻在聯總遠東區特別會中，報告行總財政困難情形。
1946/08/17	財政部公布訂定「財政部派員監理臺灣銀行發行新臺幣辦法」。

1946/08/18　行政院院長宋子文聲明：調整外匯匯率，取消出口關稅。

1946/08/19　行政院院長宋子文在滬主持調整外匯穩定物價會議；吳鐵城說明物價不應上漲之理由。

1946/08/19　財政部部長俞鴻鈞談稱：准出口物品一律免稅，不准出口者仍加管制。

1946/08/21　中國國民黨中央常會決議穩定物價，政府所控制物資決不加價。

1946/08/30　財政部顧問楊格發表聲明，認爲我國當前急務必須裁減軍費，始得集中資源，用之於復興建設。

1946/09/05　財政部公布訂定「土地稅、營業稅、契稅移交地方接管辦法」及「國地共分各稅徵收繳納辦法」。

1946/10/06　共軍破壞貨幣統一，擅頒管理法幣辦法。

1946/11/15　立法院法制、財政、外交、經濟、軍事五委會交換對憲草條正案訂正稿意見。

1947/01/15　行政院院長宋子文抵上海，爲輸出入推廣委員會召集會議，商促進輸出爭取外匯。

1947/01/25　財政部在遼寧省設置「瀋陽關」。

1947/01/27　財政部通令持有救國公債繳款收據者，統限本年六月底前辦妥登記換領債票，逾期不再受理。

1947/02/08　蔣主席接見行政院長宋子文，聽取報告上海金鈔與物價情形。

1947/02/12　全國各地物價暴漲，金融市場紊亂。

1947/02/12　行政院院長宋子文召見財政部長俞鴻鈞等，商談平抑物價金融波動對策。

1947/02/12　行政院院長宋子文召見財政部長俞鴻鈞等，商談平抑物價金融波動對策。

1947/02/13　蔣主席接見行政院長宋子文，決定停拋黃金，平抑物價，取締投機等方案。

1947/02/14　蔣主席手諭上海淞滬警備司令部有效防止物價波動，派鄭介民赴滬組經濟偵察團。

1947/02/15　國民參政會建議恢復和平，禁止黃金外匯交易。

1947/02/15　聯合國提出報告草案：我抗戰損失死亡九百萬，生者亦艱苦，交通遭破壞，教育陷停頓。美對華經援尚在考慮中。

1947/02/16	蔣主席電召長江沿線各省市首長速即晉京會議，商討實施穩定物價辦法。
1947/02/20	國防最高委員會議通過「評議物價實施辦法」、「國民大會組織法」等法案。
1947/02/27	蔣主席親臨主持四聯總處理事會會議，通過協助生產、平衡物價等方案。
1947/03/01	國際貨幣基金正式開辦，我國存有黃金與法幣五萬五千萬元。
1947/03/06	最高經濟委員會成立物價委員會。
1947/03/11	中央銀行總裁張嘉璈赴南京出席物價委員會，晚應蔣主席餐敘。
1947/03/11	立法院通過建請財政部停發萬元大鈔案。
1947/03/12	美國駐華大使司徒雷登報告其國務院，指中國內戰影響經濟，並認爲ＣＣ系伸入財政界，並不能增加政府在銀行及實業上之信用。
1947/03/14	經濟部部長王雲五抵上海，處理當前物價問題。
1947/03/21	蔣主席以兼行政院長批准撥款，恢復貼補，以平抑物價。
1947/03/27	國民政府公布制定「財政部鹽務總局組織法」。
1947/05/01	蔣主席接見行政院長張群、財政部長俞鴻鈞與中央銀行總裁張嘉璈等，聽取財政應急措施。
1947/05/02	財政部令查禁金鈔黑市。
1947/05/07	蔣主席主持國民政府第二次國務會議，財政部長俞鴻鈞報告財政工作，並通過宣誓條例修正草案等案。
1947/05/10	蔣主席接見行政院長張群，研商經濟、物價及公教人員加薪問題。
1947/05/13	財政部公布制定「綏靖區豁免直接稅辦法」。
1947/05/23	財政部長俞鴻鈞在國民參政會報告財政經濟問題嚴重。
1947/05/28	行政院公布制定「行政院外匯審核委員會組織規程」。
1947/05/30	財政部公布制定「取締食鹽囤積居奇實施辦法」。
1947/06/20	行政院公布制定「縣市參議會在地方自治未完成前對於縣市財政監督辦法」。
1947/06/25	中央銀行總裁張嘉璈設宴招待泛美世界航空公司總經理褚芮卜，並託其鼓吹美國經濟援華。

1947/06/26 上海美商對外匯分配表示不滿。

1947/07/03 全國經濟委員會決定收回臺灣、東北及新疆地方貨幣，以確定法幣統一地位。

1947/07/07 中央銀行總裁張嘉璈編製財政一覽表。

1947/07/20 中央銀行總裁張嘉璈訪晤行政院長張群與財政部長俞鴻鈞等，商管理外匯及貿易方案內容。

1947/07/24 中央銀行總裁張嘉璈與財政部長俞鴻鈞商討外匯管理修正辦法。

1947/08/06 財政部公布修正「印花稅檢查規則」。

1947/08/18 外匯平衡基金會在上海成立。

1947/08/18 外匯修訂後，各地物價上揚。

1947/08/18 外匯修訂後，各地物價上揚。

1947/08/18 行政院公布制定「中央銀行管理外匯辦法」與「進出口貿易辦法」。

1947/08/19 香港臺灣等地市場對新外匯辦法反應尚佳，經濟學者看法不一。

1947/08/24 財政部規定徵課行商一時所得稅新辦法。

1947/08/28 財政部決實施海面巡緝，防止日貨走私。

1947/09/04 行政院外匯審查會訂定自費留學生結匯辦法。

1947/09/09 財政部公布制定「銀行停業清理辦法」。

1947/09/11 財政部公布制定「鹽政條例施行細則」。

1947/09/13 北京大學校長胡適再談教育獨立，惋惜政府所耗外匯太多。

1947/09/17 財政部長俞鴻鈞膺選國際銀行董事會主席。

1947/09/19 上海市政會議通過銀樓業恢復收兌案。

1947/09/19 經濟部長陳啓天向參政會駐會委員會報告物價上漲原因。

1947/09/20 行政院公布修正「蘭州市政府組織規程」、「臺灣省徵收貨物稅補充辦法」、「整理省市財政辦法」、「汕頭市政府組織規程」及「湛江市政府組織規程」。

1947/09/29 中央銀行總裁張嘉璈呈送蔣主席節略，重提財政部與中央銀行各半負擔彌補財政收支不足辦法。

1947/09/29 北平物價連日大漲。

1947/10/04 北平經濟小組統查奸商，平抑物價。

1947/10/04	行政院研討自備外匯輸入貨品處理辦法。
1947/10/04	東北糧煤堪虞，物價暴漲。
1947/10/05	東北行轅規定關外匯款審核辦法。
1947/10/05	監察院發表三十四年八月至本年八月外匯使用情形調查報告。
1947/10/07	財政部公布修正「製鹽許可規則」及「農工業用鹽發售規則」等。
1947/10/08	財政部公布制定「縣市開闢特別稅課辦法」及「財政部清理各省有照沙湖田辦法」。
1947/10/15	中央銀行總裁張嘉璈電請外交部長王世杰告知美國政府通貨膨脹嚴重情形。
1947/10/17	蔣主席接獲外交部長王世杰自美電陳洽商軍經援助情形。
1947/10/18	蔣主席視察煙臺港，並令加強上海經濟管理，平抑物價。
1947/10/25	財政部公布制定「完納貨物稅廠商發貨票貼用印花稅票辦法」。
1947/10/27	行政院公布制定「江蘇省嵊泗設治局組織規程」及「公自費留學生結購外匯規則」。
1947/10/28	財政部公布制定「營利事業及自由職業者之業務所申請登記辦法」。
1947/11/02	中央銀行總裁張嘉璈呈請蔣主席注意外匯買賣、國庫墊款及法幣與東北流通券情形。
1947/11/08	財政部准闢特別稅補助縣級財政。
1947/11/12	美國務卿馬歇爾談刻正釐訂方案，助我脫離通貨膨脹壓力。
1947/11/13	察哈爾省物價與平津同，省政府呈請行政院該省內公教人員與平津同等待遇。
1947/11/15	行政院新聞局稱，華南走私問題，財政當局已密加查緝。
1947/11/20	行政院長張群在全國經濟委員會報告外匯政策不變。
1947/11/21	上海、北平、漢口等市物價復漲，黑市上升尤迅速。
1947/11/25	北平物價狂漲，當局決設法抑止。
1947/11/29	美國前駐外使節貝林等人聯合呼籲畀我以軍事經濟財政援助。
1947/12/02	行政院公布制定「重慶市政府組織規程」及「財政部金融管理局組織規程」等。
1947/12/03	蔣主席召見財政部長俞鴻鈞等，垂詢財政。

1947/12/04 東北物價急漲，奉令停貸放款。

1947/12/09 瀋陽物價會議改限價政策爲議價；東北行轅主任陳誠令各省政府移駐新址。

1947/12/10 中央銀行發行二萬、四萬、十萬元大鈔，各地物價暴漲，上海經濟警察嚴密監視市場。

1947/12/19 瀋陽孤立，物價暴漲。

1947/12/23 中央銀行總裁張嘉璈電覆在美顧問楊格關於政府支出外匯情況。

1947/12/24 中央銀行總裁張嘉璈電復顧問楊格關於棉花及政府所需外匯等事。

1947/12/24 財政部令廣州市政府嚴行取締行使外幣。

1947/12/24 財政部規定有關國防民生製造業之營業稅減半。

1947/12/25 國民政府公布制定「訓政結束程序法」及修正五院組織法，並制定「戡亂時期危害國家緊急治罪條例」、「中央銀行管理外匯條例」等。

1947/12/26 財政部電各機關、解釋人員攜帶黃金非牟利者不干法令。

1947/12/27 蔣主席與行政院長研究財政與預算方針。

1948/01/03 財政部長俞鴻鈞在國民參政會駐委會報告財政設施情形。

1948/01/06 財政部公布「清理各省有照沙湖田辦法施行細則」。

1948/01/10 國民政府公布財政部各區鹽務管理局及鹽務辦事處組織條例。

1948/01/29 瀋陽物價昂貴，商店多倒閉。

1948/01/31 財政部公布「修正稅務署貨物稅課稅物品評價規則」。

1948/02/05 行政院長張群偕財政部長俞鴻鈞等列席立法院，報告本年度上半年總預算，並答覆立委質詢。

1948/03/13 財政部長俞鴻鈞等在立法院報告美援物資分配及使用情形。

1948/03/13 財政部修訂東北流通券行使及兌換辦法。

1948/03/13 財政部修訂東北流通券行使及兌換辦法。

1948/03/18 全國經濟委員會討論平抑物價問題。

1948/04/01 上海市配米價格核定。

1948/04/13 財政部部長俞鴻鈞：「財政報告」。

1948/04/13 第一屆國民大會第一次會議舉行第七次大會，聽取財政部長俞

	鴻鈞、經濟部長陳啓天、交通部長俞大維、糧食部長俞飛鵬作施政報告。
1948/04/27	財政部公布「定額薪資所得稅暨一時所得稅徵課調整辦法」。
1948/05/24	財政部公布「營利事業及自由職業者之業務所申請登記規則」。
1948/05/29	行政院公布「財政部金融管理局組織規程」。
1948/06/07	美國經濟援華代表團團長賴普漢抵上海。
1948/06/11	美國對經濟援華撥款三億三千餘萬，並決定分配項目。
1948/06/14	財政部公布「國產菸酒類稅稽徵規則」。
1948/06/16	監察院完成監察法草案，並對政府未採有效辦法制止物價暴漲提出糾正案。
1948/06/25	上海市長吳國楨在市參議會提出抑平物價辦法；清查倉庫、嚴防囤積、禁止非本業貿易。
1948/06/28	行政院長翁文灝函復監察院，說明穩定物價措施；監察院審查會決請徹查物價暴漲原因。
1948/07/02	行政院長翁文灝率財政部長王雲五等列席立法院，報告總預算編製經過及平抑物價辦法。
1948/07/03	上海政軍首長集會，議定防止物價再漲辦法。
1948/07/03	外交部長王世杰與美國駐華大使司徒雷登在南京簽訂關於經濟援華的「中美雙邊協定」。
1948/07/07	上海市經濟會報決議普查銀行倉庫，以防囤積居奇，哄物價。
1948/07/09	工商部與財政部公布「礦產稅稽徵規則」。
1948/07/10	上海警備司令部加緊偵查投機商人，以遏止物價不斷高漲。
1948/07/17	蔣總統公布「中華民國政府與美利堅合眾政府間關於經濟援助之協定」及換文。
1948/07/30	蔣總統在浙江省莫干山召行政院長翁文灝等，詳詢財政及物價管制情形。
1948/08/01	上海市社會局召集各商業同業公會舉行物價管制會議，經濟管制督導員蔣經國到會聽取各業意見，並謀解決困難之道。
1948/08/02	行政院長翁文灝爲整頓金融穩定物價，決合併銀行錢莊六千家爲二千家。
1948/08/08	財政部公布「財政部查獲僞造貨物稅納稅花證給獎辦法」。

1948/08/13　物價連日猛漲，黃金每兩超過六億元法幣，現洋（銀行）每元近八百萬元法幣。

1948/08/20　行政院公布制定「金圓券發行準備監理委員會組織規程」、「行政院經濟管制委員會組織規程」。

1948/08/20　行政院長翁文灝望金融界協力執行幣制改革辦法。上海市長吳國楨望各業依標準價格，照常供應。工業界望執行經濟管制能徹底。

1948/08/20　蔣總統頒布財政經濟緊急處分令，並公布「金圓券發行辦法」、「人民所有金銀外幣處理辦法」、「中華民國人民存放國外外匯資產登記管理辦法」、「整理財政及加強管制經濟辦法」。

1948/08/20　蔣總統頒布財政經濟緊急處分令，並公布「金圓券發行辦法」、「人民所有金銀外幣處理辦法」、「中華民國人民存放國外外匯資產登記管理辦法」、「整理財政及加強管制經濟辦法」。

1948/08/21　蔣總統電令各省市政府首長切實執行財政經濟緊急處分命令及各項辦法。

1948/08/23　政府開始發行金圓券，首日兌出四百餘萬圓。各地市場大體平靜。

1948/08/25　上海經濟管制督導員蔣經國召集會議，商討穩定日用品價格。上海市警局拘捕違法者二十餘人。

1948/08/25　中央銀行統計，三天兌出金圓券二千四百多萬。蹇售物價回跌，銀根由緊轉鬆。

1948/08/25　美軍顧問團長巴大維支持我國經濟新措施。各地美國僑民紛向當地銀行兌換金圓券。

1948/08/26　行政院公布「銀行錢莊存放款利率限制辦法」、「中央銀行外幣外匯存款交付辦法」、「行政院經濟管制委員上海區物價審議委員會組織規程」，以及「行政院經濟管制委員會上海區物資調節委員會組織規程」。

1948/08/26　行政院新聞局長董顯光談人民對金圓券所表現之信念。

1948/08/26　蔣總統公布「整理財政補充辦法」。

1948/08/27　內政部長彭昭賢說明報刊禁止記載黑市價格問題。

1948/08/27　行政院經濟管制委員會在上海設置檢查、物資調節及物價審議三個委員會，並發布委員名單。

1948/08/28　中央銀行發表第四天收兌金銀外幣數字，並說明收兌黃金成色問題。

1948/08/31　財政部公布「鹽運銷規則」。

1948/09/02　金圓券幣制改革洩密，財政部祕書陶啓明乘機拋售紗股牟利被拘。

1948/09/04　行政院會議通過政府外幣債券處理辦法，整理外幣公債發行原則，以及外匯資產申報登記國外指導委員會組織規程等案。

1948/09/08　行政院公布行政院經濟管制委員會廣州區物資調節委員會、檢查委員會、物價審議委員會，以及行政院物資供應委員會處理物資督導團等組織規程。

1948/09/09　上海市工業會常務理事會決議，擁護政府改革幣制政策，通知各會員工廠將所有黃金、美鈔外匯送繳中央銀行。

1948/09/09　行政院長翁文灝招待立法、監察委員報告財政經濟措施。

1948/09/09　蔣總統召見行政院長翁文灝等，詢問上海商業行莊繳存外匯資產情形。

1948/09/16　蔣總統特派王雲五爲出席國際貨幣基金及國際復興建設銀行理事會第三屆年會中國代表團首席代表，派席德懋、宋子良爲代表。九一｜四一五蔣總統任命李良榮爲福建省政府主席，高楚珩爲湖北省政府委員，朱濟爲河南省政府財政廳長、鄧祥雲爲建設廳長，任命袁貽瑾爲衛生部政務次

1948/09/21　財政部公布「三十七年度營利事業所得稅稽徵補充辦法」。

1948/09/24　上海區經管督導員蔣經國望上海工業界人士協助政府抑平物價。

1948/09/30　上海外匯資產申報登記指導委員會決議十月完成申報，工業界籌組外銷工業品聯營公司。

1948/09/30　上海區物資調節委員會配售日用品決定種類和對象，配米價格不變。

1948/09/30　上海區經管督導處決定完成物資檢查，各業存貨登記結束。金銀外幣收兌共計兌出三億七千多金圓。

1948/10/01　財政部通令：金銀外幣兌換金圓券期限延長兩個月。

1948/10/02	金圓券發行準備監理會公告：金圓券發行總額已逾九億五千萬，收兌金鈔支出六億。
1948/10/09	財政部公布「商營銀行調整資本後動用繳存資本金辦法」。
1948/10/12	財政部長王雲五晉見蔣總統，報告赴美參加國際金融會議經過。
1948/10/13	財政部公布「捲菸稅稽徵規則」及「薰菸葉稅稽徵規則」。
1948/10/14	上海經濟管制督導員蔣經國請行政院開放自備外匯，以挽工業原料缺乏危機。
1948/10/18	行政院長翁文灝、財政部長王雲五在立法院報告油價波動原因。立法院國防委員會並追究濟南戰事失利之責任。
1948/10/20	行政院公布「山東省東萊設治局組織規程」及「公自費留學生結購外匯規則」。
1948/10/26	行政院訂定安定經濟新辦法：日用必需品價格分區調整，緊縮通貨，增加生產，改善公教人員生活。
1948/11/05	財政部公布「糖類稅稽徵規則」、「化粧品稅稽徵規則」，以及「錫箔及迷信用紙稅稽徵規則」。
1948/11/06	物價連日狂漲，民眾購買糧食困難。
1948/11/09	財政部公布制定「過境及遊歷旅客所攜外幣兌換金圓辦法」。
1948/11/11	蔣總統公布修正「金圓券發行辦法」及「修正人民所有金銀外幣處理辦法」。
1948/11/11	蔣總統特任徐堪爲財政部部長，原任部長王雲五辭職准免本兼各職；特任龐松舟爲主計部主計長。
1948/11/19	財政部擬定公布中央銀行辦理定期存款及兌現通則。
1948/11/22	中央銀行開始辦理存款兌換黃金與銀元。
1948/11/26	蔣總統明令褒揚江蘇省六合縣縣長張育之、寧夏省政府委員兼財政廳長趙文府。
1948/12/01	中央銀行續在各地辦理金銀兌現，物價回跌。
1948/12/02	財政部公布修正「管理報關行規則」第四、第五條條文。
1948/12/09	財政部國防部公布制定「綏靖區行政公署對轄區中央稅收金融機關監督聯繫辦法」。
1948/12/11	財政部公布「印花稅票簡化貼用辦法」。
1948/12/15	行政院公布「管理進出口貿易辦法」、「金圓券存款兌現辦法」

	及「賦籍整理業戶逾限申報或冒報匿報短報土地處罰辦法」。
1948/12/15	財政部通令取締各地銀元攤販，全國收兌法幣已逾百分之七十。
1948/12/21	北平圍城，物價飛漲。
1948/12/22	上海市民存兌金銀，擠斃數人。
1949/01/	陳誠被任命爲臺灣省主席
1949/01/04	中央銀行公布「改善金圓券存款兌現辦法」；並規定自五日起，依照新辦法恢復存兌。
1949/01/06	四川省參議會通過請中央廢止田賦徵借，核減兵役配額，照原價發還前收兌四川省銀行之黃金、白銀、銀元等重要議案。
1949/01/06	蔣總統令免立法院祕書長及內政、財政、農林、工商、交通、水利、地政、糧食等部之政務次長暨資源委員會、蒙藏委員會之副委員長。並選任新人接替其職位。
1949/01/09	中央銀行總裁俞鴻鈞因辦理存兌金銀過失被免職。
1949/01/11	蔣總統公布制定「管理外匯條例」。
1949/01/13	財政部公布制定「捲菸用紙製銷購運管理規則」。
1949/01/16	行政院會議決議：廢止黃金兌換。
1949/01/16	蔣總統約見俞鴻鈞、席德懋，指示中央、中國兩銀行外匯處理要旨。
1949/01/21	臺灣省政府主席陳誠偕財政廳長嚴家淦飛南京述職；臺灣省警備總部正式成立，兼總司令陳誠、副司令彭孟緝就職視事。
1949/02/03	財政部公布核定鹽之平均實需成本數及各鹽從價應徵稅額。
1949/02/04	臺灣省政府令飭臺灣銀行停止省外匯款來臺。
1949/02/07	財政部遷移廣州辦公，並在福州成立辦事處。
1949/02/11	李宗仁代總統任命梁穎文爲財政部政務次長。
1949/02/17	臺灣省物價猛漲，米價較上海更貴，他貨亦均看齊。
1949/02/23	行政院會議通過財政金融改革案及開放梧州口岸案。
1949/02/23	李宗仁代總統下令停止施行「整理財政補充辦法」第三項甲款關於海關進口稅加徵戡亂時期附加稅部分。
1949/02/25	李宗仁代總統頒布「財政金融改革案」，並下令即日實施。
1949/02/26	臺灣省米價大漲，臺東地區每大斗價格高達八萬元。
1949/03/03	行政院公布修正「漢口市政府組織規程」第十五條條文；令廢

止「中央銀行外幣外匯存款支付辦法」。

1949/03/03　臺灣銀行開始拋售黃金，臺灣物價回跌。

1949/03/07　財政部奉行政院電令：電氣事業准免徵營業牌照稅。

1949/03/11　財政部公布核定鹽之平均實需成本數及各鹽從價應徵稅額。

1949/03/12　天津美商會強列反對繼續經濟援助中國政府。

1949/03/15　立法院通過簡化行政機構案，行政院改設內政、外交、國防、財政、教育、司法行政、經濟、交通、蒙藏、僑務十個部會。

1949/03/16　監察院糾舉孫科於行政院長任內，擅支機密費一億一千萬金圓券。

1949/03/27　修正中美關於經援協定換文生效。

1949/03/30　財政部部長劉攻芸就職視事。

1949/03/30　財政部部長劉攻芸暨糧食部部長關吉玉在上海聯合通電：糧食部奉令結束，其業務移交財政部田糧署接辦。

1949/04/　公布「臺灣省私有耕地租用辦法」

1949/04/04　李宗仁代總統任命唐縱為內政部政務次長，夏晉熊為財政部政務次長，楊玉清為司法行政部政務次長，簡貫三為經濟部政務次長，馬崇六為交通部政務次長，喜饒嘉錯、周昆田為蒙藏委員會副委員長。

1949/04/07　財政部公布廢止「銀樓業收兌及製造金飾辦法」。

1949/04/07　財政部公布廢止「銀樓業收兌及製造金飾辦法」。

1949/04/07　臺幣、金元券匯率調整為金元券百元兌臺幣二百二十元。

1949/04/11　財政部公布核定鹽之平均實需成本數及各鹽從價應徵稅額。

1949/04/11　財政部通電：財政部收受文電改寄南京。

1949/04/11　臺灣省政府公布訂定「臺灣省統一縣市財政收支命令辦法」。

1949/04/12　立法院質詢財政部兼中央銀行總裁劉攻芸，關於濫發大鈔及國庫金銀始則運臺繼而又運回一部拋售等乖謬政策。

1949/04/14　李宗仁代總統特任劉攻芸兼國際貨幣基金暨國際復興開發銀行理事；任命楊績蓀為湖南省政府委員兼祕書長，楊展雲兼山東省政府祕書長。

1949/04/14　臺灣省政府公布訂定「臺灣省各縣市課稅對象物價調查統計方案」。

1949/04/15　臺灣省政府公布訂定「改善地方自治財政措施方案」。

1949/04/20　美國駐華大使司徒雷登向國務院報告：中國教育部長杭立武要求美國給予經濟援助。

1949/04/24　行政院會議決議撤銷和談代表團，並停止對中共地區郵電匯兌。

1949/04/26　金元券百元折合臺幣十元，臺灣各地物價飛漲，市場呈現混亂狀態。

1949/04/27　財政部公布核定四月中旬鹽之平均實需成本數及各鹽從價應徵稅額。

1949/04/27　臺灣省物資調節委員會標售麵粉，並規定零售價格。

1949/04/29　金元券百元兌臺幣七元。

1949/04/30　發行時，原定四元兌一美元之金圓券，在公開市場已跌為五百萬元至一千萬元兌一美元。

1949/05/02　上海警備司令部嚴禁銀元自由買賣，並規定銀元一元兌換金元券四百萬元。

1949/05/05　李宗仁代總統任命陳良為上海市長，石毓嵩為山東省財政廳廳長，徐軼千為山東省教育廳廳長，王惟英為浙江省政府委員。

1949/05/05　財政部公布核定四月下旬鹽之平均實需成本數及各鹽從價應徵稅額。

1949/05/06　立法院在廣州復會，通過諮請行政院採取緊急措施加強廣東軍事財政力量。

1949/05/10　貴州省政府舉行各機關首長會議，檢討財政金融問題。

1949/05/13　李宗仁代總統任命姜書閣為財政部政務次長。

1949/05/16　行政院長何應欽在廣州舉行財政、糧食會議。

1949/05/17　財政部公布核定五月上旬鹽之平均實需成本數及各鹽從價應徵稅額。

1949/05/21　李宗仁代總統令准一九四八年中美經濟援助協定所列一九四九年四月三日特別帳戶純淨結餘之處理案。

1949/05/22　臺幣一元兌金圓券四百元。

1949/05/23　行政院舉行之財政、金融、糧食會議閉幕。

1949/05/26　中央令准臺灣銀行代理中央銀行管理臺灣省外匯。臺幣一元兌金圓券一千元。

1949/06/12　李宗仁代總統特任李漢魂爲內政部長，胡適爲外交部長，閻錫山兼國防部長，徐堪爲財政部長，杭立武爲內政部長，張知本爲司法行政部長，劉航琛爲經濟部長，端木傑爲交通部長，關吉玉爲蒙藏委員會委員長，戴愧生爲僑務委員會委員長，並均爲行政院政務委員。

1949/06/13　監察院向行政院財政部提出「通貨貶值，幣制紊亂，外幣充斥，公私交困，財政當局熟視無睹，聽其自然，應予糾正案」。

1949/06/15　「臺灣省幣制改革方案」，改用新臺幣，兌換比率爲四萬舊臺幣兌一元新臺幣開始外匯管制，實行結匯證制度

1949/06/15　臺灣省政府公布修正「臺灣省進出口貿易及匯兌金銀管理辦法」。

1949/06/18　財政部通電說明糧食部裁撤後，業務移交財政部田糧署。

1949/06/18　臺灣省政府公告：各項民生用品，如有囤積居奇、高價格者，即予重懲。

1949/06/20　財政部電釋：關於違反糧食管理案，因引用總動員法所處之罰金及沒收糧食，應歸糧食機關接管。

1949/06/22　行政院通令金圓券五億元兌換銀元一元。

1949/06/25　新任財政部長徐堪視事。

1949/06/27　參謀總長兼陸軍總司令顧祝同與財政部長徐堪抵臺北。

1949/06/29　李宗仁代總統令免財政部政務次長姜書閣職；派陳渠珍兼湖南省政府沅陵行署主任，潘文華、陳明仁、宋希濂、徐祖詒爲華中軍政長官公署副長官，李品仙兼華中軍政長官公署副長官，宋希濂仍兼湘鄂邊區綏靖司令官，徐祖詒仍兼華中軍政長官公署參謀長。

1949/07/01　李宗仁代總統任命李人祝爲江西省政府財政廳廳長，郭禮白爲民政廳廳長。

1949/07/02　西南軍政長官公署令重慶警備司令部嚴格執行平抑物價工作。

1949/07/02　李宗仁代總統頒布改革幣制令，發行銀元券，公布制定「銀元及銀元兌換券發行辦法」。

1949/07/04　中央銀行在廣州外匯掛牌如下：黃金一市兩兌銀元七十五元；港幣一元兌二角四分；美鈔一元兌一元五五；英鎊一鎊兌三元

	七二。
1949/07/04	財政部長徐堪電請各區軍政首長及省政府主席協助執行「銀元及銀元兌換券發行辦法」。
1949/07/06	行政院訓令各部會及省市政府，所有各項罰金、罰鍰及規費，一律收受銀元兌換券。
1949/07/08	李宗仁代總統任命楊綿仲為財政部常務次長。
1949/07/09	臺北市政府規定各商店凡食品及日用品皆須標明價格。
1949/07/11	中國國民黨中央常務委員會暨中央政治委員會在廣州舉行聯席會議，討論財政、軍事及外交問題。
1949/07/11	臺灣銀行開始掛牌兌換銀元與新臺幣，但通匯地區只限廣州一地。
1949/07/12	李宗仁代總統特派財政部長徐堪兼國際貨幣基金暨國際復興開發銀行理事；令准交通部民用航空局長戴安國辭職。
1949/07/15	財政部電令災歉田賦減免覆勘工作，改由縣市政府辦理。
1949/07/16	行政院業務改進會通過行政院財政公開辦法。
1949/07/17	行政院規定金圓券收兌期限至九月一日截止。
1949/07/18	臺灣省財政廳長嚴家淦在臺灣省黨、政、軍聯合紀念週上報告臺灣省財政狀況，表示臺灣省實行幣制改革以來，基金充足，幣信確立，新幣前途絕對光明。
1949/07/29	李宗仁代總統令准經濟部常務次長童季齡辭職。任命蔣崑為湖南省財政廳廳長，陳拱北為福建省財政廳廳長，范承樞為雲南省建設廳廳長，姜寅清為雲南省教育廳廳長，周祖晃為桂林綏靖公署副主任。
1949/08/01	李宗仁代總統令准行政院將一九四八年八月五日中美農村復興協定換文之期限延至一九四八年七月三日中美經濟援華協定之滿期期限。
1949/08/01	財政部公告各種公債作廢號碼表。
1949/08/02	前國民政府財政部長孔祥熙在紐約發表談話，否認平生積財。
1949/08/06	李宗仁代總統令財政金融改革案內有關田賦部分等暫緩實施。
1949/08/09	財政部公布「省銀行發行銀元壹元券及輔幣券辦法」。
1949/08/22	行政院公布「金圓券發行準備移交保管辦法」。

1949/08/22　行政院長翁文灝再電各省市政府嚴加管制當地各項物品價格。

1949/08/22　李宗仁代總統任命熊裕為湖北省政府財政廳長、傅恆伯為建設廳長、朱培英代教育廳長；派馬鉠、余程萬為雲南綏靖公署副主任。

1949/08/22　金圓券發行準備監理會在滬成立，並舉行首次會議。

1949/08/22　蔣總統重申政府戡亂決心，切實整理財政，穩定物價，維持社會安全。

1949/08/22　蔣總統重申政府戡亂決心，切實整理財政，穩定物價，維持社會安全。

1949/08/24　行政院公布制定「財政部國稅督導委員辦公處暫行組織規程」及「財政部國稅局組織規程」。

1949/08/26　臺灣省政府委員會議通過菸酒公賣局改隸財政廳。

1949/08/31　李宗仁代總統特任余漢謀為華南軍政長官；派王文彥為貴州綏靖公署副主任；任命端木愷為財政部政務次長。

1949/09/09　行政院長閻錫山飭財政部加撥五萬元賑濟重慶災民。

1949/09/09　李宗仁代總統任命毛松年為廣東省財政廳長。

1949/09/09　財政部令：營利事業本店或分支店，分設淪陷區及非淪陷區者，均應就其非淪陷區之本店或分支店課徵所得稅。

1949/09/13　西南軍政長官張●由廣州返抵重慶，內政部長李漢魂、財政部長徐堪等同機偕行。

1949/09/18　中國國民黨蔣總裁在重慶接見國防部次長蕭毅肅，前甘肅省政府主席郭寄嶠奉電召由臺北經廣州飛抵重慶，財政部長徐堪自重慶飛返廣州。

1949/09/22　行政院美援運用委員會、臺灣省政府與美國經濟合作總署簽定肥料合約。

1949/09/30　中國國民黨中央非常委員會通過設置軍事、外交、財政經濟三小組委員會組織通則及委員名單。

1949/10/03　李宗仁代總統特任關吉玉為財政部長。

1949/10/11　行政院長閻錫山自廣州飛抵臺北謁蔣中正總裁，商討今後財政收支計畫等事項。

1949/10/21　前財政部長俞鴻鈞自香港飛抵臺北。

1949/10/24	財政部稅務整理委員會成立。
1949/10/29	財政部長關吉玉談財政政策及整理稅務。
1949/11/01	臺灣省政府財政廳長嚴家淦等在省參議會首屆第七次大會駐會委員會報告清理省外匯臺匯款經過。
1949/11/03	行政院會議通過「省（市）縣（市）政府暨駐軍協助財政部徵收機關徵收國稅辦法」。
1949/11/03	美國駐臺灣總領事聲明美將繼續經濟援助我國。
1949/11/03	財政部長關吉玉訓勉田賦督徵人員本年徵糧須徵收足額。
1949/11/11	李宗仁代總統特派關吉玉兼國際貨幣基金暨復興開發銀行理事。
1949/11/16	財政部電各省田糧機關查明各縣徵收成績等事項。
1949/11/18	李宗仁代總統任命董霖爲外交部政務次長；王平爲財政部政務次長。
1949/11/18	美國經合總署援華計畫執行人納森舉行記者招待會。
1949/12/05	中國青年黨代表陳啓天、民社黨代表蔣匀田聯電中國國民黨蔣中正總裁，請復行總統職權。
1949/12/05	在臺監察委員電請中國國民黨蔣總裁復行總統職位，主持戡亂大計。
1949/12/05	我駐美大使館駁斥李宗仁代總統將臺灣租與美國的傳說。
1949/12/05	李宗仁代總統由香港飛美國。
1949/12/05	美共和黨參議員諾蘭抨擊國務院對華政策。
1949/12/05	臺灣省三十九年度行政會議暨省府擴大紀念週合併舉行，研討行政興革事宜。
1949/12/06	在臺立法委員電請蔣總統復職。
1949/12/06	在臺國大代表分別電請蔣中正總統復職、李宗仁代總統病癒返國，及電慰行政院長閻錫山。
1949/12/06	李宗仁代總統飛抵美國舊金山。
1949/12/06	臺籍國代立監委一致擁護蔣總統復職，並建議當局起用臺胞，加速實施地方自治。
1949/12/08	行政院長閻錫山飭中央銀行收兌四川省銀元券。
1949/12/12	美國續以經濟與外交支援我國。

1949/12/14	中央政府決定緊縮組織，嚴厲執行財政決策。
1949/12/14	財政部發言人金克和參事表示，政府遷臺絕不增加本省負擔，當扶助本省發展建設事業。
1949/12/18	行政院長閻錫山邀集陳立夫等會議商討兩航事件及財政問題。
1949/12/31	舊臺幣收兌時間截止。
1950/01/01	臺灣省政府財政廳長任顯群發表臺省財經狀況。
1950/01/03	美國國務院宣布，我已正式請求美國給予軍事和經濟援助。
1950/01/04	臺灣省政府財政廳長任顯群表示，新臺幣發行決不超過二億，對物價平抑有充分決心，望商人與政府合作。
1950/01/05	美國經濟合作總署臺灣分署宣布，以價值五百五十萬元生活必需物資配售臺灣全省。
1950/01/05	駐美大使顧維鈞向美國提出八千五百萬美元軍經援助。
1950/01/12	財政部答覆記者問題：決負責收回所發全部銀圓券。
1950/01/13	美國經合總署援臺灣物資年來共值美金一千三百六十餘萬元。
1950/01/24	中國國民黨蔣總裁辦公室設計委員俞鴻鈞表示：中央與臺灣省間財政問題處理，重在配合不在劃分。
1950/01/30	臺灣省政府財政廳長任顯群報告愛國公債籌募辦法，並解釋配募對象與配額標準。
1950/02/	立法院於撤退來臺後舉行第一次會議
1950/02/14	財政部關稅業務檢討會通過日用必需品酌予解禁與加強海關緝私等要案。
1950/02/14	臺灣省政府施行「臺灣省公營生產事業外匯管理辦法」。
1950/02/18	臺灣省政府人事局部異動：周友端任財政廳副長，丘斌存調省府顧問，楊允棣接充公賣局長。
1950/02/21	財政部長關吉玉重申力求增加稅收、平衡預算之理財政策。
1950/02/22	行政院會議通過設置「行政院物資外匯調配委員會組織規程」，並修正「懲治貪污條例」。
1950/02/27	李宗仁代總統同意美國建議修正中美經濟援助協定第五條第七項。
1950/03/02	全國物資外匯由行政院調配委員會審議統籌動支。
1950/03/07	產業金融小組通過審核廠商結購外匯八項原則。

1950/03/07	監察委員曹德宣等爲臺灣物價日漲，走私流行，影響民生，提案糾正，移送行政院促其注意改善
1950/03/10	財政部關務署分析全國關稅激增原因。
1950/03/16	內政部長余井塘、教育部長程天放、經濟部長鄭道儒、財政部長嚴家淦、司法行政部長林彬等到職視事。
1950/03/21	美國參、眾兩院外交委員會通過法案，延長對華經濟援助。
1950/03/25	臺灣省政府決定發行愛國獎券。
1950/04/04	新臺幣發行監理會發表檢查報告：上月發行額一億九千萬。
1950/04/14	財政部關務署發表三十九年一至三月份關稅收入近四千萬元。
1950/04/17	蔣總統特派嚴家淦兼國際貨幣基金暨國際復興開發銀行理事。
1950/04/18	行政院公布修正「行政院物資外匯調配委員會組織規程」。
1950/04/19	臺灣省政府公布修正「臺灣省建立鄉鎮財政辦法」、「臺灣省鄉鎮款收支處理規則」暨「臺灣省鄉鎮預算編審程序」。
1950/04/23	行政院核准財政部、中央銀行等擬具結束三十八年度國庫收支辦法。
1950/04/24	財政部長嚴家淦在中國國民黨中央黨部紀念週上報告政府財政概況。
1950/04/30	臺灣省政府財政廳長任顯群答覆記者稱：美金寄存證無限額出售，黃金儲蓄戶祇可提黃金。
1950/04/30	臺灣銀行發行愛國獎券第一期開獎。
1950/05/04	新臺幣發行監理委員會發表檢查報告，發行額一億九千六百萬，以黃金及外匯作爲準備。
1950/05/05	臺灣省首期愛國獎券開始給獎。
1950/05/09	我國出席亞洲及遠東經濟委員會代表孫碧奇發表聲明，指斥蘇聯代表重施故技，排我不遂，又演退席。美國記者團離華賦歸。
1950/05/09	臺灣省政府電頒鄉鎮財政收支分類表，以及各級漁會章程準則。
1950/05/12	行政院院長陳誠向立法院報告施政計畫及預算要點，財政部長嚴家淦等列席報告預算編製經過。
1950/05/23	美國國務院發表聲明，繼續經援臺灣。臺灣省工業會員代表大會通過建議倡用國貨，請迅貸民營企業貸款等議案。
1950/06/	韓戰爆發

1950/06/01　臺灣省財政廳長任顯群播講：「節約救國有獎儲蓄券配銷標準與推銷技術問題」。

1950/06/05　臺灣省政府財政廳長任顯群向各廠礦代表說明政府財經措施。

1950/06/09　我與美國經濟合作總署正式簽訂五萬公噸美援肥料合約。

1950/06/10　臺灣省政府民政廳長楊肇嘉、財政廳長任顯群分別在省參議會作報告，並答覆詢問。

1950/06/20　監察院提案糾正臺灣省政府公營洋煙洋酒，消耗外匯，影響戡亂工作。

1950/06/22　蔣總統令派譚伯羽為國際貨幣基金會執行幹事。

1950/07/01　臺灣省政府公告臺灣銀行辦理普通外匯暫行辦法。

1950/07/01　臺灣省政府訂立「戰時縣市財政收支處理原則」。

1950/08/08　美國經合總署駐臺首席代表穆懿爾宣布：七至九月經濟援臺共達千萬美元。

1950/08/15　行政院會議通過中央各機關在臺賃購房屋監督辦法，由財政部負責監督。

1950/08/23　行政院會議通過特派葉公超等出席聯合國五屆大會，嚴家淦出席國際貨幣基金會議，袁守謙代理國防部部務等案。

1950/08/24　蔣總統特派嚴家淦為出席國際貨幣基金及國際復興開發銀行理事會第五屆年會中國代表團首席代表。

1950/08/31　蔣總統召見財政部長嚴家淦，對其赴法出席國際基金會議事有所指示。

1950/09/05　臺灣省整頓稅收成效顯著，全年課稅收入至七月底已收足，八月財政收支有盈餘。

1950/09/10　美國助理國務卿魯斯克闡明美國遠東政策：保持中美傳統友誼，繼續經軍援臺。

1950/09/11　臺灣省政府財政廳長任顯群在國父紀念週作報告，建議改革現行稅制。

1950/10/06　財政部長嚴家淦報告出席國際貨幣基金會議經過。

1950/10/21　金門發行流通券，訂定兌換及使用辦法。

1950/11/03　臺灣省政府委員會議通過各縣市財政收支調整辦法等案。

1950/11/30　行政院向立法院提出「耕地三七五減租條例草案」

1950/12/17	臺灣省政府委員會通過「各縣市財政收支監督辦法」。
1951/01/05	財政部關務署發表三十九年度海關稅收較三十八年度增加八倍以上。
1951/01/13	中共政務院財政經濟委員會發布「關於美國企業及個人存款申請動支的規定」。
1951/01/13	臺灣省財政廳長任顯群再度申明外匯匯率決不變動。
1951/01/16	臺灣省政府財政廳決定自本月份起恢復徵收公教人員薪給所得稅。
1951/02/03	臺灣省政府財政廳長任顯群發表談話，目前本省人民經濟負擔，不比日治時代高。
1951/02/07	臺灣省政府財政廳長任顯群邀集各主管物資機關首長集議，商訂十項民生必需品基本價格。
1951/02/09	臺灣省政府爲貫徹低物價政策，決議訂定十項民生必需品基本價格。
1951/02/23	臺灣省政府會議通過「加強稽徵所得稅營業稅辦法」暨「臺灣省空襲損害縣市財政收支緊急處理辦法」。
1951/03/01	行政院咨覆立法院遏止物價上漲質詢案。
1951/03/09	美國民主黨參議員瑪加蘭再度呼籲以十八億元軍經援華。
1951/03/10	原中國銀行董事長徐柏園繼臺灣省政府財政廳長任顯群接任臺灣銀行董事長，常務董事嚴家淦辭職，由任顯群兼任。
1951/04/	「耕地三七五減租條例草案」審查通過
1951/05/10	美國參議院通過對凡以作戰物資運往蘇俄或其附庸國，美國將停止其一切經濟援助。
1951/05/10	臺灣省政府主席吳國楨對財稅班人員講臺灣省財政及稅制改革情形。
1951/06/	行政院依「臺灣省放領更有耕地扶植自耕農實施辦法」實施公地放領
1951/06/13	蔣總統公布「財政收支劃分法」。
1951/06/22	美國經濟合作總署宣布，我國獲三千零九十七萬四千美元經援撥款。
1951/07/13	臺灣省政府爲確保財政收支平衡，電省屬各機關自七月份起停

	止追加預算。
1951/09/07	蔣總統令派席德懋爲出席國際貨幣基金及國際復興開發銀行理事會第六屆年會我國代表團首席代表，派霍寶樹爲代表團代表，譚伯羽、張悅聯、俞國華、瞿祖輝，李榦爲代表團顧問。
1951/09/15	行政院公布「行政院財政審核小組組織規程」。
1951/10/01	行政院長陳誠在中國國民黨聯合紀念週報告當前財政及美援運用情形。
1951/10/06	臺灣省政府財政廳長任顯群通令各縣市，臺省明年應徵稅捐限十五種。
1951/10/15	臺灣省政府公布「臺灣省四十一年度縣市鄉鎮財政收支辦法及預算編審原則」。
1951/11/01	臺灣省郵政管理局墊還戰前凍結省外匯臺郵匯款。
1951/11/06	行政院核定金門新臺幣行使及匯兌管制辦法。
1951/12/08	美國代財政部長福萊發表聲明，警告在美華僑，今後任何因中共勒索而匯寄款項將視爲非法。
1952/01/02	外交部正式覆照美國駐華大使館，同意接受美國軍經援助所應承擔之義務。
1952/02/04	財政部長嚴家淦在中國國民黨中央黨部總理紀念週上報告「目前美國對我經濟援助概況」。
1952/03/13	蔣總統令派霍寶樹爲國際貨幣基金代理理事，徐柏園爲國際復興開發銀行代理理事。
1952/03/28	美國共同安全總署向國會提出明年度經援遠東六國計畫，預定分配我國一億一千五百萬美元。
1952/05/02	臺灣省政府通知民政、財政兩廳及生產會、物資局，加速推行限田政策，抑低物價，以改善農民生活。
1952/05/20	臺灣省政府財政廳發表四月份稅收總額：新臺幣九千五百四十五萬餘元。
1952/06/02	臺灣省全省財政會議揭幕，行政院長陳誠在會中發表演說，闡明現行財稅政策等措施。
1952/06/07	蔣總統蒞臨臺灣省全省財政會議致詞。
1952/06/09	臺灣省全省財政會議閉幕。

1952/07/03	臺灣區生產事業管理委員會訂定物價權責劃分辦法，以控制物價及運費。
1952/08/17	臺灣省糧食局局長李連春表示本省糧食政策四大目標爲：獎勵增產、減低成本、把握實物、爭取外匯。
1952/08/26	蔣總統特派徐柏園爲出席國際貨幣基金及國際復興開發銀行理事會第七屆年會中華民國代表團首席代表。
1952/09/02	國際貨幣基金會與世界銀行會議在墨西哥開幕。
1952/09/05	財政部關務署副署長申覆桂及臺灣銀行國外部經理張心洽發表我國對外貿易統計數字。
1952/09/25	臺灣省政府公布修正「臺灣省各縣市財政收支監督辦法」。
1952/10/01	臺灣省政府加強管制各特種基金用途，以健全省屬機構財政收支。

附　錄

附錄一　日治時期至 1952 年以前流通之臺灣貨幣

臺灣銀行券

明治 30 年（1897）三月，日本國會通過臺灣銀行法，十一月成立臺灣銀行創立委員會，開始籌備工作。明治 32 年（1899）三月日本政府修改臺灣銀行法，日本政府以 100 萬元爲度，認購臺灣銀行股份，同年六月正式成立「株式會社臺灣銀行」，同年九月廿六日開始營業，而於九月廿九日發行壹圓銀券，十二月廿五日發行伍圓銀券，後來發行拾圓、伍拾圓銀券。明治 37 年（1904）七月一日又發行金券，銀券兌換金券期限至明治 42 年（1909）年底，故自 1910 年起臺灣只有金券之流通，而無銀券；日本大正時期發行之券幣稱爲改造券；昭和時期發行之券幣有甲券、乙券、現地刷。第二次世界大戰末期，日本自本國空運「日本銀行兌換券千圓」，背面加蓋株式會社臺灣銀行之紙鈔流通臺灣。長達 51 年之臺灣銀行券，於 1946 年九月一日起與舊臺幣同等價收兌，共收兌 34 億 4,370 餘萬元，臺灣銀行券收回後，會同有關機關全部銷毀。

舊臺幣券

1945 年八月十五日日本投降後，十月十七日國軍第七十六軍官兵及大批接收工作人員乘艦安抵基隆，十月廿四日臺灣行政長官公署成立，十二月廿五日臺灣光復，十月卅一日財政部公佈「臺灣省當地銀行鈔票及金融機關處理辦法」奉令接收日治時期臺灣銀行，而改組舊臺銀及其他各銀行及各金融機關，歷半年立檢查與監理時期過後，於 1946 年五月廿日正式改組成立今日之臺灣銀行。並於五月廿二日始發行臺幣券（舊臺幣），與前臺灣銀行券並等值流通。

舊臺幣券初發行面額分爲壹、伍及拾元券三種，由「中央印製廠上海廠印製」而交船運臺，以後陸續發行伍拾、壹佰、伍佰、壹仟及壹萬元券等五種。並因物價猛漲，通貨貶值，趕印舊臺幣拾萬元一種，但印就未發行，1948 年一月以後，因通貨急速膨脹，法幣貶值，以致臺幣價值大受影響，發行額日增，爲應市場需要而發行臺銀定額本票，面額伍千、壹萬元、拾萬元、壹佰萬元四種本票，與舊臺幣券同時流通。

舊臺幣券發行自 1946 年五月廿二日起至改制新臺幣券之 1949 年六月十五日共流通三年又二十三天，舊臺幣券兌換新臺幣券至 1950 年一月十四日止，始作廢銷燬。

新臺幣券

臺灣在戰後由於舊臺幣隨物價日日上漲，而不停地惡性貶值，幣信日降，發行額失控，造成惡性通貨膨脹，因此爲了要穩定物價，安定經發展，乃獲准發行「新臺幣」，而於民國 1949 年六月十五日由臺灣省政府公布「臺灣省幣制改革方案」，沿用至今。

臺灣硬輔幣

舊臺幣時期未發行硬輔幣，而於 1949 年六月十五日改新臺幣始鑄硬輔幣，初鑄造五角銀幣，後來改鑄銅幣，增鑄鋁幣及鎳幣。

附錄二　中央銀行管理外匯暫行辦法

1946年二月二十五日行政院公布

第一章　中央銀行之任務

第一條　國民政府爲達到穩定貨幣促進經濟復員并爲準備實施國際貨幣基金協定起見特授權中央銀行暫行辦理下列關於管理外匯之任務

一、指定若干銀行爲「指定銀行」指定銀行得經營外匯業務

二、核定（1）銀行銀號錢莊爲「甲種准許經營行號」（2）旅行社爲「乙種准許經營行號」甲種准許經營行號得於規定期間以內經營外幣鈔票乙種准許經營行號得於規定期間以內經營發售或兌付外幣旅行信用狀或外幣旅行支票并分別發給甲乙兩種准許經營憑證

三、核定「外匯經紀人」外匯經紀人得予規定期間以內經營外匯經紀業務并發給准許經營憑證

四、規定指定銀行准許經營行號外匯經紀人及一般應行遵守之各種章則

五、察酌市面情形于必要時平衡外匯外幣價格

六、依照政府政策處理國外封鎖資產及其權益

七、停止或撤銷指定銀行准許經營行外匯經紀人之指定或准許經營憑

第二章　「指定銀行」「准許經營行」及「外匯經紀人」

第二條　關於外匯之買賣必須經由指定銀行辦理久甲乙兩種准許經營行號及外匯經紀人衹准在其准許經營範圍內辦理外匯業

第三條　指定銀行得經營外幣鈔票

其他銀行銀號錢莊如願爲甲種准許經營行社如願乙種准許經營行號得於本辦法實施後十五日內間中中央銀行申請經中銀行審核許可發給准許經營憑證

除指定銀行外凡無准許經營憑證者中央銀行將公告停止其經營之日期

第四條　外匯經紀人經營業須中央銀行之准許凡願爲外匯經紀人者應於本辦法實施後十五日內向中央銀行申請經中央銀行核許可發給准許經營感證凡無准許經營憑證者中銀行將公告信止其經日期

第三章　外匯交易

第五條　現有官價外及其補助金應予廢止

第六條　指定銀行出售外匯但以供給下列之用途爲限

一、償付依照本辦法及其章則所規定之程申請而合法之進口物品價

二、供給依照本辦法及其章則所規定之程申請而合法之個人需要

三、經中央銀核准之其他合法用途

第七條　凡向指定銀行申請購買外匯者應簽具證明書負責聲明申請人并未存有外匯或向他方重複申請佰如申請人已存有相當外而經中央銀行審該并許可其在對外貿易上保持之一部份必要流動資金不在此限

第八條　指定銀行照不列各購入外匯

一、中國出口或轉出口外匯

指定銀行購買過遠期出口或轉出口外匯者應於出口時在出口商之報關單背書證明出口商方得將貨報關出口但其貨值總值在美金二十五元以下而無商業行爲者不在此限

二、國外匯入匯款

三、在華出售之外匯

四、其他一切外匯

第九條　各銀行對於外匯存款應依照下列各項辦理之

一、各銀行除本辦法第十一條規定者外不得接收新開外匯存戶原有外匯存戶者不得增加新存款

二、各銀行原有外匯存戶支稅時應依照本辦法所規定之用途辦理之其存放於非指定銀行者并應轉由中央銀行辦理

三、各銀行原有外匯存戶至民國二十五年九月三十日尚有餘額時此項餘額應照該日市價售與中央銀行

第十條　在未得中央銀行通知以前各銀行不承做外匯入押之國幣以放款者對於己經放出之外匯作押是國幣放不增加貨放及作自本辦法

實施之日起逾三個月以上之轉期

第十一條　凡以外匯定銀存儲於指定銀行備抵或期付者該指定銀行應將同放之外匯轉存於中央銀行此項定銀外匯俟實際付款時原指定銀行得向中央銀行提回交還原存戶

第十二條　指定銀行得於依本辦法規定之用途經營外匯業務但不得代客或自身經營有關資金逃避及套匯或有投機行爲之外匯買賣指定銀行在簽改及匯票或發電解付外匯時應事前盡力審查明確該外匯款項確屬符合本辦法規定之正當用途

第十三條　指定銀行經營外匯業務應明瞭各關係國之外匯貿易管理章程其所營業務須不分上述章程所規定抵觸不得辦理

第十四條　指定銀行如遇所售出外匯之有交易全部或一部份取銷時其因取銷而不需要之外匯應即令原贖買人如數按照市價賣回與指定銀行

第十五條　指定銀行得經營不超過三個月以上之掉期并得在不違背本辦法所規定之用途內爲不超過三個月以上之遠期買賣

第十六條　在未接中央銀行通知以前僅上海之指定銀行得在上海市場辦理相互買賣上海之指定銀行并得接受外埠之同業交易前頁同業間交易祗限於符合抵補本辦法所規定外匯買賣所需要之頭寸

第十七條　上海以外各埠之指定銀行得依照本辦法所規定者爲外匯買賣但在未接中央銀行通知以前各該行外匯須寸之或多或缺須經由各該上分行或代理銀行抵補之

第十八條　如中央銀行認爲某指定銀行所持有之外匯頭寸超越其業務或債務之需要請得令讓指定銀行減少其頭寸

第十九條　外匯經紀人除本辦法許可者外不得爲自身作外匯之買賣並不得代出面買賣外匯

第四章　報告

第二十條　各銀行應將所收之外匯存款截至本辦法公佈之日前一日止其各外幣存款總額迅行報告中央銀行後並須於每月月終報告一次至各戶結清爲止

第二十一條　各銀行應將以外匯作押之國幣放款截至本辦法公佈之日前一日止之總餘額迅行報告中央銀行嗣後並須於每月月終報告一次至

放款全數收回止

第二十二條　指定銀行應將本辦法公佈之日前一日止之外匯頭寸依規定表格填報中央銀行

指定銀行並應於每週末將本週內逐日所做下列各項交易依規定表格填報中央銀行

一、購買外匯（外幣鈔票除外）者之姓名全額匯價交割日期及其用途

二、出售外匯（外幣鈔票除外）者之姓名金額匯價交割日期及其性質或來源但同一貨幣而總值在美金五百元以下者得從簡彙總報告

三、購入或賣出外幣鈔票之總額及因上述各項之買賣而發生之國幣收付總數暨每週末庫存外幣鈔票之數額

指定銀行並須在報告內切實聲明各購買人所購外匯并與有與本辦法規定相抵觸者

第二十三條　甲種准許經營行號所購入及賣出之外幣鈔票應記載於規定格式之帳冊此項帳冊應隨時備受中央銀行派員之檢查並應於每週末將本週內逐日購入或賣出久外幣鈔票之總額及因上述各項之買賣而發生之國幣收付總數暨每週末庫存外幣鈔票之數額依照規定表填報中央銀行

第二十四條　乙種准許經營行號於購入反賣出之外幣旅行信用狀及外幣旅行支票應記載於規定格之帳冊並應於每週末將本週內逐日所做交易依照本辦法第二十二條一、二兩項所規定指定銀行之填報辦法同樣辦理乙種准許經營行號並須在報告內切實聲明表列各項外匯交易並焦有與本辦法相觸者

第二十五條　外匯經人塵將其逐日外匯經紀買賣載於規定格式之帳冊此項帳冊應隨時備受串央銀行派員之檢相並應將每週內逐日經手買入賣出外匯之各戶姓名數額交割日期行市及用途依規定表格填報中央銀行外匯經紀人並應在上述表報內如實聲明所列經手各項外匯交易並無有與本辦法規定相抵觸者

第五章　定義

第二十六條　本辦法內所稱「外匯」其意義應包括如左

一、以下列舉各項無論其在封存半封存分自由狀況中若以外幣支付或在國外支付者均爲外匯
1. 存於銀行公司商號及其他組織分個人之切款項
2. 電匯即期匯票見票匯票遠期匯票支票旅行支票一個以內到期付款之期票貨款單據及其他一切付款憑證信用狀銀行及商業承兌匯票
3. 一年以內到期之政府公債期票庫券儲蓄券及其他政府債券
4. 凡一年以內到期之一切票據債券銀行所通常經營者均包括在內

二、外幣鈔票存於國內或國外者

第六章　罰則

第二十七條　指定銀行或買入或賣出外匯者違犯本辦法之規定法院得科以成交總額以數以下之罰金

如指定銀行屢次違犯本辦法之規定中央銀行得停止或撤銷其外匯經營如准許經營行號或外匯經紀人屢次違犯本辦法之規定中央銀行得停止或撤銷其准許經營憑證

任何人違犯本辦法之規定者中央銀行得禁止其讓做外匯交

第七章　附則

第二十八條　凡在中華民國境內持有封鎖外匯或封鎖國外資產及其權益者得依照本辦法規定之用途向中央銀行申請支用

第二十九條　黃金得自甲買賣中央銀行並得察酌市面情形隨時買賣之

第三十條　凡一切幣鈔票之進口之出口非得財政部許可證概行禁止但每客得攜帶在美金二百元以內之數目或其間等價値之其他外幣鈔票

第三十一條　國營事業機關久外匯交易除經財政部特許者外均須依照本辦去規定辦理

第三十二條　本辦法定於民國卅五年二月二十五日公布並定於同年三月四日起實施惟本辦法內第五條第九條第八款及第三十條自公布日先行實施又第三條及第四條規定申請辦法申請人得於公布日先行開始申請

附錄三　臺灣省幣制改革方案

1949 年六月十五日公佈

臺灣省農工生產，原有良好基礎，財政收支，亦可保持平衡；惟戰時損毀慘重，光復後歷任政府府，雖力求恢復，但仍未完全達成原生產之晚高額。近數月來復因中央在臺之軍公費用及各公營事業之資金，多由臺省墊借，歷時既久，爲數又鉅，以及臺幣與金圓券聯繫，受金圓券貶值影響，使臺省在匯兌蒙受重大的虧損。去年十一月以降，臺幣對金圓券之匯率，雖屢經調整，但適值京滬局勢緊張，中央軍政款項之墊借氣爲龐大，以致臺省金融波動，物價狂漲。京滬撤守後，臺省之地位益見重要，亟革幣制，以保持經濟安定。最近中央已決定劃撥經費來源，抵付在臺軍公墊款；進出口貿易及外匯管理，交由臺灣省統籌調度；並撥黃金八十萬兩爲改革幣制基金；另撥借美金一千萬元，作爲進口貿易運用資金。是則改革幣制之條件，至此已臻完備。

（甲）新幣之要旨

（一）遵照中央指示，由本省臺灣銀行發行新臺幣總額二億元。

（二）新幣應以較穩定之貨幣爲計算標準。現國際上以較以美金較穩定，且臺省對外，大部份往輸日本及其他美金區域，均照美金計價，故新幣應以美金爲計算標準。

（三）新臺對對美金之匯率，以新臺幣五元折合美金一元，較戰前之幣值略低，足以刺激生產，增進出口。

（四）新幣對舊臺幣之折合率，定爲舊臺幣四萬元折新幣一元。查最近美鈔市價約爲每一元，合舊二十三、四萬元，似覺太高；但爲避免市場波動，發生不景氣現象計，壓抑不宜過低。茲將出口與進口、生產與消費兼籌並顧，以美金每元合舊臺幣二十萬元爲標準，照前條新幣五元合美金一元之規定，新幣一元應合舊臺幣四萬元。

（五）新幣應以黃金、白銀、外匯及可換外匯之物資十足準備，並組設新幣發行準備監理委員會，專責監督保管，以昭大信。

（六）新幣發行總額，按臺省實際需要定爲二億元，折合美金四千萬元。查戰前臺幣發行額約合美金二千五百萬元，約於今日之美金五千萬元。惟估計現在臺省農工礦業生產，平均約合戰前百分之六十，則在一切經濟穩定時，約需相當於美金三千萬元之發行額。但爲準備將來經濟發展起見，定為美金四千萬元折合幣二億元。

（七）為鞏固幣信，新幣在省內得透過黃金儲蓄辦法，兌換黃金；在省外得透過進出口貿易，兌進口所需外匯。再由臺灣銀行以平準基金運用調劑，必可使幣值穩定。

（乙）實施辦法要點

（一）制定新臺幣發行辦法、新臺幣發行準備蕉理委員會組織規程、進出口貿易及匯兌金銀管理辦法法，並修正臺灣銀行黃金儲蓄辦法，公佈施行。

（二）為使幣值穩定起見，財政收支必須平衡：

子　切實增見進各種賦稅及公賣收入，督促各公營事業所得盈餘，依限解庫。

丑　中央在臺軍公支出，由中央指定中央在臺收入及金銀外匯物資抵付之。

寅　中央在臺物資，交由臺灣省政府組織委員會，從速清理處理。

卯　交通及公用事業等之費率，按實際成本及其維持費用計算，以期自給，免由公庫貼補。

辰　省、縣、市各級駢枝機關，應予裁併，冗員應予淘汰。

巳　文武公教人員之待遇，應使能維持合理生活，予以調整，一律以新臺幣支給。

（三）為使幣值穩定起見，必須增加生、節省消費、促進進出口貿易，俾省內經濟得以穩定，對外貿易收支得以平衡。

子　各生產事業，無論國營、國省合營或省營，應充分配合，以謀發展，由生產事業管理委員會統一管理之。

丑　凡本省需要及可供國外運銷之物資，應儘量增產，並提高其品質，減低其成本。

寅　金融機關，對上項生產事業應充分貸款外，對一般商業貸款，應予緊縮。

卯　貸款利，應予減低；但原有未清償之貸款，仍照原定利率計算。

辰　物資之消費，應儘量節省。凡生產所需器材、原料、動力等，如遇求過於供時，應釐定優先次序，妥善分配。對社會一般生活，應力求合理，並提倡節約；對奢侈品之消費，並得以重稅政策取締，兼以增裕庫收。

（四）本省進出口貿影及匯兌金銀管理辦法第一條規定各附表，遵照中央規定，由財政部、經濟部、中央銀行、臺灣省政府、臺灣銀行，各派表一人審定之，應即由省政府代表召集審編，在尚未編成以前，即以現行之修正進出口貿易辦法之附表爲準，即日施行，以期暢通貿易。

（五）進出口貿易之外匯，現歸本省統籌調度，由政府撥定貨幣平準基金，交由臺灣銀行運用，以穩定幣値，其運用方法，由省政府指定人員隨時議定之。

（六）臺灣銀行黃金儲蓄存款，應將原辦法修正，加強辦理，縮短以幣折合繳存者兌取黃金之期限，並擴大辦理此種儲蓄。

附錄四　新臺幣發行辦法

臺灣省政府 1949 年六月十五日公佈

第一條　臺灣省政府自本辦法公布之日起，特指定由臺灣銀行發行新臺幣。

第二條　新臺幣發行總額以二億元爲度。

第三條　新臺幣之單位爲一元，新臺幣券面額分爲一元、五元、十元、百元四種。

第四條　新臺幣之輔幣爲角及分，以十分爲一角，十角爲一元，輔幣券面額分爲一分、五分、一角、五角四種。

第五條　新臺幣對美金之匯率，爲新臺幣一元兌美金兩角。

第六條　自本辦法公佈之日起，臺灣銀行以前發行之舊臺幣以四萬元折合新臺幣一元，限於中華民國三十八年十二月三十一日以前無限制兌換新臺幣，在兌換期內，舊臺幣暫照上列折合率流通行使。

第七條　自本辦法公佈之日起，本省公私會計之處理一律以新臺幣爲單位，凡依法應行登記之事項須載明金額者，應於六個月內爲變更之登記。

第八條　自本辦法公佈之日起，所有以舊臺幣計算之公私債權債務，均應按本辦法第五條規定之折合新臺幣清償。

第九條　新臺幣以黃金白銀外匯及可以換取外匯之物資十足準備。

第十條　凡持有新臺幣者，得照臺灣省進出口貿易及匯兌金銀管理辦法之規定結購外匯，或照黃金儲蓄存款法之規定折存黃金儲蓄存款。

第十一條　新臺幣發行準備之檢查、保管，設新臺幣發行準備監理委員會辦理之，其組織規程另之。

第十二條　新臺幣發行數額，應由臺灣銀行於每月終列表報告臺灣省政府及新臺幣發行委員準備監理委員會。

第十三條　新臺幣發行準備監理委員會應于每月終了後，檢查新臺幣發行數額及準備情形，作成檢查報告書公告之，同時報告臺灣省政府。

第十四條　新臺幣發行準備監委員會如發現新臺幣發行準備不足時，應即通知臺灣銀行停止發行，收回其超過發行準備之新臺幣，並報告臺灣省政府

第十五條　臺灣銀行接到前條通其之後，應即收回其超過部份之新臺幣或補足其發行準備，非經新臺幣發行準備監理委員會檢查認可後不得續增發行。

第十六條　新臺幣不得僞造、變造或故損毀，違者依法治罪。

第十七條　本辦法自公佈之日施行，並呈報行政院備案。

附錄五　臺灣省進出口貿易及匯兌金銀管理辦法

1949年六月十五日臺灣省政府公佈

第一條　臺灣省進出口貨品，由臺灣省政府照左列分類編列詳表公佈之
一、准許進口類（附表甲）：
（1）無限額（附表甲之一）
（2）限額（附表甲之二）
二、暫停進口類（附表乙）
三、禁止進口類（附表丙）
四、禁止出口類（附表丁）

第二條　出口貨物，除禁止出口者外，凡輸出國外者，均得照第三條之規定憑證輸出，凡輸往內地各省市者，均得照第六條之規定辦理。

第三條　出口廠商對國外輸出貨品，應將售貨所得外匯以百分之二十，按臺幣對外匯之匯率結售於臺灣銀行，經審核貨價相符後發給出口證明書，其餘百分之八十，於交附臺灣銀行後換等值之結匯證明書，但其價值低於美金二十五元，或其他相等幣值且非作商業上用者，免驗出口證明書。

第四條　前條之結匯證書，出口廠得自用或轉讓於進口廠償付進口貨款，出口廠商並得按新臺幣對外匯之匯率結售於臺灣銀行。

第五條　航運業保險業及其他勞務在本省內所得之外匯以及僑胞所有之外匯匯到本省，均須照本辦法第三條之規定結售於臺灣銀行或換取結匯證明書。

第六條　出口廠商對內地各省市輸出貨品，凡可供銷國外者，應照本辦法第三條之規定，結售外匯及換取結匯證明書，其他貨品及可供銷國外之貨品經證明確係在國內銷售，並經臺灣省物資調節委員會核准者，均得輸往內地各省市，但每批總值在新臺幣一萬元以上者，應由銀行保證，將其售貨所得價款之百分之八十，按臺灣銀行規定之匯率匯回本省。

第七條　進口廠商輸入貨品，均得分別照第八條及第十四條之規定由國外或內地各省市購運進口。

第八條　進口廠商由國外購運貨品，凡合於第一條附表甲之（一）及（二）兩表之規定者，應憑結匯證明書向海關報運進口，其所需外匯得憑銀行信用狀（或委託購買證）或貨物到埠證明文件連同結匯證明書向臺灣銀行提取之。

第九條　進口廠商除購用結匯證明書外，得以所存黃金或外幣繳交臺灣銀行，按規定價格兌換外匯，換取結匯證明書，並得以自備外匯由國外購運合於第一條附表甲之（一）及（二）兩表規定之貨品，向臺灣銀行登記取得登記憑證，向海關報運進口。

第十條　凡有正當用途如留學、旅行等需用外匯者，呈經臺灣省政府核准後，得照前條之規定購用結匯證明書或兌換外匯，並得以新臺幣繳交臺灣銀行，按新臺幣對外匯之匯率結購外匯。

第十一條　左列國外輸入品，得逕向海關報運進口：

一、美國經濟合作總署依照協定輸入之物資。

二、物資供應局依照協定輸入之美國剩餘物資、租借貨品及政府利用國外借款購買之貨物。

第十二條　左列國外輸入品，得逕向海關申請核明報進口：

一、各國駐臺領事館及外交人員，因公務或私人所需輸入貨品經證明其用途者。

二、慈善宗教團體及教育機關接受國外捐贈之貨品，或爲本身使用輸入之貨品不需結匯者，但各該團體機關內個人使用及禁止進口之輸入不在此限。

第十三條　不需外匯之國外輸入品，如國外私人餽贈、商業樣品及非賣品其價格不超過限金二十五元（或相等幣值）者，可免驗證進口，但禁止進口之貨品不適用之。

第十四條　進口廠商由內地各省市輸入本省之貨品，凡合於第一條附表乙之（一）及（二）兩表規定者，均得進口，其屬於第一條附表乙之貨品經臺灣省物資調節委員會核准者，亦得進口。

第十五條　進口廠商由內地各省市購貨須向內地匯款者，得照公務人員贍家匯款辦法之規定，以新臺幣繳交臺灣銀行按規定匯率結購內地通用之貨幣。

第十六條　在臺服務之公教人員家屬住在省外須匯款贍養者，得照公務人員贍家匯款辦法之規定，赴內地旅行或求學者，得照省外匯款審核辦法之規定，以新臺幣繳交臺灣銀行按規定匯率結購內地通用之貨幣。

第十七條　凡需由內地各省市匯款來臺者，得以外匯或黃金白銀或當地通用貨幣，按臺灣銀行規冗價格折合新臺幣交匯，但必要時，臺灣銀行得視各地情形規定匯款限額。

第十八條　在本省內人民所有之黃金白銀及外幣，除照本辦法第九條之規定兌換外匯外，金銀准許持有或轉讓，外幣准許持有，但除照本辦法第十九條規定外，均不得攜帶出境。

第十九條　旅客出境每人攜帶金飾總量以不超過二市兩爲限，銀飾總量以不超過二十市兩爲限，外國幣券總值以不超過美金二百元爲限。

超過前項之規定者，其超過部份應沒收。

第二十條　過境旅客所有之金銀外幣仍須攜帶出境者，應於入境時報明海關送交臺灣銀行封存保管，於出境時領品原物，但於入境六個月後仍未請求發還攜帶出境者，應照本辦法第十八條及第十九條之規定辦理。

本辦法自公佈之日施行，並呈報行政院備案。

附錄六　臺灣省公營事業外匯處理辦法

民國三十九年二月二十三日臺灣省政府核准

一、本辦法所稱公營事業，指臺灣省內之國營、省營及國營及國省點營之生產事業。

二、公營生事業外匯原存國內外銀行者，應全部移存臺灣銀行。

三、公營生產事業對於臺灣省進出口貿易及匯兌金銀管理辦法第三條規定之結匯證明書，必須經過臺灣銀行，不得不自行處理。

四、臺灣銀行對於公營生產事業結匯之買賣價格，由生產事業管理產業金融小組隨時開會決定之。

五、民營廠商所有結匯證，仍照管理辦法第四條規定可留爲自用或轉讓於進口商，並得照本辦法第三條第四條之規定售予臺灣銀行。

六、臺灣銀行照管理辦法第三條之規定，按新臺幣發行辦法第五條匯率所購入之外匯，應全數撥充臺灣省幣制改革方案實施要點第五條所規定之貨幣平準基金。

前項貨幣平準基金，非經金融小組通過，不得動用。

七、臺灣銀行對於出口廠所得之日本易貨信用，亦應照管理辦法第三條之規定發給結匯證。

八、本辦法自民國三十九年二月十四日起施行。

附錄七　結匯證審議委員會報告

REPORT ON COMMITTEE FOR FOREIGN CERTIFICATION

BY MR. P. Y. HSU

May 22, 1951

In pursuance of the Executive Order （Tai 40 Tsai Chien 287）of April 9, black market dealings in gold and foreign currency notes were declared illegal. Private holdings of foreign currencies are to be sold to the Band of Taiwan or its designated agents at the day's prevailing rate of certificates, and the price of gold to be paid for by the Bank is to be determined and beguided by the prices prevailing in Far Eastern markets converted at the market rate for certificate of any given currency .

On April 27, 1951, a Committee was set up , whose membership consists of the Chairman of the bankers' Association , the Chairman of Importers and Exporters Guild and representatives of the Bank of China , Bank of Communications and the Central Trust of China . This Committee started the foreign exchange certificate market under its tutelage and will be entrusted ultimately to supervising and regulating free tradings in foreign exchange certificates.

The market rate for certificate in US currency was then set at NT$15.90 as a result of extended discussions after a comparative study of basic commodity indices from June 15, 1949, to April 10, 1951, and the external value of the Taiwan currency from the point of view of its purchasing power parity compared with principal currencies of other trading areas, （principally Hong Kong, Japan, and U. S. A.）with which this Island has maintained very intimate relations. the black market rate of US currency on April 10, 1951, was in the neighborhood of NT$18.00 and the commodity index acording to the Bureau of Accounts and Audits of the Taiwan Provincial Government had gone up to over 350 with June 15, 1949, base set at 100.

But in view of considerations which had to be given to sugar and other exports , （for instance, tea could be moved at NT$15.80）and the fact that too high a certificate rate would give rise to impossible complications, the, the Committee had decided at its first session to fix the market rate for the certificate at NT$15.90 and the price of gold at US$42.00 per ounce.

The Committee has since been holding at 8:00 o'clock every morning . Outside reactions to the new certificate rate are on the whole quite favorable. the new tax was slightly below the black market rate prevailing prior to April 9, 1951, and it has decidedly worked to the advantage of the exporters . With the exception of cotton yarn and cotton piece goods, which registered a rise of 38% the overall price movement of eight commodities since April 10, 1951,（rice, flour, peanut oil, sugar, tea, bean cakes, cotton pesce goods）, shows a rise of 2% only. In other words, prices of six commodities exclusive of cotton yarn and cotton piece goods have actually move lower. Hence, there has been a revision of the certificate rate from NT$15.90 since Monday, May 21, 1951.

The purchase price of gold of the Bank of Taiwan has been adjusted upward since April 21, 1951, to NT$699.75 per Shia Liang or NT$22.392 per 10 Grammies, based upon US$45.00 per ounce. The reason for this readjustment is that the internal prices of gold in various countries in the Far East ate considerably higher than the gold price in Taiwan. The following will show the range in prices. All the gold prices given below were taken from Reuter's report of April 14, 1951.

參考文獻

中文部分

檔案

一、國史館典藏之財經檔案

（一）財政部檔案

（1）國庫類：為國庫署卷牘，包括國與各省省庫之施政計畫、法規、施行細則、現金收入、專賣收入、公營事業盈餘、各院部會暨所屬機關之經費、各省庫收支報告、預算通知書、國庫及各區局歲入歲出預算案、戰後接收敵偽財產案等。

（2）錢幣金融類：為錢幣司案牘，包括錢幣司各年度行政計畫、工作報告、貨幣與金融法規、金融會議記錄、改定貨幣案、通貨膨脹、法幣政策、發行準備管理委員會、匯兌與外匯、穩定外匯案、取締偽鈔劣幣、查緝金銀走私、整頓金融措施、整理各地省鈔、運鈔禁運、中日貨幣戰、安定金融案、幣制研究委員會、金融顧問委員會、實施管理貨幣辦法、各地金融情形報告、四聯總處、銀行兌換券發行稅法等。其後又有財政部遷臺後金融司之檔案，如中央銀行臺灣流通券發行辦法、臺灣省匯兌管理辦法、中央銀行派員發行新臺幣辦法，及調查國內外物資卷等。

（3）統計類：為統計處檔案，計有各年度中央政府預算統計、國庫收支統計、財政部各單位年度統計、戰時財政金融統計、各種稅收統計與報表、統計年報、國稅專賣利益收入統計表、各國家銀行旬、月報表、各單位年度工作檢討報告表、統計手冊、各地躉售物價指數統計表、貿易統計、地方財政統計、抗戰損失統計表、統計年報、登記冊、統計資料等。

（二）資源委員會檔案

美援申請、外匯調查、會計財務包含歲計、會計報表、預算、決算、會計報告、現金結存表、財產總目、資產調查表等案。

（三）糧食部檔案

糧食部檔案之管制類：計有供糧、平準糧價、限制糧價資料、管制司工作週報、全國各地糧情物價調查報告、各省糧食生產報告，各省調查經費報告、各省糧政年度報告等案。

（四）美援會檔案

美援物資採購、會議記錄與現況報告等案。

（五）國民政府檔案

（1）總類：改革幣制、挽救經濟全國實業統計及調查等案。

（2）主計類：其中的預算、概算、決算、經費收支、會計、統計、審計報告等項。

（3）財政類：相關者包含國庫、金融、錢幣等項，其相關要目如下：財政報告、金融措施、各機關各年度概算、中央會計總報告、維持金融以安人心、實行錢幣革命鞏固貨幣政策、非常時期安定金融辦法、中央收支、匯率匯兌、黃金買賣等案。

（4）經濟類：計有物價、外匯、和外幣管制、外貿等案。

（六）臺灣省政府檔案

（1）物資局檔案

1. 貿易公司與貿易局檔案，計有平抑物價、公署訓令與各項會議錄等案卷。

2 物資調節委員會時期檔案，則有基隆辦事處報告與敵僞產業處理辦法、省府訓令與國民政府政令等案卷。

二、臺灣文獻館典藏之檔案

（一）臺灣總督府檔案

（1）臺灣總督府公文類纂：財政、經濟、產業等往來公文記錄。

（2）臺灣省行政長官公署檔案：

1. 總類：相關的有臺灣省施政計畫、復員計畫報告、民國35年臺灣年鑑等案。
2. 農、林、財、經及交通項：臺灣省五年經濟計畫、經濟緊急措施、臺灣省漁業工作計畫、臺幣與法幣匯率等案。

（3）臺灣區生產事業管理委員會檔案：民政類有對臺灣省經濟動態報導等；經建類則有美援問題；產銷類中則有各公司配募救國儲蓄獎券問題案、以及貿易小組等會議記錄案等。

三、中國第二歷史檔案館－南京二檔

國民政府財政部（全宗號三）、中央銀行（全宗號396）、各銀行檔案匯集（全宗號289）等，羅列有相關法規規定、法幣、金圓券、外匯及臺灣接收等事宜。

四、美國外交官文書檔案

《臺灣局勢報告書》，1947年1月-3月。

五、報紙檔案

《大公報》，滬1948年7.25-10.27。

《中央日報》，1949年5.27-12.30。

專　書

1. 《上海解放前後物價資料彙編》，1921-1957年，上海人民出版社，1958年版。
2. 于宗先，邱正雄，1975，《臺灣貨幣與金融論文集》，臺北聯經出版社。
3. 于宗先，孫震，1975，《臺灣對外貿易論文集》，臺北聯經出版社。
4. 于宗先、王金利，1999，《臺灣通貨膨脹》，臺北聯經出版社。
5. 于宗先等編，1980，《中國經濟發展史論文選集上、下》，臺北聯經出版社。
6. 川野重任著，林英彥譯，1969，《日據時代臺灣米穀經濟論》，臺灣銀行。

7. 中研院近史所編，1993年六月，《經濟檔案函目彙編》，二。
8. 中國人民銀行總參事室編，《中國現代政治史資料彙編》，第4輯28冊。
9. 中國人民銀行總參事室編，《中華民國貨幣史資料》二，上海人民出版社，1991年。
10. 中國金融出版社編1985，，《中國近代金融史》，中國金融出版社。
11. 中國科學院歷史所第三所南京史料整理處選，《中國現代政治史資料彙編》，第4輯第28冊。
12. 中華民國史料研究中心，1994，《臺灣光復初期史料研討會》收錄於《中國現代史專題研究報告第十六輯》，臺北：中華民國史料研究中心。
13. 尹仲容，《我對臺灣經濟的看法全集》，美援運用委員會，1963。
14. 尹仲容，1953-1973，《我對臺灣經濟的看法全集》，臺北行政院美援運用委員會。
15. 尹仲容，1960，《臺灣經濟十年來的發展之檢討與展望》，臺北行政院美援運用委員會。
16. 尹仲容，1961，《外匯貿易手冊》，臺北行政院外匯貿易委員會。
17. 尹仲容，1962，〈對外貿易制度沿革〉收錄於《我對臺灣經濟的看法》三編。
18. 文馨瑩，1990，《經濟奇蹟的背後一臺灣美援經驗的政經分析》，自立晚報社。
19. 王方回，《貨幣、外匯與經濟發展》，美援運用委員會。
20. 王方回，《複式匯率與經濟開發》，美援運用委員會。
21. 王作榮，1972，〈宜著手籌畫第二次土地改革〉民國58年12月中國時報，收錄於《臺灣經濟發展論文選集》，臺北，頁165-79。
22. 王作榮，1981，《我們如何創造了經濟奇蹟》，臺北時報出版。
23. 王作榮，1994，〈影響臺灣經濟發展的因素〉收錄於《臺灣經濟發展論文集》，梁國樹編，時報書系No.661，頁16-21。
24. 王作榮、吳榮義等，1988，《臺灣經濟發展政策與制度之檢討》，臺北行政院經濟建設委員會。
25. 王昭明，1995，《王昭明回憶錄》，臺北時報文化出版社。
26. 王壽南，《王雲五先生年譜初稿》，第2冊。
27. 王耀興，1986，《光復以來我國金融制度與金融政策的檢討》，臺北財政部金融司。
28. 外匯貿易審議委員會，1961，《外匯貿易管理法規彙編》。
29. 巨克毅，1985，〈外資運作與臺灣經濟發展〉收錄於《臺灣經濟發展的經驗與模式》，臺灣省政府新聞處，頁59-80。

30. 矢內原忠雄著，周憲文譯，1987，《日本帝國主義下之臺渴》：帕米爾書店，再版。
31. 石齊平，1988，《我國管理外匯條例全盤修正之研究》，行政院經濟建設委員會健全經社法規工作小組。
32. 行政長官公署統計室，1947，《臺灣省五十一年來統計提要》。
33. 何鳳嬌編，1990，《政府接收臺灣史料彙編》，新店國史館。
34. 吳中書，1999，《臺灣戰後初期匯率制度之演進與決策研究》，發表於臺灣經濟發展決策研究研討會，中研院經濟所。
35. 吳永福，1947，《臺灣之幣制與銀行》，南京財政部財政研究委員會。
36. 吳若予，1992，《戰後臺灣公營事業之政經分析》，臺北業強出版社。
37. 吳岡，1958，《舊中國通貨膨脹史料》，上海人民出版社。
38. 吳幅員，1956，《臺灣經濟年表》，臺灣經濟史四集。
39. 吳聰敏，1994，〈臺灣戰後的惡性物價膨脹〉收錄於梁國樹主編《臺灣經濟發展論文集——紀念華嚴教授專集》，臺北時報文化公司，頁 141-81。
40. 吳耀輝，1959，《臺灣省通志稿經濟志金融篇》，臺灣省文獻會。
41. 李立俠，1985，〈金圓券發行的一段舊事〉收錄於《法幣、金圓券與黃金風潮》，文史資料出版社。
42. 李國鼎，1978，《臺灣經濟快速成長的經驗》，臺北正中書局。
43. 李國鼎，1991，《經驗與信仰》，臺北天下文化出版股份有限公司。
44. 李國鼎、陳木在，1987，《我國經濟發展策略總論》，上，下，臺北聯經出版社。
45. 李麗門，1992，《我國外匯市場與匯率制度》，臺北財團法人金融人員研究訓練中心。
46. 沈雲龍編著，1972，《尹仲容先生年譜初稿》，臺北傳記文學出版社。
47. 沈雷春，1971，《中國金融年鑑》，臺北臺灣學生書局。
48. 汪彝定，1991，《走過關鍵年代：汪彝定回憶錄》，臺北商周文化。
49. 邢慕寰，1993a，〈經濟較量與經濟政策〉收錄於《臺灣經濟策論》，臺北三民書局。
50. 邢慕寰，1993b，〈價格機能與外匯政策的運用〉收錄於《臺灣經濟策論》，臺北。
51. 周開慶主編，1967，《經濟問題資料彙編》，臺北華文書局。
52. 周憲文，1980，《臺灣經濟史》，臺北臺灣開明書店。
53. 林霖，1952，〈黃金準備與新臺幣平價問題〉收錄於《中國經濟之出路》，臺北稅務旬刊社。

54. 林景源，1981，《臺灣工業化之研究》，臺灣銀行經濟研究室。
55. 林滿紅，1994.7，〈經貿與政治、文化認同一日本領合爲兩岸長程關係所投下的變數〉，收錄於《中國歷史上的分與合學術研討會論文集》，臺北聯經出版社，頁333-384。
56. 林滿紅，1995，《臺灣所藏中華民國經濟檔案》，臺北中央研究院近代史研究所。
57. 林霖，1952，《中國經濟之出路》，臺北稅務月刊出版社。
58. 林鍾雄，1993，《臺灣經濟發展四十年》，臺北自立晚報社，一版五刷。
59. 林鍾雄，1995，《臺灣經濟經驗一百年》，臺北三通圖書公司。
60. 林繼文，1996，《日本據臺末期戰爭動員體系之研究》，臺北稻鄉。
61. 侯坤宏，1988，《土地改革史料》，新店國史館。
62. 侯家駒，1972，《戰後臺灣物價動向》，臺北經濟部物價會報。
63. 侯家駒，1994.11，〈光復初期臺灣經濟體系之重建〉，收錄於《國父建國革命一百周年學術討論集》，第四冊，臺北近代中國出版社，頁18-42。
64. 姚崧齡，1982，《張公權年譜初稿》，臺北傳記文學出版社。
65. 柳復起，1975，〈臺灣由通貨膨長到經濟穩定的經濟發展〉收錄於《臺灣貨幣與金融論文集》，臺北聯經出版社。
66. 段承璞等著，1992，《臺灣戰後經濟》，臺北人間出版社。
67. 胡如遠，1992，《中國貨幣史》，臺北逢甲書局。
68. 徐有守，1965，《經濟動員與經濟發展的關係》，政大公企中心。
69. 徐柏園，1967，《政府遷臺後之外匯貿易管理初稿》，臺北外匯貿易審議委員會。
70. 徐柏園，1969，《外貿會十四年》，臺北行政院外匯貿易委員會。
71. 秦孝儀主編，1983，《中華民國經濟發展史》，臺北近代中國出版社。
72. 翁嘉禧，1998，《臺灣光復初期的經濟轉型與政策》，高雄復文。
73. 高棣民（Themes B. Gold）著，胡煜嘉譯，1987，《臺灣奇蹟：從國家與社會的角度觀察，臺北洞察出版社。
74. 涂照彥著，李明俊譯，1992《日本帝國主義下的臺灣》，臺北人間出版社。
75. 國史館編，1948，《中華民國史事紀要》，新店國史館。
76. 國史館編，1993，《光復初期土地之接收與處理》《一、二》，新店國史館。
77. 國史館編，1998，《中華民國行憲政府職名錄》。
78. 康綠島，1993，《李國鼎口述歷史——話說臺灣經驗》，臺北卓越文化事業股份有限公司。
79. 張公權著，楊志信譯，1986，《中國通貨膨脹史》，文史資料出版社。

80. 張季熙，1958，〈糖業〉，收錄於《臺灣工業復興史》，臺北中國工程師學會。
81. 張果爲，1968，《臺灣經濟發展》，臺北正中書局。
82. 張瑞成編，1990，《光復臺灣之籌劃與接收》，臺北中國國民黨黨史委員會。
83. 張維亞，1964，《中國貨幣金融論》，臺北東方經濟研究所，再版。
84. 張澤南，1948，《臺灣經濟提要》，臺北善後救濟總署臺灣分署。
85. 許松根，1994，〈論臺灣經濟發展的轉捩點〉收錄於《臺灣經濟發展論文集》，梁國樹編，時報書系 No.661，頁 241-59。
86. 許松根，1996a，《傳記、回憶錄、口述歷史與早年臺灣的財經決策，1945-1963》。
87. 許松根，1996b，《試論臺灣工業政策的貢獻，1960-1990》。
88. 陳正卿，1989，〈試析臺灣〈二二八〉起義前的四大經濟矛盾〉，收集於李敖編《二二八研究續集》，頁 159-182。
89. 陳玉璽著、段承璞譯，1992，《臺灣的依附型發展》，臺北人間出版社。
90. 陳兆偉，1995，〈立法院公報中的經濟史料，1952 年起〉收錄於《臺灣所藏中華民國經濟檔案》，中央研究院近代史研究所，頁 199-212。
91. 陳兆偉，1995a，〈從混亂到統一——光復後臺灣公營生產事業經營機關的演進，1945-1953〉，載於《中國現代史專題研究報告》，第十七輯。
92. 陳榮富，1953，《臺灣之金融史料》，臺灣銀行金融研究室。
93. 陳榮富，1956，《六十年來臺灣之金融與貿易》，三省書局出版。
94. 陳鳴鐘、陳興唐主編，19891《臺灣光復和光復後五年省情》《上、下》，南京南京出版社。
95. 黄昭堂著，黄英哲譯，1994，《臺灣總督府》，臺北前衛出版社。
96. 黄添昌，1985，〈金融與經濟發展〉收錄於《臺灣經濟發展的經驗與模式》，臺灣省政府新聞處，頁 191-208。
97. 黄通、張宗漢、李昌槿，1987《日據時代之臺灣財政》，臺北聯經出版社。
98. 楊培新，1963，《舊中國的通貨膨脹》，生活讀書新知三聯書店。
99. 楊蔭薄，1985，《民國財政史》，中國財政經濟出版社。
100. 經濟部編，1951，《經濟問題資料彙編》，臺北華文書局。
101. 經濟部編，1971，《中華民國第一期臺灣經濟建設四年計畫》。
102. 葉萬安，1976，〈臺灣經濟發展階段性的回顧〉，載於《臺灣經濟發展方向及策略研討會論文》，臺北中央研究院經濟研究所。
103. 董安琪，1996，《戰後臺灣經濟設計機構的變遷與政府的角色》。

104. 臺糖公司，1946，《臺灣糖業概況》，臺糖公司。
105. 臺灣省政府，1947，《中華民國三十五年度行政紀要》，臺北。
106. 臺灣省政府主計處，1949，《臺灣貿易五十三年表》。
107. 臺灣省政府主計處，1971，《中華民國臺灣省統計提要 1946 年-1967 年》，臺北。
108. 臺灣省政府主計處編，1959 年 12 月，《臺灣省物價統計月報》。
109. 臺灣省臨時省議會秘書會秘書處編，1952，《臺灣省臨時省議會第一屆第一次大會專輯》。
110. 臺灣銀行，1946，《臺灣金融經濟資料蒐錄附錄統計表》，臺北臺灣銀行。
111. 臺灣銀行史編纂室，1964，《臺灣銀行史》，東京。
112. 臺灣銀行經濟研究室，1951，《臺灣之金融史料》，臺北：臺灣銀行。
113. 趙既昌，1985，《美援的運用》，臺北聯經出版社。
114. 劉士永，1996，《光復初期臺灣經政策的檢討》，臺北稻鄉出版社。
115. 劉進慶、涂照彥、隅谷三喜男著，雷慧英等譯，1993，《臺灣之經濟——典型 NIES 之成就與問題》，臺北人間出版社。
116. 劉進慶著，王宏仁等譯，1992，《臺灣戰後經濟分析》，臺北人間出版社。
117. 劉鳳文，1980，《外匯貿易與貿易擴張》，臺北聯經出版社。
118. 審計部編，1951，《中央政府總決算審核報告書》。
119. 潘志奇，1980，《光復初期臺灣通貨膨脹的分析》，臺北聯經出版社。
120. 蔣碩傑，1985，〈我國經濟發展的啓示〉，民國 72 年 7 月 6 日中央日報，收錄於《臺灣經濟發展的啓示》，天下叢書 No.36，頁 153-166。
121. 鄭友揆、程麟蓀、張傳洪，1991，《舊中國的資源委員會 1932-1949》，上海社會科學院出版社。
122. 賴澤涵、黃俊傑主編，1991，《光復後臺灣地區發展經驗》臺北中央研究院中山人文社會所。
123. 瞿荊洲，1953，〈中央政府遷臺後的貨幣與金融〉，載於《臺灣金融經濟論文集》，臺北自由中國出版。
124. 嚴演存，1989，《早年之臺灣》，臺北時報文化出版股份有限公司。
125. 蘇震、葉子謀，1958，《臺灣省通志稿》卷四，經濟志物價篇，臺灣省文獻委員會。

期刊雜誌

1. 〈幣制改革在臺灣〉，1947，《臺灣銀行季刊》，2：1。
2. 〈臺幣及其匯率問題座談會記錄〉，1947，《臺灣銀行季刊》，1：2。

3. 〈臺幣及其匯率問題座談會記錄〉，1947，《臺灣銀行季刊》，1：2。
4. 〈臺灣自光復至民國五十年間之銀行利率〉《臺灣銀行季刊》，35：2，頁 93-128。
5. 于政長，〈四十年來之外匯管理〉《臺灣金融月刊》，6：6。
6. 子固，1947，〈臺灣經濟與日本〉《臺灣銀行季刊》，創刊號，頁 137-150。
7. 中央銀行編，1947，《中央銀行月報》，2：10（新）。
8. 尹仲容，〈十年來美國經濟援助與臺灣經濟發展〉《臺灣銀行季刊》，12：1。
9. 王方回，1954a，〈對現行外匯政策影響的分析〉《工商月刊》，2：8。
10. 王方回，1954b，〈論外匯匯率的調整〉《工商月刊》，2：10。
11. 王師復，1954，〈外匯管理制度下的外幣黑市〉《財政經濟月刊》，5：6。
12. 王師復，1957，〈論當前外匯政策〉《財政經濟月刊》，7：6。
13. 丘漢平，1954，〈臺灣企業民營與公營問題之檢討〉《自由中國之工業》，1：4，頁 1-20。
14. 朱高影，1992，〈行政長官公署時期臺灣經濟之探討〉《臺灣風物》，42：1，頁 53-85。
15. 朱傳豪，1965，〈臺灣貨幣發行紀要〉《臺灣銀行季刊》，17：4。
16. 行政長官公署，1947，〈臺灣光復後各類經濟概況〉《臺灣銀行季刊》創刊號，頁 165-225。
17. 吳相湘，〈王雲五與金圓券的發行〉《傳記文學》，36：2。
18. 吳聰敏，1991，〈1910 年至 1951 年臺沁地區國內生產毛額之估計〉《經濟論文叢刊》，19：2，頁 127-175。
19. 吳聰敏，1997，〈1945-1949 年國民政府對臺灣的經濟政策〉《經濟論文叢刊》，25：4，521-54。
20. 吳聰敏，2001，〈臺灣農畜業之生產額 1902-52〉《經濟論文叢刊》，29：3，302-338。
21. 吳聰敏、高櫻芬，1991，〈臺灣貨幣與物價長期關係之研究：1907 年至 1986 年〉，《經濟論文叢刊》，19：1。
22. 吳耀輝，1949，〈民國三十七年之臺灣金融〉，《臺灣銀行季刊》，2：3，頁 35-53。
23. 沈雲龍，〈對金圓案應進一步追蹤研究〉，《傳記文學》，36：3。
24. 邢慕寰，1985，〈政治與社會的創新對現代經濟成長的重要——顧志耐教授的研究留給我們的啓示〉《經濟論文》，13：2，頁 3-12。
25. 周建新，1954，〈論今日之外匯貿易政策〉《財政經濟月刊》，4：2。

26. 周憲文，1951，〈光復五年間臺灣貨幣數量之研究〉《臺灣銀行季刊》，4：4。
27. 孟慶恩，1955，〈臺灣之貨幣供給統計量及其分析〉，《臺灣銀行季刊》，7：4。
28. 林霖，1950，〈中國經濟之出路〉，《財政經濟月刊》，1：1。
29. 林霖，1951，〈談談外匯審核制的得失〉，《財政經濟月刊》，1：2。
30. 林立鑫，1964，〈臺灣之對外貿易〉，《臺灣銀行季刊》，15：3。
31. 林鍾雄，1997.2.20，〈1940 年代的臺灣經濟〉，臺北《二二八事件五十週年國際學術研討會》論文。
32. 林鐘雄，1966，〈二十年來臺灣之金融與物價〉《臺灣經濟金融月刊》，2：5。
33. 胡祥麟，1954，〈臺灣外匯辦法之演變〉《臺灣銀行季刊》，6：3。
34. 夏期岳，1954，〈一年來外匯實績制度的檢討〉《財政經濟月刊》，4：7。
35. 夏期岳，1955a，〈續論現行外匯管理下的進口物價〉《財政經濟月刊》，5：1。
36. 夏期岳，1955b，〈外匯貿易新辦法評議〉《財政經濟月刊》，5：5。
37. 夏霽成，l951，〈論發行、物價與生產〉《財政經濟月刊》，1：8。
38. 袁穎生，1965，〈臺灣之貨幣供給〉《臺灣銀行季刊》，16：4。
39. 袁穎生，1968，〈臺灣躉售物價之研究〉《臺灣銀行季刊》，19：4。
40. 袁璧文，1984，〈臺灣之貨幣發行〉《臺灣銀行季刊》，20：1，頁 27-65。
41. 寇龍華，1953，〈由五個經濟指標看外匯問題〉《臺灣銀行季刊》，3：10。
42. 張仁明，1956，〈臺灣之貨幣供給與貨幣流量〉《臺灣銀行季刊》，20：1。
43. 張仁明，1953，〈臺灣之匯價與物價〉《臺灣銀行季刊》，6：2。
44. 張公權著、姚崧齡譯，1980，〈臺灣光復初期與大陸之經濟關係〉《傳記文學》，37：6，頁 101-l04。
45. 張成達，1957，〈論進口結匯防衛捐〉《財政經濟月刊》，7：9。
46. 張果爲，1954，〈外匯管理的理論檢討〉《財政經濟月刊》，4：8。
47. 張家銘，1987，〈理論深淵與歷史深度：臺灣發展經驗的解釋及其反省〉《中國論壇》，287 期，頁 40-47。
48. 許建裕，1949，〈民國三十七年之臺灣物價〉《臺灣銀行季刊》，2：3，54-70。
49. 許榮昌，1953，〈臺灣優利存款之研究〉《臺灣銀行季刊》，5：4。
50. 陳式銳，1953，〈由經濟總體談改變臺灣外匯政策〉《財政經濟月刊》，3：10。
51. 陳式銳，1957，〈再論臺灣的外匯貿易問題〉《財政經濟月刊》，7：8。

52. 陳翠蓮，1997.2.201，〈〈大中國〉與〈小臺灣〉的經濟矛盾一以資源委員會與臺灣省行政長官公署的資源爭奪爲例〉，臺北《二二八事件五十週年國際學術研討會》論文。
53. 開昌國，1952，〈差別匯率的存廢問題〉《財政經濟月刊》，2：4。
54. 經濟部，1953，〈財經審議機構的調整〉，經濟參考資料，第六十九期。
55. 葉仲伯，1967，〈二十年來之臺灣經濟〉《臺灣銀行季刊》，18：1。
56. 葉振輝，1995.2，〈臺灣光復初期的經濟重建初探〉《臺灣光復後經濟發展研討會》論文。
57. 臺灣銀行季刊調查室，1947，〈長官公署時期之臺灣經濟〉《臺灣銀行季刊》，1：2，頁 149-189。
58. 臺灣銀行研究室，1947，〈臺灣光復後之經濟日誌〉《臺灣銀行季刊》創刊號。
59. 臺灣銀行研究室，1947，〈臺灣光復後之經濟日誌〉《臺灣銀行季刊》，1：2。
60. 劉章慧，1960，〈臺灣結匯證制度之研析〉《臺灣銀行季刊》，11：3。
61. 劉鳳文，1940，〈我國法幣的前途〉《力行月刊》，1：3。
62. 劉錦添，蔡德偉，1989，〈光復初期臺灣地區的惡性通貨膨脹〉《經濟論文叢刊》，17：2，頁 233-261。
63. 潘志奇，1947，〈臺灣之社會經濟〉《臺灣銀行季刊》，創刊號，頁 25-54。
64. 潘志奇，1949，〈民國三十七年之臺灣經濟〉《臺灣銀行季刊》，2：3，頁 1-34。
65. 蔣碩傑，〈臺灣經濟發展之教訓〉《臺灣經濟研究月刊》，1：9。
66. 鄭　梓，1991.2，〈戰後臺沘行政體系的接收與重建一以行政長官公署爲中心的分析〉《思與言》，29：4，頁 217-259。
67. 鄭學稼，1952，〈徐柏園財經讀本書後〉《財政經濟月刊》，2：4。
68. 錢昌祚，1952，〈財政經濟小組委員會之組織與職務〉《中國經濟月刊》，第二十五期。
69. 鍾明機，1954，〈當前臺灣經濟漫談－實績制度與結匯證制度之比較〉《財政經濟月刊》，4：2。
70. 瞿荊洲，1964，〈臺灣之對日本貿易〉《臺灣銀行季刊》，15：3。
71. 蘇震，1953，〈臺灣之物價指數〉《臺灣銀行季刊》，5：3，頁 226-271。
72. 蘇震、施坤生及周建新，1967，〈臺灣貿易外匯之研究〉《臺灣銀行季刊》，12：1。

碩士論文

1. 王雅瓊，1996，〈臺灣光復初期匯率政策之演進與決策之研究〉，碩士論文，中興大學經濟學研究所。
2. 李君星，1995，〈經安會與臺灣工業的發展（民國 42-47 年）〉，碩士論文，文化大學史學研究所。
3. 李怡庭，1989，〈臺灣惡性通貨脹結束之分析〉，碩士論文，臺灣大學經濟學研究所。
4. 高櫻芬，1990，〈臺灣地區貨幣與物價長期關係之研究：1907 至 1986 年〉，碩士論文，臺灣大學經濟研究所。
5. 郭迺鋒，1996，〈臺灣經濟發展初期政策之探討，1951-1971：驗證投資導引成長假說〉，博士論文，中興經濟研究所。
6. 陳文生，1993，〈臺灣匯率政策的政治經濟分析〉，碩士論文，臺灣大學政治學研究所。
7. 陳文朗，1978，〈膨脹融通與膨脹稅之研究〉，臺灣大學經濟研究所碩士論文。
8. 陳櫻琴，1983，〈從行政法觀點論我國經濟管制與經濟輔助〉，碩士論文，臺大法律所年。
9. 顧靖美，1996，〈1958-1963 年臺灣匯率制度的轉變與出口政策形成之關係〉，碩士論文，政治大學經濟學研究所。

英文部份

專　書

1. Brown, A. J., （1955）, *The Great Inflation*, 1939-1951, London : Oxford University Press .
2. Chang Kia-Ngau，1958，*The Inflationary Spiral: The Experience in China, 1939-1950*, Cambridge, M. I. T. Press.
3. Chien, C. T. （1957）, "The Problem of Foreign Exchange in the Economic Development of Taiwan", *Industry of Free China*, Vol.8, No.5, November 1957.
4. Fisher, Irving, （1911）, *The Purchasing Power of Money*, New York, N.Y.: Macmillan, 1920, c1911.
5. Friedman, Milton, （1981）, The invisible hand in economics and politics : Money and inflation, Nankang, Taipei : Institute of Economics, Academia Sinica.

6. Hong Sung Gul （1997）The Political Economy of Industrial Policy in East Asia–The Semiconductor Industry in Taiwan and South Korea. Edward Elgar : Northampton, MA, USA.
7. Jacoby, Neil H., （1966）, *U.S. Aid to Taiwan*, New York: Fredrick A. Praeger Publishers.
8. Li, Yi-ting and Wu, Tsong-Min, （1989）, *U.S. Aid and the End of Taiwan's Big inflation*, Manuscript, National Taiwan University.
9. Little, I. M. D., （1979）,"An Economic Reconnaissance", in *Economic Growth and structural Change in Taiwan: The Postwar Experience of the Republic of China*, ed. by Walter Galenson, Cornell University Press.
10. Pach, Chester J. （1991）, *Arming the Free World: the Origins of the United States Military Assistance Program*: 1945-1950, Chapel-Hill: The University of North Carolina Press.
11. Rankin, Karl Lott （1964）, *Chinese Assignment*, Seattle: University of Washington Press.
12. Riggs, Fred W. （1952）, *Formosa Under the Chinese Nationalist Rule*, New York: The Macmillan Co..
13. Root, H. L. （1996）, *Small Countries: Big Lessons–Government and the Rise of East Asia.* New York, Oxford University Press.
14. Samuel P. S. Ho, （1978）, *Economic Development of Taiwan, 1860-1970*, New Haven: Yale University Press.
15. Whitley, R., （1992）*Business Systems in East Asia-Firms, Markets and Societies.* London : SAGE Publications.

期 刊

1. Hsing, M.H. （1971）"Industrialization and Trade Policies in Taiwan", *Taiwan and the Philippines Industrialization and Trade Policies*, Oxford University Press, pp.139-318.
2. Hsing, M.H. （1995）"Professor S.C. Tsiang's Views on Economic Policies", in Yu, T. and Lee, J.（ed）*S. C. Tsiang-His Contribution to Economic Theory*, Taipei : CIER Press, pp.59-82.
3. Irvine, Reed J. and Emery, Robert F., （1966）, "Interest Rates as an Anti-Inflationary Instrument in Taiwan," *National Banking Review*, 4:1.
4. Kuznets, S., （1979）"Growth and structural Shifts", in Galenson, W.（ed）*Economic Growth and Structural Change in Taiwan-The Postwar Experience of the Republic of China*, Ithaca and London : Cornell University Press, pp.15-131.
5. Lin, Kenneth S. and Wu, Tsong-Min, （1989）, "Taiwan's Big Inflation," *in*

the Second Conference on Modern Chinese *Economic History*, The Institute of Economics, Academic Sinica, Taipei.

6. Makinen, Gail E. and Woodward, G. Thomas （1989）, "The taiwanese hyperinflation andstabilization of 1945–1952", *Journal of Money, Credit, and Banking*, 21（1）, pp.90–105.
7. Makinen, Gail E. and Woodward, G. Thomas, （1989）, "The Taiwanese Hyperinflation and Stabilization of 1945-1952," *Journal of Money, Credit, and Banking,*, 21:1.
8. Myers, R.,（1986）"The Economic Development of the Republic of China on Taiwan,1965-1981", in Lau, L.（ed）*Models of Development-A Comparative Study of Economic Growth in South Korea and Taiwan*, San Francisco : ICS Press, pp.17-63.
9. Quddus, Liu and Butler, （1989）,"Money, Prices, and Causality: The Chinese Hyperinflation1945-1949, Reexamined," *Journal of Macroeconomic*, 11:3.
10. Rowen, H., （1998） "The Political and Social Foundation of an Economic Miracle", in Rowen, H.（ed）*Behind East Asian Growth-The Political and Social Foundations of Prosperity*, London and New York : Routledge Press, pp.1-36.
11. Sargent, Thomas J. and Wallace, Neil （1981）, "Some Unpleasant Monetarist Arithmetic," *Federal Reserve Bank of Minneapolis*, Quarterly Review, Fall.
12. Scitovsky, T., （1986） "Economic Development in Taiwan and South Korea, 1965-1681" in Lau, L.（ed）*Models of Development-A Comparative Study of Economic Growth in South Korea and Taiwan*, San Francisco : ICS Press, pp.127-81.
13. Shun-Hsin Chou, （1963）, *The Chinese Inflation, 1937-1949*, Columbia University Press. New York.
14. Woo, J-E （Meredith Woo-Cumings）（1998） "National security and the rise of the developmental state in South Korea and Taiwan" , in Rowen, H.（ed）*Behind East Asian Growth–The Political and Social Foundations of Prosperity*, London and New York : Routledge Press, pp.319-37.